Jahrbuch des Historischen Kollegs 2000

JAHRBUCH DES HISTORISCHEN KOLLEGS 2000

R. Oldenbourg Verlag München

Schriften des Historischen Kollegs
herausgegeben von
Lothar Gall
in Verbindung mit
Arnold Esch, Etienne François, Klaus Hildebrand, Manfred Hildermeier,
Jochen Martin, Heinrich Nöth, Ursula Peters, Wolfgang Quint und Winfried Schulze

Geschäftsführung: Georg Kalmer
Redaktion: Elisabeth Müller-Luckner
Anschrift:
Historisches Kolleg, Kaulbachstr. 15, 80539 München
Tel. (089) 28 66 380, Fax (089) 28 66 38 63

Das Historische Kolleg fördert im Bereich der historisch orientierten Wissenschaften Gelehrte, die sich durch herausragende Leistungen in Forschung und Lehre ausgewiesen haben. Es vergibt zu diesem Zweck jährlich bis zu drei Forschungsstipendien und ein Förderstipendium sowie alle drei Jahre den „Preis des Historischen Kollegs".

Das Historische Kolleg, bisher vom Stiftungsfonds Deutsche Bank zur Förderung der Wissenschaft in Forschung und Lehre und vom Stifterverband für die Deutsche Wissenschaft getragen, wird ab dem Kollegjahr 2000/2001 in seiner Grundausstattung vom Freistaat Bayern finanziert; seine Stipendien werden aus Mitteln des DaimlerChrysler Fonds, der Fritz Thyssen Stiftung, des Stifterverbandes und eines ihm verbundenen Förderunternehmens dotiert. Träger des Kollegs ist nunmehr die „Stiftung zur Förderung der Historischen Kommission bei der Bayerischen Akademie der Wissenschaften und des Historischen Kollegs".

Die Deutsche Bibliothek – CIP Einheitsaufnahme
Historisches Kolleg [München]
Jahrbuch des Historischen Kollegs … – München: Oldenbourg.
Erscheint jährl. – Aufnahme nach 1995 (1996) –

1995 (1996) –

Umschlaggestaltung: Dieter Vollendorf, München
Gesamtherstellung: R. Oldenbourg Graphische Betriebe Druckerei GmbH, München

ISBN 3-486-56557-5

Inhalt

Theodor-Schieder-Gedächtnisvorlesung

Winfried Schulze

Die Wahrnehmung von Zeit und Jahrhundertwenden*

Daß Sie der Einladung des Historischen Kollegs zu diesem öffentlichen Vortrag so zahlreich gefolgt sind, freut mich aufrichtig. Doch nicht immer – so warnt mich eine innere Stimme – kann man von öffentlichen Vorträgen behaupten, daß sie auch ein öffentliches Bedürfnis erfüllen. Aber bei dem Thema des heutigen Abends – und Sie mögen mir diese Kühnheit verzeihen – scheint alle Vermutung dafür zu sprechen, daß der Vortrag zur rechten Zeit und vielleicht sogar am rechten Ort gehalten wird.

Zur rechten Zeit, fragen Sie? Wir nähern uns bekanntlich jenem Datum, das unseren Kalendern eine Reihe neuer Zahlen bescheren wird, um das korrekte Datum anzuzeigen. Es werden die dreifachen Neunen hinter der eins verschwinden und durch eine 2 und drei Nullen abgelöst. Nicht mehr und nicht weniger, warum also die Aufregung, die allenthalben die Welt durchbraust, zumal wenn wir bedenken, daß wir nach dem jüdischen Kalender im Jahr 5760 stehen, der muslimische Kalender uns das Jahr 1420 nahelegt, Chinesen zur Zeit im Jahr des Hasen leben, und wir nach dem französischen Revolutionskalender inzwischen das Jahr 207 erreicht haben. Das sollte eigentlich zur Relativierung der 2000 führen, aber tut es das? Sollten wir nicht lieber dem Münchener Publizisten Fritz von Osini folgen, dem Herausgeber der Münchner Zeitschrift „Jugend", der sich bereits 1898 über die Dummheit der „Jammermenschen" beschwerte und ein Pamphlet mit dem Titel „Anti-fin de siècle" schrieb: „Es wird gar nichts verändert sein mit dem neuen Jahrhundert, als vielleicht das, daß die vorgedruckten Quittungs-, Wechsel- und Akten-Formulare entwerthet sind, daß etliche Contracte ablaufen und daß ein entsetzliches Quantum von Jahrhundert-Wende-Gedichten und blödsinnigen Postkarten verbrochen werden wird." Sie sehen, daß München die

* Bei der Vorbereitung dieses Vortrags hat mir vor allem die in Anm. 3 zitierte Arbeit von Arndt Brendecke geholfen. Er hat auch eine erste Fassung dieses Beitrags einer kritischen Durchsicht unterzogen. Den Kollegen Horst Fuhrmann und Walter Demel danke ich für die freundliche Überlassung eigener einschlägiger Vortragsmanuskripte.

Heimat der Jahrhundertwendeskeptiker ist, und es erstaunt deshalb auch nicht, wenn der Verfasser des gegenwärtig besten Buches über die Jahrhundertwenden, Arndt Brendecke, ebenfalls ein junger Münchener Historiker ist. Auch ich kann mich auf das von ihm erarbeitete Material stützen, was mir besonders leicht fällt, da ich das Entstehen seiner Arbeit als Doktorvater begleitet habe.

Seit etwa einem Jahr streiten sich Minirepubliken im Pazifischen Ozean, wer denn nun als erster das neue Jahr begrüßen darf und damit die erhoffte Gästeschar aus aller Welt anziehen kann. Seit dieser Zeit verfallen die Tourismusämter der größeren Städte in Hektik, um irgendeine Superparty oder ein Megakonzert anzukündigen. Kein nobles Hotel scheint mehr ein Bett frei zu haben, alle verfügbaren Berghütten wurden zur Vermietung freigegeben. Schon beschlich Angst die feierwütige Gemeinde, daß die Champagnervorräte zum Jahreswechsel nicht reichen könnten. Auf meinem Computer meldet sich alle 14 Tage der neueste Countdown2000-Bericht mit all jenen Informationen, die der moderne Mensch wissen muß, um sich angemessen auf einen schlichten Jahreswechsel vorzubereiten, einen Jahreswechsel, der uns üblicherweise zu nicht mehr als einem Glas Sekt in trauter Runde, besinnlichem Bleigießen oder vielleicht sogar – als Gipfel der Ausschreitung – zum Zünden einiger Chinakracher und Raketen bewogen hat.

Wo die Welt also fiebert, können die Bayerische Akademie der Wissenschaften, die Stadt München und das hierfür gewiß zuständige hohe Staatsministerium nicht zurückstehen: Es kümmerte sich ebenfalls darum, daß der Übergang ins nächste Jahrhundert und das nächste Jahrtausend die notwendige kulturelle Unterfütterung erhält. Zu einer der angebotenen Varianten haben Sie sich heute abend mutig entschlossen.

Ich will Sie jetzt nicht fragen, ob diese Entscheidung wirklich gut überlegt war, immerhin spricht für Sie alle die Vermutung, daß Sie nicht dem reinen Feiertrieb gefolgt sind, sondern sich eine gewisse Aufklärung erhoffen, um in den nächsten Tagen dem öffentlichen Unsinn noch besser gewappnet widerstehen zu können, der allenthalben zu diesem Thema von selbsternannten Gurus und Geschäftemachern verbreitet werden wird.

Soviel zu der Vermutung, daß der Vortrag heute abend zur rechten Zeit stattfindet, gewissermaßen eine Art Vorsorgebehandlung gegen das Dauerfeuer in Jahrhundertwende- und Millenniumsrhetorik, das die nächsten Wochen sicher noch bieten werden.

Aber ist das auch der rechte Ort, wie ich eben kühn behauptet habe? Ja, meine Damen und Herren, dies ist der rechte Ort. Nicht deshalb, weil von diesem Podium sowieso immer gute Vorträge angeboten werden, sondern einfach deshalb, weil wir uns hier in München an dem Ort befinden, der wenigstens von sich behaupten kann, alles getan zu haben, um dem Feierwahn am kommenden Jahreswechsel entgegenzuwirken. Als es nämlich vor einhundert Jahren darum ging, im Deutschen Reich den exakten Termin für den Jahrhundertwechsel festzulegen, waren es die bayerische Regierung und die sie beratenden Wissenschaftler, die darauf hinwiesen, daß der rechnerisch genaue Wechsel des Jahrhunderts erst an der Wende vom Jahr 1900 zum Jahr 1901 stattfinden würde.

Aber, meine Damen und Herren, Sie können sich beinahe vorstellen, wer den Sieg dieser zweifelsfrei richtigen Rechnung zunichte machte, und durch kaiserliches Machtwort den falschen Termin sanktionierte: Es waren natürlich die Preußen, genauer gesagt, Kaiser Wilhelm II., der nach einem entsprechenden Bundesratsbeschluß mit einem Federstrich den falschen Jahreswechsel dekretierte und damit den sog. „Nullisten“ zum Sieg verhalf. Berlin feierte also, München mokierte sich: Ludwig Thoma ärgerte sich im Simplicissimus: Die Säkularfeier 1900 sei „nur eine preußische Verfügung“ gewesen, und die Münchener Freie Presse sprach von einer „kommandierten Jahrhundert-Frühgeburt“. Und der „Kladderadatsch“ warf dem Bundesrat des Deutschen Reiches sogar vor, er sei „wie in anderen Sachen auch im Rechnen etwas schwach.“

Bevor Sie jetzt Ihrer berechtigten Empörung angemessen Ausdruck verleihen, bedenken Sie bitte die Tatsache, daß es in der Geschichte so etwas wie Gerechtigkeit nicht nur nicht gibt, sondern daß sogar das Gegenteil richtig sein kann: Daß sich nämlich das nachweislich Falsche durch gewisse Umstände in etwas Richtiges verkehren kann. Soll heißen: Wilhelm II. konnte noch nicht ahnen, daß ein Jahrhundert später der Personalcomputer unser Leben in einem ungeahnten Ausmaß bestimmen würde. Und er konnte auch nicht ahnen, daß durch Speicherplatzknappheit in den 60er Jahren beim Speichern von Daten die ersten beiden Ziffern der Jahresangabe fortgelassen wurden, was man übrigens schon im Mittelalter tat. Gewiß: All dies konnte Wilhelm II. nicht voraussehen, und so ergab sich eine unbeabsichtigte und wohl auch unheilige Allianz von William II. und William Gates, die uns heute als „Jahr2000-Problem“ (2YK) zu schaffen macht. Immerhin gibt es somit dank der kaiserlichen Entscheidung wenigstens einen Grund, der Jahrhundertwende mit einer leichten Erhöhung des Pulsschlages entgegenzusehen. Aber da Sie alle vermutlich lange vor dem 31. Dezember ihre Bargeldbestände auffüllen, ihre Notstromaggregate vorbereiten und dauerhafte Lebensmittel horten werden, macht Ihnen all dies nichts aus.

Sie werden auch Bahnfahrten tunlichst vermeiden, von solchem Leichtsinn wie Flugreisen in der Silvesternacht ganz abgesehen. Das überlassen wir dem tapferen Präsidenten der chinesischen Fluggesellschaft, der sich just in der Silvesternacht in den Himmel über China begeben will, um sein Vertrauen in die Technik zu dokumentieren.

Indem wir uns so vergewissert haben, daß wir uns heute zur richtigen Zeit und am rechten Ort versammelt haben, können wir uns nun ernsthafter darüber unterhalten, wie wir mit dem Phänomen der Jahrhundertwenden historisch-kritisch – versteht sich – umgehen wollen.

Gewisse Erfahrungen in den letzten Wochen – etwa Anfragen von Journalisten – haben mich in der Vermutung bestärkt, daß viele Menschen glauben, daß Jahrhundertwenden oder die bevorstehende Jahrtausendwende etwas sind, was die Menschen früherer Epochen immer schon mit Unruhe, Erwartungen oder Befürchtungen wahrgenommen haben. Der französische Historiker Jules Michelet hat sich hier 1835 mit seiner stimmungsvollen Ausmalung der Silvesternacht des Jahres 999 besonders hervorgetan, und obwohl der spanische Philosoph José Ortega y Gasset schon 1904 seine Dissertation der Zerstörung dieser Legende gewidmet hat, hat es nicht geholfen. Ungerührt hat man weiter die fin-de-siècle-Stimmung des Jahres 1899 in das Mittelalter und die Frühe Neuzeit übertragen und ähnliche Stimmungen erwartet. Aber, hier muß der Historiker seine Rolle als Spielverderber ernst nehmen: Die Wahrnehmung von Jahrhundertwenden zählt keineswegs zu den anthropologischen Grundkonstanten menschlicher Existenz, sondern ist eine relativ junge historische Erscheinung im wahrsten Sinne des Wortes und verdient als solche eine historische Erklärung.

Auf den ersten Blick mag uns das enttäuschen. Dann ginge es uns so wie dem Mitglied der Bayerischen Akademie der Wissenschaften, Friedrich Schlichtegroll, der im Jahre 1800 einen Aufsatz mit dem Titel schrieb: „Über die auffallende Erscheinung, daß das Ende eines Jahrhunderts und der Anfang eines neuen bei den ehemaligen Ereignissen dieser Art nicht durch Feierlichkeiten allgemeiner ausgezeichnet worden sind." Man spürt geradezu die Enttäuschung des Mannes, der angesichts der Quellen etwas säuerlich feststellte, daß seine und seiner Zeit intensive Vorbereitung auf die kommende Jahrhundertwende lange, ja sehr lange keine Entsprechung fand[1]. Und auch der preußische Archivar Klaproth,

[1] *Friedrich Schlichtegroll*, in: Allgemeiner Litterarischer Anzeiger oder: Annalen der gesammten Litteratur für die geschwinde Bekanntmachung verschiedener Nachrichten aus dem Gebiete der Gelehrsamkeit und Kunst Nr. 184 (Leipzig 21. Nov. 1800) Sp. 1809–1813.

der im Jahre 1800 in die Archive des brandenburgisch-preußischen Staates geschickt wurde, um Spuren früherer Jahrhundertwenden festzustellen, mußte seinem königlichen Herrn kleinlaut berichten, daß dort keine Spuren zu finden seien: „Kein Geschichtsschreiber, keine Chronic, kein Actenstück gab Auskunft darüber."[2]

Hier wollen wir näher einhaken und unseren Weg durch die Jahrhundertwenden beginnen, die uns von der Höhe des Jahres 1999 Zurückschauenden die Zahlenreihe so reichhaltig anbietet. Aber ich will nicht nur auf die Jahrhundertwenden schauen. Sinn macht die Frage nach der Wahrnehmung dieser Doppelnulljahre nämlich nur, wenn wir uns – wie es der Titel meines Vortrags verspricht – auch über das Zeit- und Geschichtsverständnis der letzten Jahrhunderte klar werden. Wir müssen fragen, wie sich der elementare Prozeß der Verzeitlichung menschlicher Existenz im Lauf der Neuzeit durchsetzte.

Bislang habe ich relativ selbstverständlich den Begriff des Jahrhunderts verwendet und dabei den Eindruck erweckt, als sei das Saeculum eine überzeitliche historische Maßeinheit, die immer schon zur Verfügung stand. Wenn der Historiker Ottokar Lorenz 1886 das Jahrhundert als ein „natürliches System geschichtlicher Perioden" für die geschichtliche Betrachtung definierte, da ja durch den Zusammenhang von drei Generationen ein „ materiell verbürgter Ideenzusammenhang" bestehe[3], dann war dies eine nachträgliche inhaltliche Füllung des Jahrhunderts als historischer Zeiteinheit, die bislang keineswegs so klar gewesen war. Saeculum war ein der Antike durchaus vertrauter Begriff, freilich nicht in dem vermuteten Sinne einer präzisen Zeitbestimmung: Der römische Schriftsteller Marcus Terentius Varro (116–27 v. Chr.) sah in ihm den ungefähren Zeitraum von drei Menschenleben, darüber hinaus scheint er allgemein im Sinne von Generation verwendet worden zu sein, ohne etwa als Ordnungsprinzip historischer Darstellung genutzt zu werden. Im späten Mittelalter wird saeculum immer mehr zum Begriff einer Epoche, einer ganzen Weltvorstellung gar, wenn etwa die Anhänger Joachims von Fiore von einem „novum saeculum" raunen. Ganz in diesem Sinne wird noch Ulrich von Hutten die neue Gelehrsamkeit des Humanismus mit seinem bekannten Satz „O saeculum, o litterae" begrüßen, freudiger Ausdruck eines „emphatischen Jetztbewußtseins", wie mein germanistischer Kollege Jan-Dirk Müller formuliert hat, aber eben doch

[2] *Arndt Brendecke,* Die Jahrhundertwenden. Eine Geschichte ihrer Wahrnehmung und Wirkung (Frankfurt a. Main, New York 1999) 159.

[3] *Lorenz Ottokar*, Die Geschichtswissenschaft in Hauptrichtungen und Aufgaben kritisch erörtert (Berlin 1886) 290.

nicht Hinweis auf ein kalendarisches Jahrhundertverständnis, dem wir hier auf der Spur sind. Begriffsgeschichtlich läßt sich festhalten, daß der deutsche Begriff „Jahrhundert" als Übersetzung von saeculum seit der Mitte des 17. Jahrhunderts belegt ist. Noch Voltaire wird übrigens diese offene Zeitalterversion von Saeculum gebrauchen, wenn er vom „siècle de Louis XIV" sprechen wird, was bestenfalls als „Epoche Ludwigs XIV." zu übersetzen ist.

Damit treffen wir auf einen Tatbestand, der uns lange begleiten wird, wenn wir die uns hier interessierenden Jahrhunderte der Geschichte neuerer Zeitrechnung durchgehen[4]. Obwohl den Intellektuellen der Begriff des saeculums seit der Antike vertraut ist, ergibt sich daraus kein Anspruch auf eine Strukturierung der Geschichte in Jahrhundertform. Zwar feierte man in Rom schon sog. ludi saeculares – Säkularspiele also –, aber diese Feierlichkeiten folgten keinem verbindlichen System, maßen auch keine genaue Zeitstrecke ab, sie konkurrierten miteinander und überlagerten sich.

Auch das Zeitverständnis des Mittelalters und die damals üblichen Techniken der Einteilung der historischen Zeit machten eine klare Jahrhundertrechnung unwahrscheinlich. Zunächst ist darauf zu verweisen, daß die Zählung der historischen Zeit seit Christi Geburt zwar schon im 6. nachchristlichen Jahrhundert durch den skytischen Mönch Dionysus Exiguus „erfunden" wurde, den die Engländer als Denis, The Little kennen[5]. Doch bedeutet dies noch keineswegs ein weitverbreitetes und klar strukturiertes Zeitbewußtsein. Es erstaunt deshalb nicht, wenn nur wenigen Menschen der Ablauf der Jahrhunderte bewußt war, ganz zu schweigen von der ersten Jahrtausendwende[6]. Die wenigen Spezialisten für Computistik waren noch keine Basis für ein verbreitetes Warten auf die

[4] Grundlegend auch für diesen Beitrag: *Brendecke*, Jahrhundertwenden (Anm. 2). Zu weiterer Literatur v. a.: *Hillel Schwartz*, Century's End. A Cultural History of the Fin de Siècle from the 990s through the 1990s. (New York 1990) sowie die Sammelrezension: *Arndt Brendecke*, Fin(s) de siècle und kein Ende. Wege und Irrwege der Betrachtung von Jahrhundertwenden, in: HZ 268 (1999) 107–120.

[5] Vgl. dazu *Hans Maier*, Die christliche Zeitrechnung (Freiburg i. Br. 1991) 18 sowie *Arno Borst*, Die karolingische Kalenderreform (Monumenta Germaniae Historica, Schriften 46, Hannover 1998) 42. – Zu den Datierungsweisen der Historiographie vgl. u. a.: *Gertrud Bodmann*, Jahreszahlen und Weltalter. Zeit und Raumvorstellungen im Mittelalter (Frankfurt a. Main 1992).

[6] Verwiesen sei auf einschlägige Aufsätze u. a. von: *Johannes Fried*, Endzeiterwartung um die Jahrtausendwende, in: Deutsches Archiv für Erforschung des Mittelalters 45 (1989) 381–473; *Stephan Freund*, Das Jahr 1000. Ende der Welt oder Beginn eines neuen Zeitalters?, in: *Enno Bünz, Rainer Gries, Frank Möller* (Hrsg.), Der Tag X in der Geschichte. Erwartungen, Ängste und Enttäuschungen seit tausend Jahren (Stuttgart 1997) 24–49.

Zeitschwelle. Die Menschen wußten schlicht nicht, an welcher Stelle des Zeitstrahls sie sich befanden.

Die Geschichtsschreibung – etwa Beda Venerabilis (673–735) in seinem „De temporum ratione“ – bediente sich nicht vor dem 8. Jahrhundert der Inkarnationszählung, und auch in der Datierung von Briefen und Urkunden setzte sie sich nur zögerlich im Verlauf des Hochmittelalters durch. Bis weit in das Spätmittelalter überwogen synchronistische Datierungen, die das Inkarnationsjahr neben einer Reihe anderer Jahreszählungen wie etwa der Gründung Roms, den jeweiligen Herrscherjahren, der Indiktion oder dem Weltjahr *annus mundi* anführten. Es fehlte noch jede verbindliche Weltzeit, die alle historischen Ereignisse synchronisiert hätte. Diese Welt bedient sich noch erstaunlich lange unterschiedlicher Zeitraster, erst mit dem Anschluß Rußlands 1918 und der Türkei 1926 an den Gregorianischen Kalender kommt dieser Prozeß zum Abschluß, der uns insofern Kummer bereitet, weil seitdem die Oktoberrevolution im November gefeiert wird.

Hier ergibt sich die Möglichkeit, ein wenig über den methodischen Zugriff zu reflektieren, auf den wir uns einlassen. Über die Wahrnehmung von Zeit und Jahrhundertwenden nachzudenken, fällt unter eine Rubrik neuerer Geschichtsforschung, die man als „Wahrnehmungsgeschichte“ bezeichnen kann. Warum sprechen Historiker von solchem Tun als einer neuen Fragestellung? Schon ein flüchtiger Blick auf das Treiben der Historiker in den letzten Jahrzehnten offenbart eine Verschiebung der Interessenschwerpunkte. Ausgehend von der germanisch-romanischen Völkerfamilie und deren Staatsbildungskonflikten, wie sie unser Urvater Leopold von Ranke beschrieb, hat sich die moderne Geschichtswissenschaft seit dem Ende des 19. Jahrhunderts zunehmend gesellschaftlichen Fragestellungen geöffnet, hat eigene Lehrstühle für Wirtschafts- und Sozialgeschichte ausgebildet, hat zumal seit den 50er Jahren in Frankreich und anderen westeuropäischen Ländern nach dem gefragt, was man inzwischen Mentalitäten nennt. Seit dieser Entdeckung des menschlichen Denk- und Wahrnehmungshaushalts hat sich die Forschung immer mehr in jene geistigen und affektiven Prozesse hereinbewegt, die man als die Auseinandersetzung der jeweils lebenden Menschen mit der von ihnen wahrgenommenen Welt nennen könnte. Das hatte den unbestreitbaren Vorteil, frühere Generationen nicht an der modernen Welt zu messen, sondern ihre eigene Weltsicht ernstzunehmen. Das hat auf der einen Seite etwas zu tun mit der Grundeinsicht des Historismus, daß jede Epoche unmittelbar zu Gott ist, auf der anderen Seite aber geht es über Ranke hinaus, indem wir nicht nur fragen, wie es eigentlich gewesen ist – so bekanntlich die große Frage Rankes – sondern, wie das, was jeweils war, von den Mitlebenden gesehen wurde, wie es gewirkt hat und wie es verarbeitet wurde. Dies scheint uns zunehmend interessant, weil damit auch die Bedingungen menschlichen Handelns anders ausgemessen werden können als vorher. Daß dies bei der Wahrnehmung von Zeit besonders angemessen erscheint, wage ich zu behaupten.

Kehren wir zum Zeitverständnis des Mittelalters zurück: Es folgte dem natürlichen Rhythmus von Leben und Sterben, von Aussaat und Ernte, den Regierungszeiten der Könige und – nicht zu vergessen – dem des Kirchenjahres. Zunächst unterscheidet sich die mittelalterliche europäische Welt nur wenig von anderen Agrargesellschaften. Was ihr freilich als christliche Gesellschaft tief vertraut war, war die eindeutige Richtung des Zeitstrahls auf das Jüngste Gericht hin. Die Zeit verlief also zielgerichtet, und darin unterschied sie sich grundlegend vom zyklischen Zeitverständnis der Antike. Karl Löwith hat deshalb – freilich keineswegs unbestritten – das gesamte Fortschrittsdenken der Neuzeit als eine letztlich säkularisierte Form der christlichen Heilserwartung interpretiert.

Doch suchen wir weiter nach einem Jahr, in dem die magische Doppelnull zum erstenmal die Menschen bewegte. Sagte ich Doppelnull? Gab es die immer schon? Hier taucht die erste Schwierigkeit auf, denn bis in das Hochmittelalter wurden Jahreszahlen, wenn überhaupt, in der römischen Schreibung notiert, erst langsam drangen die arabischen Notierungen der Zahlen durch[7], die ungefähr seit dem späteren 15. Jahrhundert unsere Recheneinheiten sind. Einen ersten Ansatzpunkt für eine besondere Heraushebung eines solchen Jahrhundertbeginns könnte man im Heiligen Jahr sehen, das zum erstenmal im Jahre 1300 begangen wurde. Die genauen Umstände der Etablierung dieses Brauches sind nicht zu ermitteln: Immerhin wissen wir, daß Papst Bonifaz VIII. bekannt wurde, einige Gläubige würden sich von dem bevorstehenden Jahr 1300 einen vollständigen Ablaß ihrer Sündenstrafen erwarten. Diese Beobachtung spricht jedenfalls für eine geschärfte Wahrnehmung der Kalendersystematik, die offensichtlich schon mehr Menschen vertraut war. Dies war neu, denn von keiner früheren Jahrhundertwende ist Ähnliches bekannt, und die Nachforschungen, die der Papst sogleich in seinen Archiven und Bibliotheken anstellen ließ, blieben entsprechend ergebnislos. Dennoch

7 Vgl. *Georges Ifrah,* Universalgeschichte der Zahlen (Frankfurt a. Main ^{2}1991) 476–544 und *Arno Borst,* Computus. Zeit und Zahl in der Geschichte Europas (Berlin 1990).

versammelten sich am ersten Januar, dem Neujahrstag des bürgerlichen Kalenders, immer mehr Gläubige in der Petersbasilika. Bald kamen auch Pilger von außerhalb Roms, bis sich der Papst schließlich genötigt sah, Stellung zu beziehen.

Er tat dies mit der Bulle „Antiquorum habet", die er am 22. Februar 1300 verlas[8]. Sie versprach Rompilgern in diesem und jedem folgenden hundertsten Jahr den vollständigen Ablaß ihrer Sündenstrafen. Dieses Angebot der Kirche stellte die Rompilger den bisher privilegierten Kreuzfahrern gleich. Entsprechend groß war bald die Zahl der Pilger einerseits, der politische und fiskalische Nutzen für die Kurie andererseits. Clemens VI. setzte bereits für 1350 erneut ein solches „Heiliges Jahr" an, um nicht nur jede dritte Generation der Menschen in den Genuß eines solchen Ablasses kommen zu lassen. Der ursprüngliche Plan Bonifaz' VIII., den Generalablaß nur in jedem hundertsten Jahr auszurufen, war damit hinfällig: Es folgten weitere „Heilige Jahre" in den Jahren 1390, 1400, 1423, 1450 und seit der Mitte des 15. Jahrhunderts in jedem 25. Jahr. Horst Fuhrmann folgerte daraus vor einigen Jahren an gleicher Stelle, daß jedes ordentliche Jubiläumsjahr durch 25 teilbar sein müsse. Das „Heilige Jahr" wird auch als „Jubeljahr" bezeichnet, so daß das neueste Buch zum Thema des „Heiligen Jahres" auch den schönen Titel tragen kann: „Alle Jubeljahre".

Die etymologische Herleitung des Jubels ist wohlbekannt. Dieser Begriff stammt von dem hebräischen Wort *yobel* ab, der für das Widderhorn steht, das gemäß 3. Mos. 25 zu Beginn jedes 50. Jahres, also nach dem Verstreichen von je sieben mal sieben Jahren, zu blasen war, um ein Erlaßjahr einzuleiten. In diesem Erlaß- und Ruhejahr sollten die Felder brach liegen, die Sklaven entlassen werden und denjenigen ihr Besitz zurückgegeben werden, die ihn in Zeiten der Not verkaufen mußten. Auch unser moderner Begriff des Jubiläums ist auf diese Wurzel zurückzuführen. Der christliche Leser konnte in diesen Vorschriften des Alten Testaments eine symbolische Vorwegnahme des Sündenerlasses sehen, weshalb man das Heilige Jahr von seinem Anbeginn an auch in der Tradition des Jobeljahres als einen *annus jubilaeus* verstanden hat.

[8] Ediert in: *Herman Schmidt*, Bullarium anni sancti (Rom 1949) 33f. Diese Reihe wurde nur noch durch den Ausfall der Heiligen Jahre 1800, 1850, 1875 unterbrochen sowie durch außerordentliche Heilige Jahre ergänzt. Einen Überblick bietet: *Franz Xaver Kraus*, Das Anno Santo, in: *ders.*, Essays, 2. Sammlung (Berlin 1901) 217–336. Die neueste Behandlung bei *Desmond O'Grady*, Alle Jubeljahre. Zum Heiligen Jahr in Rom von 1300 bis 2000 (Freiburg, Basel, Wien 1999).

Alles spräche nun eigentlich dafür, daß mit dem Heiligen Jahr 1300 die Jahrhundertwende als Ereignis besonderer Art bereits etabliert gewesen wäre. Aber die Jahre 1400 und 1500 blieben nach wie vor vergleichsweise still, wenn man davon absieht, daß sie Rom abermals zu einem Pilgerort werden ließen[9]. Es findet sich keine breite literarische Reaktion auf den Jahrhundertbeginn, wenn wir auch eines Gedichts gedenken müssen, das der deutsche Humanist Conrad Celtis für das Jahr 1500 verfaßte: Ein carmen seculare, das im „centesimum annum" zu singen sei. In seinem Umkreis spricht man auch vom Jahr 1500 als dem „annus secularis". Man hat sogar versucht, in Celtis dichterischem Werk und in Dürers bekanntem Selbstbildnis aus dem Jahre 1500, das Sie aus der Alten Pinakothek kennen, eine symbolisch gefeierte Jahrhundertwende des deutschen Humanismus zu konstruieren, doch leidet dieser Versuch m.E. an Belegnot.

Dies alles zeigt uns noch das Vorherrschen des tradierten naturalen Zeitverständnisses in breiten Bevölkerungskreisen. Der Zeitstrom wurde noch nicht in jener mathematischen Präzision wahrgenommen, die uns heute eigen ist. Das mag uns auf den ersten Blick wieder erstaunen, denn gab es nicht seit dem frühen 14. Jahrhundert Uhrwerke, die von den Türmen der städtischen Kirchen Italiens den neuen Zeittakt verkündeten? Begann damit nicht jene Zeitökonomie der „achieving society" (der Leistungsgesellschaft) David McClellands, die uns so modern anmutet, und die in der Literatur als das „Renaissancekonzept von Zeit" dargestellt wurde? So richtig diese Beobachtung für die private Ökonomie der Zeit ist, so wenig gibt sie für die Zeiteinteilung in historischen Dimensionen her. Immerhin mag daran erkennbar werden, daß seit dem späten Mittelalter der Lauf der Zeit präziser dokumentiert wurde. Die Verschriftlichung wesentlicher Prozesse des menschlichen Lebens, die Neigung, sich seit dem späten 16. Jahrhundert eines Kalenders zu bedienen, die Existenz der rechtlich kodierten Verjährungsregeln nach hundert Jahren, aber auch die zunehmende Neigung, etwa im literarischen Bereich, eine große Zahl wichtiger Themen in sog. centuriae zu bündeln, all dies machte die Hundert zu einer Ordnungszahl, die bald nach 1500 zum er-

[9] Auf einzelne Ausnahmen, wie die italienische Pilgerbewegung I Bianchi oder das Carmen saeculare des *Konrad Celtis*, kann ich hier nicht eingehen, vgl. dazu: *Brendecke*, Jahrhundertwenden (Anm. 2) 66–74. So etwa bei dem Münchener Drucker Nicholaus Henricus. Vgl. u.a. *Johann Mayr*, Compendium Chronologium seculi a Christo nato decimi sexti: Das ist: Summarischer Inhalt / aller gedenck- und glaubwürdigen Sachen / so sich auff gantzem Erdenkreiß / in den nechsten hundert Jahren zu Wasser und Landt / hin und wider zugetragen ...(München 1598).

stenmal als Jahrhundertordnung der historischen Zeit verwendet werden sollte. Nicht zu vergessen ist hier, daß der Begriff centenarius als Bezeichnung von hundert Jahren schon im 14. Jahrhundert von einem Computisten verwendet worden war, er verlor sich jedoch im Lauf des 16. Jahrhunderts gegenüber dem dann präzise definierten saeculum-Begriff.

Eben sagte ich, daß bald nach 1500 zum erstenmal die Jahrhundertordnung der historischen Zeit verwendet wurde. Diese Bemerkung sollte Sie erstaunen, denn bis vor kurzem haben die Historiker als erstes Geschichtswerk mit eindeutiger Jahrhundertgliederung stets die große protestantische Kirchengeschichte des Magdeburger Autorenkreises um Matthias Flacius Illyricus bezeichnet, die man wegen ihrer Herkunft und Einteilung in Jahrhunderte (die hier *centuriae* genannt werden), als „Magdeburger Zenturien" bezeichnet[10]. Sie erschienen in den Jahren 1559 bis 1574 in Bänden, die je ein Jahrhundert umfassen. Unbestritten ist die Wirkung dieses Werks. Katholische Widerlegungen bedienten sich der gleichen Einteilung, und der englische century-Begriff leitet sich von den Magdeburger Zenturien ab. Doch im entscheidenden Punkt müssen wir umlernen: Jüngst wurde nämlich nachgewiesen, daß es eine Kapiteleinteilung in Jahrhunderte bereits in der nur handschriftlich verbreiteten Chronik des Mainzer Benediktiners Hermann Piscator gegeben hat, die in den 1520er Jahren entstand[11]. Daß dies die Münchener Germanistin Uta Goerlitz kürzlich in ihrer Doktorarbeit herausgefunden hat, bestärkt die Vermutung, daß die zeitkritische Forschung offensichtlich in dieser Stadt zu Hause ist.

Gleichgültig, ob es gelingt, den Zusammenhang zwischen der Piscator-Chronik und den Magdeburger Zenturiatoren so eindeutig wie wünschenswert herzustellen, entscheidend scheint, daß die Verfasser in Magdeburg vor der Aufgabe standen, einen umfassenden historischen Stoff – nämlich die gesamte Kirchengeschichte in protestantischer Deutung – übersichtlich zu präsentieren. Dies taten sie für 13 Jahrhunderte unter 16 sog. loci, also „Denkorten", die verschiedene gleichbleibende Gegenstände umfassen: Verfolgung (cap. 3), Lehre (cap.4), Häresien

[10] Die Entstehungsgeschichte beschreibt auf der Basis der verfügbaren Quellen: *Heinz Scheible*, Die Entstehung der Magdeburger Zenturien. Ein Beitrag zur Geschichte der historiographischen Methode (Gütersloh 1966). Die Magdeburger Zenturien erschienen unter dem Titel: Ecclesiastica historiam, integram ecclesiae Christi ideam (Basel 1559–1574).

[11] *Uta Goerlitz*, Humanismus und Geschichtsschreibung am Mittelrhein. Das Chronicon urbis et ecclesiae Maguntinensis des Hermannus Piscator OSB (Tübingen 1999) 174–183.

(cap.5), Zeremonien, Kirchenregiment, Schismen, Personengruppen, Mirakel, um einige zu nennen. Diese mußten freilich historisiert werden, und hier entschied man sich für die Jahrhundertspanne, obwohl durchaus „alia spatia" – andere Zeitspannen – diskutiert wurden, von der Generation, den 50 Jahren bis zu drei Jahrhunderten. Entscheidend wurde wohl der Eindruck, daß sich jedes Jahrhundert vom anderen durch eine hinreichende Zahl von Veränderungen unterscheide, wie der flämische Rechtsgelehrte François Baudoin in seinem Gutachten schrieb. Vorsicht ist freilich angebracht: Das historische „Jahrhundert" der Magdeburger Zenturien ist eher eine didaktische Ordnungskategorie, um die lange Strecke der Historie zu gliedern, so wie man schon vorher andere Präsentationsformen in Jahren oder Zeilen pro Buchseite genutzt hatte. Das Jahrhundert ist noch keine entwickelte Sinneinheit, an dem sich die historische Identität der Zeitgenossen orientiert hätte[12]. Immerhin war damit eine Maßeinheit gefunden, die die zukünftige Einteilung stark beeinflussen sollte.

Warum fand nun der Wechsel vom 16. ins 17. Jahrhundert – das Jahr 1600 also – zum erstenmal eine feststellbare literarische Beachtung? Man wird hier das Zentralargument dieses Jahrhunderts, die konfessionelle Auseinandersetzung, bemühen müssen, um dem Phänomen auf die Spur zu kommen. Entscheidend war natürlich, daß die Festsetzung eines neuen Heiligen Jahres im Jahre 1600 auf den heftigen Protest der Protestanten stoßen mußte. Sie empfanden solch ein römisch-katholisches „Jubeljahr" als Provokation, zumal im Mittelpunkt des Heiligen Jahres der von der Reformation bekämpfte Ablaßbrauch stand. Bereits 1525 hatte Luther gegen das „Heilige Jahr" polemisiert, und im letzten Heiligen Jahr 1575 hatte man an der Tübinger Universität kritische Disputationen „de anno jubilaeo" vorgelegt. Drei Jahre später feierte die Tübinger Universität selbst ein „Jubeljahr". Man gedachte der nun hundert Jahre zurückliegenden Gründung der Tübinger Universität. In Tübingen finden sich deshalb 1578 mehrtägige Feierlichkeiten mit Musik und Theater, mit Festbankett und höfischem Zeremoniell. „Das hundertst jahr, wölches man nennet das Jubel Jar", wurde jetzt für die Universität in Anspruch genommen und abgegrenzt von dem „papistischen Jubeljahr, welches nur zum Aberglauben und zu Ersettigung der römischen geldsucht" eingeführt worden sei. Der Jubel auf protestantischer Seite

12 Vgl. dazu und zur weiteren Entwicklung der historischen Jahrhunderteinteilung: *Johannes Burkhardt*, Die Entstehung der modernen Jahrhundertrechnung. Ursprung und Ausbildung einer historiographischen Technik von Flacius bis Ranke (Göppingen 1971).

klang anders, war erfüllt von historischem Stolz, und – so kann man sagen – das Jubiläum im modernen Sinne war somit erfunden als fristgerechtes, feierliches und gemeinsames Erinnern einer sozialen Gruppe an die eigene Geschichte. Der heutige Jubiläumswahn nimmt in Tübingen seinen Anfang.

Vor diesem Hintergrund wird nachvollziehbar, warum 1600 als Jahr der Jahrhundertwende erste Anerkennung fand. Man wollte das heilige Jahr konterkarieren, und ein Neuburger Protestant brachte das Bedürfnis, ebenfalls zu jubeln, auf den Punkt: „Konden wir nich auch ein Jubeljahr haben?" Eine Stettiner Lobrede auf die lutherische Kirche gab die stolze Antwort: „Es ist an uns, zu Jubeln, an uns, zu Jauchzen und zu Frohlokken. An uns, sage ich, die wir die Besucher der wahren Kirche und Söhne der evangelischen Mutter Deutschland sind. Wir haben zu Jubeln (jubilare), die aber, die die Feinde der wahren Kirche sind, Hörige oder auch Anführer der Papstkirche, der Kirche der Böswilligen, haben zu Wehklagen (ejulare)." Der Redner bezeichnete das Jahr 1600 als ein „evangelisches Jubiläum unter den Vorzeichen des 1600ten Jahres nach Christi Geburt".

Doch noch ein weiterer Vorgang ist zu erwähnen, der den gelehrten Diskurs über die Jahrhundertwende zweifellos beeinflußte: Wir müssen von der Kalenderreform des Jahres 1582 sprechen. Sie ist zunächst einmal ein starker Beleg dafür, daß die Ordnung der Zeit dieses Jahrhundert so sehr beschäftigte, daß mein amerikanischer Kollege Anthony Grafton meinte, die geheime Begierde dieses Jahrhunderts habe sich wohl nicht auf Sex und Geld gerichtet, sondern darauf, die Zeit richtig zu nützen und nicht zu verschwenden. Nun mag man dies wiederum als typisch amerikanische Obsession entlarven wollen, aber Grafton kennt sich in der Geistesgeschichte dieses 16. Jahrhunderts wie kaum ein zweiter aus.

Richtig ist, daß die Fehlentwicklung des Julianischen Kalenders seit langem bekannt war: Die Differenz zwischen dem Sonnenjahr und dem Kalenderjahr war schon auf 10 Tage angewachsen, die Position des Osterfestes eine Woche nach der Frühjahrstagnachtgleiche geriet in Gefahr. Wesentlich für unsere Frage war nun zum einen der öffentliche Streit über Zeit, der in vielen Flugschriften ausgefochten wurde und in Augsburg etwa zu städtischen Unruhen führte. Zum anderen bedeutete die Veröffentlichung des neuen Kalenders auch ein besonderes Gewicht für die Jahrhundertwendejahre, denn zur Kalenderkorrektur sollten in Zukunft die nicht durch 400 teilbaren Jahrhundertjahre – also 1700,1800 und 1900 – keine Schaltjahre sein, während die durch 400 teilbaren Jahrhundertjahre – also 1600 und 2000 – Schaltjahre sein sollten. Johannes

Kepler erwog 1597 in einem Brief an seinen Tübinger Lehrer Michael Mästlin, ob es nicht geschickt sei, die Kalenderverbesserung mit dem Jahr 1600 beginnen zu lassen, denn: „das Jahr 1600 steht gleichsam an einem Scheideweg oder an einer bevorzugten Stelle.“[13] Wir werden also im kommenden Jahr in einer geheimen Verbindung mit dem Jahre 1600 stehen, denn zum ersten Mal seit 400 Jahren gibt es wieder ein Jahrhundertjahr mit einem 29. Februar. Vielleicht schauen Sie einmal in Ihren neuen Kalendern nach, ob Sie die richtigen gekauft haben.

Damit gerieten die Doppelnulljahre in die besondere Aufmerksamkeit einer breiteren Öffentlichkeit. Vor allem aber: Zeit wurde in ihrer Großeinteilung zum Gegenstand des öffentlichen Disputs, wenn man etwa fragte, wo denn die 10 Tage bleiben würden, als man vom 4. Oktober 1582 sofort auf den 15. Oktober überging. Im übrigen finden sich viele Zeugnisse dafür, daß seit dem späten 16. Jahrhundert eine Lehre von der Chronologie entwickelt wurde, die jetzt als das „Auge der Geschichte“ bezeichnet wurde. Ihr Interesse war es, eine neutrale Zeitachse zu finden, auf der alle Ereignisse korrekt abgetragen werden konnten. 1627 schrieb der französische Jesuit Domenicus Petavius sein „Opus de doctrina temporum“, mit dem er die Zeitachse um den „cardo temporum“ herum entwickelte, den Angelpunkt der Zeitrechnung, nämlich Christi Geburt[14]. Damit war eine Zeitbestimmung vor und nach Christus möglich geworden, auch wenn diese noch im herkömmlichen Rahmen der 6000 Jahre der Welt verblieb.

Um 1600 findet sich also das, was man aus heutiger Perspektive erwarten würde, eine öffentliche Reaktion auf den Jahrhundertwechsel. Auch der Buchmarkt reagierte jetzt, so erschienen termingerecht zum Jahrhundertwechsel erste „Geschichten des 16. Jahrhunderts“. Solche Reaktionen auf das Jahr 1600 sollten jedoch nicht darüber hinwegtäuschen, daß der Jahrhundertwechsel aus dem Blickwinkel der Gesamtbevölkerung nur von begrenztem Interesse war. Nur ganz wenige persönliche Zeugnisse messen ihm Bedeutung bei.

Dies änderte sich auch im Jahr 1700 kaum. Abermals sprachen zwar einige Redner und Prediger über die Jahrhundertwende, auch zwei Schulspiele kennen wir, von eigenständigen Festen aber oder gar von weitverbreiteter Teilnahme an diesem Ereignis berichten die Quellen nicht. 1699 erlangte der Jahrhundertwechsel allenfalls insofern eine neue

13 *Brendecke*, Jahrhundertwenden (Anm. 2) 103.

14 *Donald J. Wilcox*, The Measures of Times Past: Pre-Newtonian Chronologies and the Rhetoric of Relative Time (Chicago, London 1987) 203ff.

Dynamik, als nun die protestantischen Stände im Reich die Kalenderreform übernahmen und erstmals die Frage nach dem „richtigen" Termin des Säkularwechsels diskutiert wurde: „Die Herannäherung des anstehenden Jahrhunderts gibet über die Frage, ob nemlich selbiges in dem siebenzehenden hundert oder siebenzehen hundert und erstem Jahr seinen Anfang nehme, zu vielerley Wort-Streit Anlaß..." – wie es in der „Europäischen StaatsCantzley" des Jahres 1700 hieß"[15]. Keplers Empfehlung wurde – wenn auch mit einer Verspätung von 100 Jahren – realisiert. 1699 haben wir einen schönen Brief der Liselotte von der Pfalz, die vom Versailler Hof berichtete, daß die Frage, wann das Jahrhundert anfange, eine „disputte" sei, an der sich alle, vom König bis zum Lakaien, beteiligten[16].

Daß auch diese Reaktionen noch sehr verhalten waren, zeigt sich erst, wenn man den Blick auf die Jahre 1800 und 1801 richtet, denn nun machte sich eine in dieser Intensität neue, umfassende Begeisterung für den Säkularwechsel breit, die in unzähligen Gedichten, Predigten und Reden, in oft mehrtägigen Dorf- und Stadtfesten mit Musik- und Gesangsaufführungen, mit Fackelzügen und lang anhaltendem Glockenläuten ihren Niederschlag fand. Jetzt erst war die Jahrhundertwende zu einem Ereignis geworden, dem man sich kaum entziehen konnte, das die eigene Lebensperspektive ebenso betraf wie kollektive Erwartungen. „Schon der Anfang eines jeden neuen Jahres ist für uns so wichtig", hieß es in einer Jenaer Jahrhundertwendepredigt „wie ungleich wichtiger muß uns nicht der erste Tag eines neuen Jahrhunderts seyn! Durch ihn werden wir Bürger zweyer Jahrhunderte; mit ihm sehen wir eine neue Epoche der Geschichte, eine Periode des Menschengeschlechts, eine neue Ordnung der Dinge beginnen. Mit ihm fängt sich unser Jahrhundert an – ja, M[eine] . Fr[eunde] ., so wollen wir es nennen, *unser Jahrhundert.* Zwar haben wir in dem vorigen auch gelebt und gewirkt – aber einen großen Theil desselben nahmen, daß ich es so nenne, die Spiele der Kindheit weg. Zum männlichen Alter gereift treten wir in das neue über; da sey der Schauplatz unseres männlichen Wirkens (...). Und so sey uns denn begrüßt, du unser Jahrhundert! Sey uns willkommen als Zeuge unseres

15 Genaue Untersuchung und Auflösung dieser jetzigen Zeit schon zum öfftern vorgefallenen Streit-Frage: So nemlich 1700. oder 1701 für das erste Jahr des künfftigen seculi zu halten seye?, in: Europäische Staats-Cantzley 4 (1700) 803–813, 803. Entsprechende Festbeschreibungen finden sich in der ausführlichen Einleitung von *August Sauer* (Hrsg.), Die deutschen Säculardichtungen an der Wende des 18. und 19. Jahrhunderts (Berlin 1901); *Paul Holzhausen*, Der Urgroßväter Jahrhundertfeier. Eine literar- und kulturhistorische Studie (Leipzig 1901).

16 Zit. nach *Sauer* (Hrsg.), Säculardichtungen (Anm. 15) XXXIII.

gemeinnützigen Wirkens, willkommen als Verkündiger des Glücks, das wir von deiner Morgenröthe erwarten. Sey Heilbringer der leidenden Menschheit, sey Bote des himmlischen, ach so lange, so heiß ersehnten Friedens! ...“[17].

Die emphatischen Feierlichkeiten in Städten und Dörfern, auf Kanzeln und Plätzen erstaunen in ihrer Dichte und Tiefe, auch wenn man bedenkt, daß dies der erste von oben verordnete Jahrhundertwechsel war. Natürlich war dieses neue Bewußtsein der Zeit unmittelbar mit der Erfahrung der Französischen Revolution verbunden, die die tradierten Wahrnehmungsformen des Zeitstroms erschüttert hatte. Nach dem Revolutionstouristen Konrad Engelbert Oelsner hatte die Revolution „die Fortschritte des menschlichen Geistes auf die ausserordentlichste Weise beschleunigt“ und er selbst einen immer wiederholten topos kreiert[18]. Der Braunschweiger Pädagoge und Verleger Joachim Heinrich Campe sah die Zeit sich geradezu überschlagen und fragte: „Wer vermag es, den reißenden Strom, der seine Dämme durchbrochen hat, wieder in das alte Bett zurückzuführen und ihm zu gebieten: Zwischen diesen zerrissenen Dämmen sollst du bleiben, bis wir Zeit gewinnen werden, dich durch neue einzuschränken?“[19]

Bald wird auch die Revolution mit dem Stand des Jahrhunderts in Verbindung gebracht: „Unser alterndes Jahrhundert zeigt eine Schöpfungskraft, wie seit Christus Geburt vielleicht noch kein anderes Jahrhundert hatte.“[20] Die ungeheure Verdichtung der Zeit läßt einen Verfasser im Jahre 1792 fragen: „Jetzt muß die Zeit, dies fürchterliche und vielleicht einzige Organ der Wahrheit euch lehren, ob ihr ... eine ganze Generation einem Traume von wenigen Stunden aufgeopfert, oder ob ihr ... auf den Aufopferungen von wenigen Tagen das Glück von Jahrhunderten gegründet habt.“[21] Das Bewußtsein der „ungeheuren Zeit, in der wir leben“, wird immer wieder artikuliert, die Gegenwart sei schwanger an Zukunft, die Zeit sitze „im Gebärstuhl, kämpfend mit den Geburtswehen großer Ereignisse“[22]. Die bedeutungsträchtigen Metaphern überschlagen sich geradezu.

[17] *Johann Christian Wilhelm Augusti*, Zwei Säcular-Predigten in der Universitäts-Kirche zu Jena (Jena,Leipzig 1801) 27f., zitiert nach *Sauer* (Hrsg.), Säculardichtungen (Anm. 15) CXVf.

[18] Zitiert nach *Ernst-Wolfgang Becker*, Zeit der Revolution! – Revolution der Zeit. Zeiterfahrungen in Deutschland in der Ära der Revolutionen 1789–1848/49 (Göttingen 1998) 42.

[19] Ebd. 46.

[20] Ebd. 56.

[21] Ebd. 65.

[22] Ebd. 104 und 108.

Wir sehen: Ein ganz anderer Ton wurde jetzt angeschlagen, hoffnungsfroh und zukunftsorientiert, denn die Menschen hatten sich das erkämpft, was wir heute Zukunft zu nennen gewohnt sind; jenen vermutlich lichtblauen Erwartungsraum unserer Existenz als Einzelwesen und als Menschengeschlecht: planbar, erkämpfbar, vor allem vorstellbar.

Damit stehen wir vor dem Befund, daß 1800 zum erstenmal ein breite und tiefgehende Bewegung zur Jahrhundertwende zu erkennen war. Aber nichts ist schwieriger, als die kumulative Entstehung dieser Vorstellung in knapper Form darzulegen. Gewiß wäre es falsch, solche Vorstellungen allein aus den wenigen Jahren der Französischen Revolution abzuleiten, auch wenn sich hier ein neues Modell ergeben hatte. Es hatte sich das gesamte Verständnis von Geschichte gewandelt, sie war ein offener Prozeß geworden.

Fragen wir von diesem Höhepunkt aus noch einmal zurück: Wie hatte sich die Vorstellung vom Fortschreiten der Geschichte verändert? Am ehesten hilft noch die Vorstellung, daß in der Vorstellung Augustins das zukünftig Geschehende durch Gott vorherbestimmt war, es konnte – je nach Sündenstand – angstvoll erwartet oder fröhlich herbeigesehnt werden, aber es war nicht Gegenstand menschlicher Aktivität. Dem entsprach die tradierte kirchliche Auffassung, daß der „profectus hominis donum Dei est“ (der Weg des Menschen ist ein Geschenk Gottes, so Isidor von Sevilla), aber auch die reformatorische, durch den Sündenfall definierte Anthropologie, die dem Menschen letztlich keine selbstverantwortete Möglichkeit einräumte, zur Vervollkommnung zu gelangen, allenfalls eine sehr begrenzte Mitwirkung. Natürlich sah auch das Mittelalter die Möglichkeit einer Veränderung des Weltenlaufs, wies diese aber der Allmacht Gottes zu, dessen „sapientia et fortitudo“ es allein zustand, den Lauf der Welt zu ändern: „quando vult, regna transfert et mutat tempora,“ schreibt Papst Urban II.[23] (Gott überträgt Reiche und ändert die Zeiten, wenn er will).

Die Wissenschaft hilft sich damit, daß es noch keinen Fortschritts- und Zukunftsbegriff gegeben habe: „Noch in der frühen Neuzeit war, wie immer man das eigene zukünftige Schicksal auch antizipieren mochte, der Handlungsspielraum für umfassende Veränderungen in allen Grundbereichen des gesellschaftlichen Lebens relativ gering gewesen“, so hat es

[23] Schreiben Urbans II. an Bischof Roger von Syrakus, in Aufnahme der Formulierung der Danielsprophetie. Vgl. dazu *Ingrid Heike Ringel*, Ipse transfert regna et mutat tempora. Beobachtungen zur Herkunft von Dan. 2,21 bei Urban II., in: *Ernst-Dieter Hehl* (Hrsg. u. a.), Deus qui mutat tempora. Menschen und Institutionen im Wandel des Mittelalters. Festschrift f. Alfons Becker zum 65. Geburtstag (Sigmaringen 1987) 137–156.

Lucian Hölscher formuliert, der gerade eine Geschichte der Zukunft vorgelegt hat[24]. Die bestehenden Modelle des Kreislaufs der Verfassungsformen oder des geistlichen „profectus“ (Fortschreitens) zum wahren Christentum waren letztlich statische Modelle, die keine gestaltende Kraft für die Zukunft entwickeln konnten. Erst die beginnende Neuzeit öffnete sich der Frage der Zukunft. Hans Blumenberg hat einmal davon gesprochen, daß man „bei einiger Vorliebe für lapidare Formeln“ sagen könnte, „wesentliche geistesgeschichtliche Vorgänge der Neuzeit ließen sich in ihrer strukturellen Homogenität verstehen als Entmachtungen der Kreismetaphorik“[25].

Die Lösung von dieser Perspektive vollzog sich nur langsam, denn unter dem Eindruck einer Welt, deren Dauer in Analogie zu den Schöpfungstagen auf insgesamt 6000 Jahre begrenzt erschien, von denen nach der Vulgataversion der Bibel vor Christi Geburt schon 3952 Jahre verbraucht waren, also gerade noch 2000 zu erwarten waren, war Zukunftsdenken nicht zu erwarten. Insofern ist es vor allem die Destruktion dieses limitierten Zeithorizonts, die den Blick auf eine wirkliche Zukunft öffnet.[26]

Deutlich wird diese Perspektive in der literarisch reichen Debatte über das erwartete Ende der Welt. Greifen wir einige Beispiele heraus: Für den protestantischen Pfarrer Daniel Schaller war die Welt im Jahre 1595 sehr alt geworden. Er sprach die Vermutung aus, „daß diese Welt mit ihrem Wesen bald vergehen werde / und der Jüngste Gerichtstag gar nahe vor der Tür sei.“ Er entwickelte ein beeindruckendes Panorama des Verfalls der Welt, wobei er sich jedoch keineswegs nur auf die allgegenwärtige Lasterdiskussion bezog. Die Welt schien ihm auch physikalisch gealtert, das Licht sei dunkler, der Boden weniger fruchtbar, die Gewässer weniger fischreich geworden. Ja selbst Stein und Eisen zeigten nicht mehr die gleiche Härte wie vor Zeiten, „darum muß ruina mundi vor der Tür sein“[27]. Es sei „kein rechter bestendiger Sonnenschein, kein steter Winter oder Sommer, die Früchte und gewechs auff Erden werden nicht mehr so reiff, nicht mehr so gesund als sie wol ehezeit gewesen“.

[24] Vgl. *Lucian Hölscher*, Weltgericht oder Revolution. Protestantische und sozialistische Zukunftvorstellungen im deutschen Kaiserreich 1871–1914 (Stuttgart 1989) 21 ff. Jetzt *ders.*, Die Entdeckung der Zukunft (Frankfurt a. Main 1999).

[25] *Hans Blumenberg*, Paradigmen zu einer Metaphorologie (Bonn 1960) 140.

[26] *Rudolf Wendorff*, Zeit und Kultur. Geschichte des Zeitbewußtseins in Europa (Opladen ²1981) 321 ff.

[27] Dazu *Hartmut Lehmann*, Frömmigkeitsgeschichtliche Auswirkungen der „Kleinen Eiszeit“, in: *Wolfgang Schieder* (Hrsg.), Volksreligiosität in der modernen Sozialgeschichte (Göttingen 1981) 31–51.

Man verglich die Welt mit einem vom Gebären erschöpften Weib, dem Theologen Johann Mathäus Meyfart kam die Welt „wie ein baufälliger und abgelebter Krüppel“ vor[28]. Der Calvinist Josua Loner war 1582 überzeugt davon, daß Gott dem Treiben der Welt nicht mehr lange zusehen, sondern ihr bald den verdienten „Feierabend“ geben werde. Gott habe zwar Deutschland vor allen anderen Ländern mit der reinen Erkenntnis Christi ausgestattet, aber man sehe leider, daß die Menschen des Evangeliums überdrüssig seien. Auch die sich ständig wiederholenden Voraussagen über das Ende der Welt (1588, 1600, 1604) sind hier einzuordnen. 1595 mußte sich eine theologische Schrift bereits mit „Zwentzig namhafften(n) mutmassungen vom ende der Welt“ auseinandersetzen[29]. Der orthodoxe protestantische Theologe Johann Gerhard erwartete 1612 das Weltende innerhalb der nächsten 50 Jahre[30]. In seiner Rektoratsrede von 1614 „über die Gefahren unseres Jahrhunderts“ beschwor der Jurist Christoph Besold angesichts der Anzeichen des Verfalls das nahe Ende: „Wer deshalb verneint, daß wir uns in einem Abschnitt wunderlicher Veränderung befinden, der muß entweder sehr stark oder überhaupt dumm sein.“[31]

Während man im deutschen, überwiegend protestantischen Umfeld aber auch in England am Ende des 16. und im frühen 17. Jahrhundert eine physisch alternde Welt sah, die kurz vor ihrem Ende stehe, entwickelten französische Denker eine Theorie der unausgeschöpften und unerschöpflichen Möglichkeiten der Natur. Jean Bodin schreibt in der „Methodus ad facilem cognitionem historiarum“ von 1566: „Die Natur verfügt über unzählige Schätze, die man in vielen Zeitaltern nicht auszuschöpfen vermag.“ (Habet natura thesauros innumerabiles, quae nullis aetatibus exhauriri possent.)[32] Sein Landsmann LeRoy verbreitet eine geradezu optimistische Version der Weltsicht: Welt und Menschen seien gleich geblieben, die Sonne und die anderen Planten hätten nicht ihre Bahn geändert, die Elemente hätten die gleiche Kraft, die Menschen seien von gleicher Beschaffenheit. („le monde est tel que paravant. Le ciel et le temps gardent l'ordre que faisoient. Le Soleil et autres planetes n'ont changé leur

[28] *Hartmut Lehmann*, Die Deutung der Endzeitzeichen in Johann Matthäus Meyfarts Buch vom Jüngsten Gericht, in: Pietismus und Neuzeit 14 (1988) 24.

[29] *A. Nachenmoser*, Prognosticon philosophicon (1595) Buch 4 Teil 4.

[30] *Johann Gerhard*, Postilla. Das ist Erklärung der Sonntäglichen und führnehmsten Fest-Evangelien... 1 (1613) 37.

[31] Aus „De periculis nostri saeculi“, zitiert nach *Wilhelm Kühlmann*, Gelehrtenrepublik und Fürstenstaat. Entwicklung und Kritik des deutschen Späthumanismus in der Literatur des Barockzeitalters (Tübingen 1982) 83.

[32] *Jean Bodin*, Methodus ad Facilem Historiarum Cognitionem (Paris 1566) 312.

cours, et n'y a estoille muée, les éléments ont mesme puissance, les hommes sont faits de mesme matiere, et mesmement disposez qu'ils estoient anciennement... Sapience n'a accompli son oeuvre, beaucoup en reste et restera, et jamais l'occasion ne se perdra d'ajouter.")

Die Weisheit habe noch nicht ihr Werk vollendet, die Wahrheit zeige sich allen, die sie ernsthaft suchten. Dazu gehöre, die Ergebnisse der Wissenschaften aufzuzeichnen und sie so der Nachwelt zu überliefern, um Klarheit im Dunkel, Ordnung in der Verwirrung, Erneuerung in der Tradition und Autorität in den Neuigkeiten zu schaffen. Das letzte Wort in der Inhaltsangabe des letzten Kapitels mag als Exempel für das ganze Werk gelten: Es lautet „accroissement" des Wissens[33].

Doch nicht nur in Frankreich finden wir jene „starken Geister" im Sinne Besolds, auch in Deutschlands finden wir – freilich schwächere – Spuren der Distanzierung von der Litanei des Jammers über das nahe Weltende. Im schlesischen Beuthen tritt 1617 der Professor morum Caspar Dornau sein Amt mit einer Eloge auf Astronomie und Mathematik seiner Zeit an: „O Kraft des menschlichen Genies! Dieses ist so wißbegierig, daß es, wenn die Erde etwas nicht gewährt, den Himmel durchdringt, und sogar betritt. Und in der Folge noch mehr schafft herbei die menschliche Mühe, wenn sie unermüdet nach Wissen durch die Natur strebt." Der Dichter Georg Philipp Harsdörffer hält es 1648 für einen „gantz irrigen Wahn", daß „die gantze Welt und derselben Creaturen" an Kraft abgenommen hätten.[34]

In einer Schrift von 1692 („Frühlings-Parnaß Oder Abhandlung von vierzig galant-gelehrten Curiositäten/meist nach jetziger Zeit neuesten Begebenheiten") heißt es, daß die „Menschen von natur zu Curiosität oder Neugierigkeit geneigt,...so ist wahrhafftig dieses saeculum diesem Affekt sehr zugethan, so gar, daß alles was nur einige Novität anzeiget, vor anderen angesehen ist. Es sind nemlich in diesem seculo alle Künste und Wissenschaften, ja was nur in menschlicher Möglichkeit bestanden, also gewachsen, daß man gegen die alten zeiten zu rechnen, die vorige Welt von der jetzigen nicht zu kennen und jene in dieser nicht finden würde."[35] Einer sprach sogar vom „curieusen seculo". Eine Helmstedter

[33] Hier benutzt im Nachdruck der Lib. Fayard Paris: *Loys LeRoy*, De la vicissitude ou variété des choses en l'univers (Paris 1988). Zu LeRoy vgl. *W. L. Gundersheimer*, Louis LeRoy's Humanistic Optimism, in: JHI 23 (1962) 324–339 und *ders.*, The Life and Works of Louis Le Roy (Genf 1966) und zuletzt *Erich Hassinger*, Empirisch-rationaler Historismus. Seine Ausbildung in der Literatur Westeuropas von Guiccardini bis Saint-Evremond (Freiburg 1994) 20ff.

[34] *Kühlmann*, Gelehrtenrepublik (Anm. 31) 135.

[35] Frankfurt, Leipzig 1692.

Dissertation („De moderatione curiositatis in inquirenda veritate") von 1699 sah in der Wissensgier nichts Sündiges mehr, riet aber zu einer vermittelnden Position zwischen Altem und Neuem: „Nova cum antiquis sunt conjungenda" – beides solle verbunden werden[36]. Ein Jahr früher ergriff Elias Weise in einer Leipziger Dissertation „De studio antiquitatis et novitatis" dezidiert für das Neue Partei, „vocabulum novitatis" sei zu Unrecht verschrien[37].

Die Konfrontierung alter und neuer Vorstellungen bezeugte in großer Klarheit ein fiktiver Dialog aus seiner satirischen Gesprächssammlung „Menippus" (1618)[38], den wir dem Tübinger protestantischen Theologen Johann Valentin Andreae verdanken. Er belegt zudem die früh entwickelte Neigung, den Jahrhundertbegriff zum Instrument des Kulturvergleichs zu machen. Es streiten sich zwei Köpfe um den wahren Charakter des Jahrhunderts, der eine Neuerer, der andere Bewahrer:

A: (Neuerer) O gebildetes Jahrhundert!
B: (Bewahrer) O unfrommes Jahrhundert!
A: O Jahrhundert der Erfindungen!
B: O eitles Jahrhundert!
A: Hör mit den Beschuldigungen auf!
B: Hör auf mit den Lobeshymnen!
A: Die Wahrheit verbietet es.
B: Die Frömmigkeit hindert daran.
A: Die Künste treten hervor.
B: Die Sünden schreien.
A: Die Geister erheben sich.
B: Die Religion wird unterdrückt.
A: Das Evangelium blüht.
B: Christus wird vertrieben.
A: Die Politik blüht.
B: Die Guten stöhnen auf.
A: Hör auf und laß Dich mit mir herab zu einem gerechten Vergleich der Epochen [seculorum].
B: Damit dadurch noch deutlicher die Unglückseligkeit der unsrigen offenbar wird.

[36] Hier zitiert nach *Wolfgang Hübener*, Der theologisch-philosophische Konservativismus des Jean Gerson, in: *Albert Zimmermann* (Hrsg.), Antiqui und Moderni. Traditionsbewußtsein und Fortschrittsbewußtsein im späten Mittelalter (Berlin 1974) 171–200, 176f.

[37] Ebd. 178. – Zur Neugier vgl. *Heiko A. Oberman*, Contra vanam curiositatem. Ein Kapitel der Theologie zwischen Seelendunkel und Weltall (Zürich 1974) und natürlich *Hans Blumenberg*, Die Vorbereitung der Aufklärung als Rechtfertigung der theoretischen Neugierde, in: Europäische Aufklärung, Festschrift H. Dieckmann zum 60. Geburtstag hrsg. von *H. Friedrich, F. Schalk* (München 1967) 23–45.

[38] Zitiert nach *Kühlmann,* Gelehrtenrepublik (Anm. 31) 183.

A: Soll ich Dir die hervorragenden Erfindungen unserer Zeiten nennen?
B: Meinetwegen.

A: Ich will nicht sprechen von der neuen Welt, die den Alten zu ihrer Schande unbekannt war, und der darauf erweiterten Medizin, der reformierten Astronomie, der vergrößerten Zahl der Lebewesen und Erdgewächse, auch nicht von der Subtilität der wahreren Alchemie, der Naturforschung und Geburt der Anatomie: nur die nautische Büchse, den einzigartigen Meereswegweiser (will ich nennen), den Buchdruck, Mutter und Amme der Wissenschaft, die Geschütze, Unterwerfer des Erdkreises, Rivalen der Blitze, die Uhren, Begleiter der Zeit und Deuter des Himmels, die Sternengläser (Fernrohre) und Zeiger der entferntesten Dinge; die Mühlen, Inbegriffe großer Arbeitsleistung; Seidengewebe von erlesener Eleganz; zahllose Zeugnisse des Scharfsinns und andere Hilfsmittel und Stützen des täglichen Lebens.

B: Wenn doch dies alles uns nicht unzählige Übel eingebracht, nicht allenthalben den Untergang der Menschen bewerkstelligt hätte! Auch jetzt noch trieft die neue Welt von unschuldigen Blut; die Chemie ist wenigen günstig, den meisten zu Tod und Verderben; das Meer transportiert auch Übel und verschlingt die Körper der Menschen in großer Zahl; die Wissenschaften verdunkeln den ganzen Erdkreis, zerrütten ihn und zerren ihn auseinander; was sind die Geschütze anders als todbringend, bestimmt zu menschlichem Verderben; die Uhren, indem sie an die Zeit erinnern sollten, hindern die Trägen nicht; die Fernrohre bedrohen uns mit weiß Gott welchen neuen Bewohnern der Sterne; die Seidenraupen dienen lediglich beschämender Eitelkeit; was soll man da noch vom Nutzen der anderen Dinge reden? Dies alles hat uns gewiß nicht ein Quentchen besser gemacht oder näher zu Gott gebracht, es sei denn, du meinst, daß Gott selbst sich an diesen Torheiten erfreue.

A: Wir müssen die Zeitalter [secula] vergleichen, nicht das Urteil Gottes darüber befragen.

Ich breche hier ab, Sie werden den Duktus dieses Streitgesprächs erkannt haben, der uns auch erklären mag, wie windungsreich der Prozeß der Gewinnung der Zukunft und der Akzeptanz des Neuen verlief: Das Neue mußte gewollt und legitimiert werden, die eigene Zeit von der Antike abgegrenzt und in ihrer eigenen Würde verteidigt werden. Und man mußte Begriffe finden, die das neue Konzept des eigenen Zeitalters umsetzten.

Erlauben Sie mir an dieser Stelle noch einen Ausflug in die Begriffsgeschichte? Ich frage nach einem Leitbegriff, der die neue Offenheit des Diskurses über Zeit und Veränderung auf den Punkt brachte? Ich meine ihn im Begriff der „innovatio“ zu erkennen, dem Schlüsselwort unseres technologischen Denkens am Ende dieses Jahrhunderts. Sie wissen: Kein Tag, an dem nicht eine Innovationsoffensive angekündigt würde, das Wort erschlägt uns förmlich.

„Innovatio" scheint seit dem späten Mittelalter für jene Sicht symptomatisch zu sein, die Veränderung akzeptiert oder fördert, die sich zum möglichen Fortschritt bekennt. Es ist ein Begriff, der in der französischen Sprache erst im 13., in der englischen erst seit dem 16. Jahrhundert verwendet wird. Nach Montaigne und Shakespeare wird der Begriff „innovatio" in diesem Sinne zum erstenmal von Francis Bacon verwandt, der 1625 in der dritten Auflage seiner „Essays or Counsels Civill and Morall" seinen Artikel „On innovations" publizierte und aus seiner Sicht als Ziel der Wissenschaften die Mehrung des menschlichen Wohlergehens bestimmte[39]. Er argumentierte gegen den damals noch üblichen Vorzug der Antike vor der Jetztzeit, deren Dignität er damit ins rechte Licht rückte. Damit ist ein Streit berührt, der längst vor der literarisch berühmten „querelle des anciens et des modernes" ausbrach und der am besten die unterschiedlichen Positionen belegen kann. Francis Bacons Begriff wissenschaftlicher Wahrheit wird mit dem Satz „veritas filia temporis ... non auctoritatis" an den realen Zeitverlauf gekoppelt, und damit wird die zukünftige Zeit zum Erwartungsraum[40]. Bacon konnte dabei auf einer neuen, geradezu revolutionären Sicht der Geschichte aufbauen, die i.w. im „libertinären" intellektuellen Klima Frankreichs im späten 16. Jahrhundert vorbereitet wurde[41].

Es war der schon erwähnte Jean Bodin, der in seiner „Anleitung zur leichteren Kenntnis der Geschichten" zum erstenmal die Möglichkeit der Menschen betonte[42], dem Verderben zu entkommen, das die bislang gültige Vier-Reiche-Lehre für die Welt bereithielt. Damit war die in der Danielsprophetie des Alten Testamentes enthaltene These gemeint, von

39 Vgl. s.v. Innovation, in: HWPh 391 ff.; *H. G. Barnett*, Innovation. The Basis of Cultural Change (New York 1953) ist für unsere Frage nicht von Belang. – Bacon benutzt im Nachdruck bei *Fritz Redlich*, The Role of Innovation in an Quasi-Static World, in: Explorations in Entrepreneurial History 7 (1954/55) 12–25.

40 *Bacon*, Novum Organum, I, 84.

41 Dazu vor allem *Gerhard Schneider*, Der Libertin. Zur Geistes- und Sozialgeschichte des Bürgertums im 16. und 17. Jahrhundert (Stuttgart 1970); *Jochen Schlobach*, Zyklentheorie und Epochenmetaphorik. Studien zur bildlichen Sprache der Geschichtsreflexion in Frankreich von der Renaissance bis zur Frühaufklärung (München 1978) und *ders.*, Die klassisch-humanistische Zyklentheorie und ihre Anfechtung durch das Fortschrittsbewußtsein der französischen Frühaufklärung, in: *Karl-Georg Faber*, Christian Meier (Hrsg.), Historische Prozesse (Theorie der Geschichte 2, München 1978) 127–156 und *Erich Hassinger*, Empirisch-rationaler Historismus. Seine Ausbildung in der Literatur Westeuropas von Guiccardini bis Saint-Evremond (Bern, München 1978).

42 *Jean Bodin*, Methodus ad Facilem Historiarum Cognitionem (Paris 1566). Dazu die Beiträge von *Cotroneo*, *Freund* und *Kelley*, in: *Horst Denzer* (Hrsg.), Jean Bodin. Verhandlungen der Intern. Bodin-Tagung in München (München 1973) 87 ff. und die dazugehörigen Diskussionen.

Melanchthon grundlegend formuliert, daß das Heilige Römische Reich nach Assyrern, Persern und Griechen das 4. und letzte Reich auf der Erde sei. Bodin stellte dieser Verfallsinterpretation der Geschichte seine zyklische Theorie der Geschichte gegenüber, eine Auffassung also, die den großen historischen Prozeß als ein naturgesetzliches Auf und Ab von Wachsen, Blühen und Vergehen sah. In cap. VII wandte er sich explizit gegen die, die „vier Monarchien und das Goldene Zeitalter" fordern. Bodin dagegen sah keine Verbindung zwischen den wilden Tieren aus der Daniel-Prophetie und den blühenden Reichen seiner Zeit, die seit vielen Jahrhunderten bestanden. Vor allem kritisierte Bodin die Unvereinbarkeit der Vier-Reiche-Lehre mit der realen historischen Welt, in der etwa die Araber eine bedeutende Rolle spielten. Das sog. Goldene Zeitalter, das in diesem Modell auf die Sintflut folgte, war für Bodin ein durchaus primitiver und elender Zustand der Menschen, die damals „wie Tiere in den Feldern und Wäldern" lebten, bis sie „allmählich aus diesem Zustand der Wildheit und der Barbarei zu jener Verfeinerung der Sitten und der Schutz gewährenden Gesellschaft gelangten, die wir jetzt haben".

Voraussetzung einer solchen Denkweise war die Wahrnehmung einer deutlichen Distanz zwischen dem Leben der Menschen in früheren Epochen, die Erkenntnis kulturellen Fortschritts, die Höherbewertung der Jetztzeit gegenüber der Vergangenheit. Zwar hätten die antiken Astronomen Beachtliches geleistet, aber erst jetzt hätten Astronomen genau den Lauf der Sterne berechnet. Die „göttliche" Erfindung des Magneten habe die Möglichkeit des sicheren Reisens aber erheblich verbessert: „Wer diese Frage abwägt, kann keinen Zweifel daran haben, daß man die Entdeckungen der Menschen unserer Zeit mit denen unserer Vorfahren vergleichen darf; viele müssen noch höher eingeschätzt werden."[43]

Noch deutlicher sprach der Franzose Louis LeRoy 1579 in seiner schon erwähnten Schrift „De la vicissitude et variété de toutes les choses en l'univers (et concurrence des armes et des lettres par les premières et plus illustres nations du monde, depuis le temps ou a commencé la civilité et mémoire humaine jusques à présent commencé)" von der „grande lumière et addition", den „Wundern des gegenwärtigen Jahrhunderts"[44], einer Vorwegnahme der späteren klassischen „querelle des anciens et des modernes", die 1687 durch Charles Perrault ausgelöst wurde[45].

[43] *Jean Bodin*, Methodus ad facilem historiarum cognitionem (Neudruck der Ausgabe Amsterdam 1650, Aalen 1967) 322.

[44] *Loys LeRoy*, De la vicissitude ou variété des choses en l'univers (Paris 1988).

[45] Dazu *Hans Robert Jauss*, Ästhetische Normen und geschichtliche Reflexion in der

Mir scheint ohnehin eine neue Perspektive für die Betrachtung dieses Streits notwendig zu sein. Gerade die nähere Erforschung der Aufnahme und Wirkung der Entdeckungen in Europa zeigt, daß schon im Lauf des 16. Jahrhunderts immer wieder Debatten darüber geführt wurden, was die „neuen Meere, neuen Länder, neuen Inseln, neuen Völker" über die Dignität des antiken Wissens aussagten[46]. Es kann nun kein Zweifel daran bestehen, daß die Frage zugunsten der moderni entschieden wurde. Diejenigen, die die Existenz der Antipoden bejahten, wiesen mit Recht auf die Defizite der tradierten Autoren hin. Das letzte Kapitel seines Buches widmet LeRoy der Widerlegung des Satzes, daß man nichts sagen dürfe, was nicht schon früher gesagt worden sei[47].

Damit wird hoffentlich auch deutlich, warum ich Sie in diese Diskussion über den Begriff der „innovatio" hineingezogen habe. Wir erkennen nicht nur, wie das Neue an Stärke gewinnt und sich literarisch stabilisiert, zugleich wird deutlich, wie sich im direkten Gegeneinander der Jahrhunderte so etwas wie ein Kulturvergleich zwischen Antike und Moderne ergibt, der dann in der klassischen „Querelle des anciens et des modernes" von 1687 kulminiert. Die Erfahrung des späten 17. Jahrhunderts verändert die zeitliche Vorstellungskraft und die Einsichten in die Treibstruktur des Menschen: 1705 verteidigt in Leipzig ein Wissenschaftler die These, daß allen sterblichen Wesen die Begierde eingepflanzt sei, unbekannte neue Dinge zu wissen und zu hören[48], die menschliche Natur wird neu definiert.

Es ist vor allem das Verdienst der intensiven Bibelkritik, daß die Zeitvorstellungen der biblischen Texte hinterfragt wurden. Während sich der englische Bischof James Ussher 1650 noch sicher war, daß Gott im Jahr 4004 v. Chr. die Welt erschaffen habe, korrigierte ihn sein Landsmann Lightfoot kurz darauf mit der Behauptung, Gott habe sein Werk am 26. Oktober dieses Jahres morgens um 9 Uhr irgendwo in Mesopotamien begonnen. Zur gleichen Zeit formulierte Isaac de la Peyrère schon den Gedanken einer prä-adamitischen Menschheit und überschritt damit das eherne Gehäuse der 6000 Jahre[49]. Gegen Ende des 17. Jahrhunderts lie-

„Querelle des Anciens et des Modernes, in: *Charles Perrault*, Parallèle des anciens et des modernes en ce qui..." *H.R. Jauss* (Hrsg.) (München 1964) Vgl. auch *Schlobach*, Zyklentheorie und Epochenmetaphorik (Anm. 41) 193 ff.

46 So *Pedro Nuñez* (1577), hier zit. nach *John Elliott*, Die Neue in der Alten Welt (Berlin 1992) 43.

47 Vgl. cap. XII.

48 Zit. nach *Kühlmann*, Gelehrtenrepublik (Anm. 31) 185, Anm. 118.

49 *Richard H. Popkin*, Pre-Adamite Theory in the Renaissance, in: Philosophy and Humanism. Renaissance Essays in Honor of Paul Oskar Kristeller (Leiden 1976) *Manfred Petri*,

ferte auch die empirische Naturbeobachtung Ergebnisse ab, die den Zeithorizont der Menschheit weit aufstießen. Der englische Botaniker John Ray erkannte das Alter fossiler Farnfunde, die über das biblische Schöpfungsdatum hinausreichten[50], der Geologe Robert Hooke interpretierte die Versteinerungen von Meerestieren in hohen Gebirgslagen als Beweis für eine in riesigen zeitlichen Dimensionen verlaufende Erdgeschichte[51]. Immer neue Funde erschütterten die Vorstellung einer zeitlich begrenzten Lebensdauer der Erde und stellten sie in neue, schier unermeßliche Zeitdimensionen, die dann Kant in einer frühen Schrift so charakterisierte: „Es werden Millionen und ganze Gebirge von Millionen Jahrhunderten verfließen, binnen welchen immer neue Welten und Weltordnungen ... nacheinander sich bilden ... Die Schöpfung ist niemals vollendet. Sie hat zwar einmal angefangen, aber wird niemals aufhören." Damit war eine ganz neue Zeitdimension eröffnet, die durch ihre schiere Unermeßlichkeit ebenso überraschte wie sie ein baldiges Weltende unwahrscheinlich machte. Freilich nicht alle waren sofort überzeugt: Ein deutscher Professor sah in den Fossilien eine Art von Blumenschmuck im Inneren der Erde, der ihrem Äußeren gleichen solle[52]. Aber auch Voltaire wollte noch die Existenz von Muscheln im Hochgebirge – offensichtlich denkunwillig – als Überreste der vielen Pilger interpretieren, die die Alpen überschritten hätten[53].

Trotzdem war die jetzt offenliegende Erdgeschichte ein unüberwindliches Argument, das alles umstieß. Die unergründliche Dauer der Vergangenheit eröffnete eine neue Vorstellung von der Zukunft. Und dieser Spielraum wurde intensiv genutzt: Philosophisch durch die Betrachtungen des französischen Mathematikers Condorcet über „die Fortschritte des menschlichen Geistes". (Esquisse d'un tableau historique des progrès de l'esprit humain" von 1793/4 – ein Text von faszinierender Bildungs- und Zukunftsgläubigkeit, der zum erstenmal die positiven Daten des 18. Jahrhunderts hochrechnete und somit völlig neue Perspektiven bis hin zu neuen Formen der Speicherung des sich schnell vermehrenden

Die Urvolkhypothese: Ein Beitrag zum Geschichtsdenken der Spätaufklärung und des deutschen Idealismus (Berlin 1990) und *Paolo Rossi*, The Dark Abyss of Time. The History of the Earth and the History of Nations from Hooke to Vico (Chicago, London 1984).

50 Ray (b. Nov. 29, 1627, Black Notley, Essex, Eng.--d. Jan. 17, 1705, Black Notley), leading 17th-century English naturalist and botanist who contributed significantly to progress in taxonomy. His enduring legacy to botany was the establishment of species as the ultimate unit of taxonomy.

51 1635–1703.

52 *Wendorff*, Zeit und Kultur (Anm. 26) 319.

53 Ebd. 309 ff.

Wissens in bildlichen Systemen eröffnete, die heute noch beeindrucken.) Condorcet suchte die möglichen „Ursachen zur Vervollkommnung des Menschengeschlechts" wissenschaftlich zu beweisen. Diese Wissenschaft habe die Aufgabe, „die Fortschritte des menschlichen Geschlechts vorauszusehen, zu lenken und zu beschleunigen"[54]. Er steht aber selbst nur am Anfang einer langen Reihe von einschlägigen Wertungen, die gerade das entwicklungsgläubige 19. Jahrhundert bestimmt haben. Kant nannte es 1794 eine „die Einbildungskraft empörende Vorstellung", daß einmal ein Zeitpunkt kommen werde, „da alle Veränderung (und mit ihr die Zeit selbst) aufhört"[55]. Auch Herders Beharren auf der Möglichkeit, die Zukunft als „Tochter der Gegenwart" zu verstehen und sie in einer Mischung aus Vorsehung und Planung voraussehbar zu machen, geht in die gleiche Richtung.

Politisch erfuhr diese Grundstimmung ihre Umsetzung im Werk der Französischen Revolution, die nicht nur jahrhundertealte Institutionen hinwegfegte, sondern auch ein aktivistisches Zeitverständnis entwickelte, indem sie einen neuen revolutionären Kalender entwickelte und die Bürger zum aktiven Eingreifen in den historischen Prozeß ermunterte. Damit sind wir wieder an den Ausgangspunkt unseres Exkurses zurückgekehrt und können einen Blick auf 1800 werfen.

In der wirklich beeindruckenden Fülle der Säkulargedichte, -reden und -predigten zum Jahreswechsel 1800 bzw. 1801 könnte man geradezu einen Ersatz für das fehlende Heilige Jahr sehen, das zum erstenmal seit 300 Jahren wegen der kriegerischen Zeitläufe nicht begangen wurde. Inhaltlich dominieren die Sehnsucht nach Frieden einerseits und zum anderen ein bemerkenswert ungebrochener Fortschrittsglaube, so, als stünde das Jahrhundert der Aufklärung erst noch bevor.

Das Jahrhundertwendeereignis hatte nun nicht nur einen sehr viel höheren Symbolwert, sondern auch einen weiter gefaßten zeitlichen Wirkungskreis. Metaphern, Redewendungen und Buchtitel nahmen schon seit den frühen 1780er Jahren auf das „Ende des Jahrhunderts" Bezug. Berühmt ist etwa Schillers Vers: „Wie schön, o Mensch, mit deinem

[54] Condorcet: Entwurf einer historischen Darstellung der Fortschritte des menschlichen Geistes, hrsg. v. *Wilhelm Alff* (Frankfurt a. Main 1976). Dazu die Interpretation von *Alff* ebd. Grundlegend sind u. a. *Keith M. Baker,* Condorcet. From natural philosophy to social mathematics (Chicago, London 1975) 344 ff. und *Rolf Reichardt*, Reform und Revolution bei Condorcet (Bonn 1973).

[55] *Kant*, Das Ende aller Dinge, in: Werke Bd. 6, 183 f. – Generell zum Zukunftsdenken des 19. Jahrhunderts *Hölscher*, Weltgericht oder Revolution (Anm. 24).

Palmenzweige, stehst Du an des Jahrhunderts Neige“, der aus dem Jahr 1789 stammt.

Es gibt kaum einen bekannteren Zeitgenossen dieser Epoche, dessen Reaktionen auf den Jahrhundertwechsel nicht bekannt wären: Briefe, Tagebuchnotizen, Gedichte, alles formt sich zu einem dichten Gewebe säkularen Bewußtseins, wie es sich besonders eindrucksvoll in der sensiblen Atmosphäre des klassischen Weimars rekonstruieren läßt.

Die Jahre vor und um 1900 boten ein ähnliches, wenngleich nicht mehr ganz so enthusiastisches Bild des Jahrhundertwechsels. Hatte man das Ende des „Jahrhunderts“ der Aufklärung in den Jahren vor 1800 als eine symbolische Aufforderung zu seiner „Vollendung“ verstanden, so tauchte nun in den Jahren vor 1900 das Schlagwort vom *fin-de-siècle* auf, das dem Jahrhundertende den Anschein kulturellen Niedergangs gab. Man sollte das Gewicht dieser Stimmung freilich nicht überschätzen; die Feuilletons und Zeitungskommentare dieser Zeit blieben überwiegend optimistisch gestimmt, und die Prognosen, die man dem jungen, aufstrebenden Deutschen Reich für das 20. Jahrhundert stellte, hätten besser kaum sein können. Das *être fin de siécle* hingegen – von Emile Zola entdeckt – stellte man in der deutschen Publizistik gerne als ein Problem der französischen Nation dar. Geradezu paradox ist der Befund, daß die angstvolle Erwartung der Jahrhundertwende als populäre Vorstellung sich jenem wissenschaftsfrohen Jahrhundertwechsel um 1900 verdankt, als die fin-de-siècle-Stimmung in den europäischen Metropolen in die Geschichte zurückprojiziert wurde. Denn letztlich konnte kein Zweifel daran bestehen, daß sich Deutschland an der Schwelle eines technisch dominierten neuen Jahrhunderts wähnte, dem man mit herrlichen Reimen Ausdruck gab. So begrüßte eine bürgerliche Publikation das kommende Jahrhundert mit dem Gedicht:

Nach langem und schwerem Daseinskampf,
Schiebt ab das alte Jahrhundert mit Dampf,
Wir brauchen ein neues Fluidum,
Heil Dir, elektrisches Saeculum!

Für Preußendeutschland hat diese technisch dominierte Erwartungshaltung niemand prägnanter herausgestellt als der Ingenieurprofessor Alois Riedler, der damals Rektor der Technischen Hochschule Berlin-Charlottenburg war[56]. Ihm gelang es nicht nur, rechtzeitig zur Jahrhun-

[56] Vgl. dazu allgemein: *Michael Salewski*, Technik als Vision der Zukunft um die Jahrhundertwende, in: Moderne Zeiten. Technik und Zeitgeist im 19. und 20. Jahrhundert hrsg. von *Michael Salewski, Ilona Stölken-Fitschen* (Stuttgart 1994) 77–91; *Frank Möller*, Das

dertwende das Promotionsrecht für die Technischen Universitäten zu erhalten und damit die gesellschaftliche Emanzipation der Technik zu dokumentieren, sondern er war es auch, der zum absichtsvoll verlegten Jubiläum seiner Hochschule eine „Akademie der technischen Wissenschaften" ins Leben rufen wollte, denn 1899 beging die Technische Hochschule in Berlin unter Riedlers Rektorat eine „Centenar"-feier, die sich weniger einem historisch korrekten Datum als dem unbedingten Wunsch der Hochschule und des Kaisers verdankte, eben die technischen Wissenschaften zu feiern[57]. Die „Verwissenschaftlichung" der Wirtschaft und der Welt war unübersehbar geworden[58], man trat aus dem „Jahrhundert der Chemie" in das neue „Jahrhundert der Technik" ein, das Riedler emphatisch begrüßte[59], während München – wie schon gesagt – in Skepsis verharrte und in einer milden Nacht einen ganz normalen Jahreswechsel feierte.

Mit den Jahrhunderten leben wir heute auf vertrautem Fuß, wir geben ihnen eigene Namen, wir füllen diese kostbaren Zeitgefäße mit unseren Inhalten. Vor wenigen Jahren hat der englische Historiker Eric Hobsbawm unser Jahrhundert im Doppelpack „Zeitalter der Extreme" und das

Jahr 1900. Der Traum vom endlosen Fortschritt, in: Der Tag X in der Geschichte. Erwartungen, Ängste und Enttäuschungen seit tausend Jahren, hrsg. von *E. Bünz, R. Gries, F. Möller* (Stuttgart 1997) und *Jan Romein*: The Watershed of Two Eras: Europe in 1900 (Wesleyan 1978).

57 Vg. *Reinhard Rürup* (Hrsg.), Wissenschaft und Gesellschaft. Beiträge zur Geschichte der TU Berlin 1879–1979, 2 Bde. (Berlin, Heidelberg, New York 1979) hier Bd. 1. – Zu den Feierlichkeiten auch *Karl-Heinz Manegold*, Universität, Technische Hochschule und Industrie. Ein Beitrag zur Emanzipation der Technik im 19. Jahrhundert unter bes. Berücksichtigung der Bestrebungen Felix Kleins (Berlin 1970) 300ff.

58 *Paul Erker*, Die Verwissenschaftlichung der Industrie. Zur Geschichte der Industrieforschung in den europäischen und amerikanischen Elektrokonzernen 1890–1930, in: ZfU 35 (1990) 73–94. Vgl. auch *Julius Lohmeyer*, (Schriftltg.): Das goldene Buch des deutschen Volkes an der Jahrhundertwende: eine Ueberschau vaterländischer Kultur und nationalen Lebens in 76 Einzeldarstellungen aus der Feder hervorragender Fachmänner, über 1000 Bildnissen, Aussprüchen und Lebensbeschreibungen lebender deutscher Männer und Frauen (und 37 Kunstbeilagen) (Leipzig 1899); *Wilhelm Berdow*, Die Technik an der Jahrhundertwende, in: Die Gegenwart. Zeitschr. für Literatur, Wirtschaftsleben u. Kunst 1 (1900) 8–10; *P. Zweifel*, Pläne und Hoffnungen für das neue Jahrhundert, in: Deutsche Revue XXV, 1 (1900) 108–120; *Arthur Brehmer*, Die Welt in 100 Jahren (Berlin 1910); *Rudolf Virchow*, Zum neuen Jahrhundert, in: Archiv für pathologische Anatomie und Physiologie und für klinische Medicin 159 (1900) 1–24; *J. Unold*, Die wichtigsten Kulturaufgaben des deutschen Volkes im XX. Jahrhundert, in: Deutsche Stimmen. Halbmonatsschr. für Vaterland u. Denkfreiheit 21 (1901) 656–660.

59 *Alois Riedler*, Über die geschichtliche und zukünftige Bedeutung der Technik. Zwei Reden zur Feier der Jahrhundertwende und zum Geburtstag S. M. des Kaisers am 9. und 26. Januar 1900 in Berlin (Berlin 1900); *ders.*, Unsere Hochschulen und die Anforderungen des zwanzigsten Jahrhunderts (Berlin 1898).

„kurze Jahrhundert“ genannt und es damit den vermeintlich „langen“ 19. und 16. Jahrhunderten gegenübergestellt. Das „Jahrhundert der Aufklärung“ verweist den Historiker ebenso unverkennbar auf das 18., wie das „eiserne Jahrhundert“ das 17. Jahrhundert meint. Den Deutschen galt das 19. klar als „deutsches Jahrhundert“.

Wann beginnt diese inhaltliche Füllung der Zeit, die historisches Urteil ebenso enthält wie die didaktische Gliederungsabsicht. Im Jahre 1800 gab ein Gedicht diesem Drang zur sprechenden Benennung beredten Ausdruck:

... Groß ist alles, was dies säculum
hervorgebracht! Das Kleinste selbst ist gross,
Ihr fragt, wie man das säculum soll nennen?
Das philosoph'sche? krit'sche? transzendente?
Nennt's lieber Frage-säculum. Wir haben
Darin so viel gefragt, dass zwanzig Lustern
die Antwort schuldig bleiben werden[60].

Diese Tendenz zur inhaltlichen Füllung eines Jahrhunderts entstand in der didaktischen Anlage historischer Lehrbücher des 17. und 18. Jahrhunderts. Dort bevorzugte man zunächst chronologische Tafeln, die Geschichte in tabellarischer Form veranschaulichen sollten. Solche Tafeln preßten historische Ereignisse und Personen in das Gleichmaß der Tabellenspalten, die man dann zusammenfassen konnte. Auch hier setzten sich rasch die dezimalen Einteilungen in Jahrzehnte, Jahrhunderte und Jahrtausende durch, obwohl sie dem historischen Gegenstand, den man zu beschreiben versuchte, keinesfalls gerecht wurden. Sie vereinfachten die Chronologie der Ereignisse, und gerade diese Vereinfachung verdient unsere Aufmerksamkeit. Machte sie doch aus dem Jahrhundert einen zentralen Begriff moderner Chronologie und Geschichtsdidaktik zur gleichen Zeit. Wenn man so will, so waren es die Geschichtslehrer, die diesen Wandel vorantrieben, denn es lag in ihrem Interesse, die historischen Jahreszahlen einprägsam mit den entsprechenden Ereignissen und Personen zu verbinden. Die dezimale Rasterung bot dazu eine gewisse Erleichterung, aber bloße Zahlen prägen sich andererseits dem Gedächtnis nur schwer ein: Man mußte sie mit ansprechenden Bildern verbinden, und genau dies geschah nun in der zweiten Hälfte des 17. Jahrhunderts.

Die Lehrbücher präsentierten bald nicht mehr nur chronologische Tabellen, sondern zunehmend auch schmückende Bilder, die der dezimalen

60 Hier zitiert nach *Sauer*, Säculardichtungen (Anm. 15) LXIII.

Rasterung Leben einhauchten, indem sie die einzelnen Jahrzehnte, Jahrhunderte und Jahrtausende allegorisch ausfüllten: Schon der Titel eines solchen Geschichtsbuches spricht deutlich die Absicht aus: „Sculptura Historiarum et Temporum Memoratrix: Das ist / Gedächtnuß-hülfliche BilderLust / Der merckwürdigsten Welt-Geschichten aller Zeiten“, von Gregor Andreas Schmidt aus dem Jahre 1698. Jedes Jahrhundert bekam im Zuge dieser Bebilderung einen eindeutigen Charakter und einen leicht merkbaren Namen, so daß etwa das 15. Jahrhundert nun als das „hussitische“ oder „kriegerische“, das 16. Jahrhundert als „gelehrtes“ Jahrhundert oder als „Reformations-Seculum“ firmierte[61]. In England hatte kurz vorher William Cave zum erstenmal eine komplette Reihe solcher Zuschreibungen entwickelt. Er kannte u.a. ein saeculum apostolicum, gnosticum, arianum, obscurum, scholasticum oder reformatum. Das berühmte Zedler'sche Lexikon bezeichnete dann 1740 zum Beispiel das 10. Jahrhundert als „ottoniano-obscurum seculum“[62]. David Friedrich Strauss stellte in seinem „Voltaire“ von 1870 apodiktisch fest, das 18. Jahrhundert schließe mit den siebziger Jahren ab – nur deshalb, weil er es mit der Lebensgeschichte Voltaires parallelisieren wollte, der bekanntlich 1778 starb.

Die entscheidende Belebung erfuhr der Jahrhundertbegriff jedoch weniger durch solche Neuerungen als durch die Tatsache, daß der Orientierung durch die eine „Geschichte“ im 18. Jahrhundert mehr und mehr Bedeutung zuwuchs. Über allen Diskussionen, ob es nun ab- oder aufwärts ginge, etablierte sich mehr und mehr das Modell einer sich durch menschliches Tun beständig wandelnden Welt, so daß der Frage nach der Zeit und dem „Geist der Zeit“, in der man lebte, immer größere Bedeutung zukam. Hatte man schon im späten 16. Jahrhundert nach dem „genius“, bald nach dem „character generalis huius seculi“ gefragt[63], so brachte Herders „Zeitgeist“-Begriff dieses Interesse auf den Punkt. Geschichte wurde zu einem Feld umfassender gesellschaftlicher Orientie-

[61] Vgl. die beiden Lehrbücher: *Georg Leonhart Model*: Mnemoneuma historicurn monstrans viam facilimam et amoenissimam in historia universa et singulari feliciter progrediendi, ... (Windsheim 1685) fol.7b – fol.16b, und die von *Gregor Andreas Schmidt* begonnene: Sculptura Historiarum et Temporum Memoratrix: Das ist / Gedächtnuß-hülfliche BilderLust / Der merckwürdigsten Welt-Geschichten aller Zeiten ... in einer sehr angenehmen Erfindung / und neu-eingerichteten bequemen Ordnung / in Kupfer gebracht von Christoph Weigel / Kupferstecher in Regenspurg (Nürnberg 1698) fol. 185a u. 207a. Vgl. auch *Johannes Burkhardt*, Entstehung der modernen Jahrhundertrechnung (Göppingen 1971).

[62] *Johann Heinrich Zedler*, Grosses Vollständiges Universallexikon 25 (Leipzig 1740) Sp. 2473.

[63] Vgl. Compendium Historiae Ecclesiasticae...in usum Gymnasii Gotani (1666) 519.

rung. Und daß man wissen wollte, wo man selbst stand, zeigt deutlich, daß nun sogar die eigene historische Gegenwart als ein spezifisch benanntes Jahrhundert verstanden wurde. So diskutierte man Ende des 18. Jahrhunderts ausgiebig darüber, ob es sich um ein „aufgeklärtes" oder „philosophisches" Jahrhundert gehandelt habe und wie das kommende denn beschaffen sein werde. Als „Bürger des 18. Jahrhunderts" suchte man am Ende des so zu eigen gemachten Jahrhunderts seine eigene Identität zu bestimmen. Auf diesem Wege wurde aus dem formalen Zahlenspiel des Jahrhundertwechsels ein historisches Ereignis, ein – wenn auch symbolischer – Eintritt in eine neue Zeit.

Nach dem üblichen Verständnis von mittelalterlicher Geschichte könnte man geneigt sein, in der Erwartung und Befürchtung gegenüber dem Jahrhundertwechsel ein Relikt mittelalterlichen Aberglaubens zu sehen; das Gegenteil ist richtig. Die Zeitkenntnis des Mittelalters erlaubt eine solche Deutung nicht, erst der verbreitete Umgang mit Uhr, Kalender und historischer Grundlagenarbeit schärft die Sensibilität für diese Strukturierung der Zeit. Das wachsende Interesse am Jahrhundertwechsel ist letztlich ein Ergebnis des methodischen Umgangs mit der Zeit. Paradoxerweise handelt es sich bei der Etablierung der dezimalen Chronologie von Jahrzehnten, Jahrhunderten und Jahrtausenden um einen Vorgang der Formalisierung, der freilich dadurch unterlaufen wurde, daß den formalen Zeiteinheiten möglichst lebendige und einprägsame Bilder und Begriffe zugeordnet wurden.

Aus dem ursprünglichen Hilfsbegriff des Jahrhunderts wurde so ein mächtiger Bedeutungsträger, dessen Ende oder Anfang wir mit großem Aufwand feiern und bedenken. Von den Geschichtslehrern des 17. und 18. Jahrhunderts haben wir die Praxis übernommen, markante Ereignisse und Personen bestimmten Jahrhunderten oder ihren Wenden zuzuordnen. Das wurde schon früh kritisiert. Der katholische Kirchenhistoriker Johann Mathias Schroeckh formulierte seine Kritik so:

„Die Geschichte allemal nach dem Verlauf von hundert Jahren abzuschneiden, und diesen Umfang als ein für sich bestehendes Ganzes zu betrachten, ist unnatürlich. Mit einem neuen Jahrhunderte geht nicht sogleich eine neue Gestalt der Welt an: viele Unternehmungen entwickeln sich erst spät in demselben, welche lange vorher in dem verflossenen waren angefangen worden; dieses braucht einem Kenner der Geschichte nur mit zwey Worten gesagt zu werden. Daß aber unzählige Schriftsteller die Kirchengeschichte gleichwohl nach Jahrhunderten abgehandelt und einem jeden derselben seinen eigentümlichen Charakter beigelegt haben, welchen zuweilen das nächstfolgende fast mit gleichem Rechte fordern könnte, darüber wird sich niemand wundern, der die unwiderstehliche Macht des Wiederholens eingeführter Methoden zu beurtheilen weiß.“[64]

So wie ein kluger Beobachter – der Kirchenhistoriker Karl Heussi – einmal festgestellt hat, daß die Einteilung in Altertum, Mittelalter und Neuzeit in den Niederungen der historischen Literatur, nämlich in den Geschichtslehrbüchern, entstand, so könnte man sagen, daß die Jahrhunderteinteilung sich dem didaktischen Versuch verdankt, die protestantische Sicht auf die Geschichte überzeugungskräftig abzuteilen. Kein Wunder, wenn sich hieran Kritik entzündete. Aber es erinnert ein wenig an die Kritik Rankes an der Einteilung der Geschichte in Altertum, Mittelalter und Neuzeit. Im Gespräch pflegte er zu sagen, daß die Geschichte einen ununterbrochenen Strom bilde, gleichwohl müsse man ihn teilen, „um dem betrachtenden Geiste Unterscheidung und Verknüpfung möglich zu machen“.

Was will uns der Altmeister damit sagen? Das Nachdenken über unsere Position im Strom der Geschichte bedarf offensichtlich der eingängigen und deutenden Verortung. Das Jahrhundert hatte sich dabei als eine hinreichend veränderungsdichte, aber auch flexible Markierungsmöglichkeit erwiesen, die den didaktischen Ansprüchen ebenso genügt wie den Bedürfnissen der verständlichen Gliederung. Haben wir es nicht am eigenen Leibe gespürt, wie sich bald nach den Wendejahren 1989/1990 der Eindruck verbreitete, unser Jahrhundert sei 10 Jahre zu früh an sein Ende gekommen? Dem Jahrhundert eignet von Anfang ein enormer Vorteil: Es hilft uns, Geschichte deutend zu verstehen, denn es verbindet den Bericht über historische Ereignisse mit dem historischen Urteil. Beides steht weiterhin im Mittelpunkt unseres Interesses.

Ich weiß, meine Damen und Herren, daß der Weg durch die Jahrhunderte auf den Spuren des Jahrhundertbegriffs nicht ganz einfach war. Deshalb will ich Sie heute abend – gleichsam zur Belohnung – nicht ohne eines jener wunderbaren Säkulargedichte entlassen, die den Übergang vom 18. zum 19. Jahrhundert geschmückt haben. Vielleicht kann ich Sie damit auch zum Verfassen eigener Säkulargedichte bewegen.

Ich zitiere einige Verse aus Johann Diederich Gries' Gedicht an seinen Verleger Fromman, dessen Vorliebe für theologische Literatur des 18. Jahrhunderts zum Gegenstand des kritischen Reimens gemacht wird. Darin wird ihm empfohlen, die neuen modernen Autoren zu verlegen:

[64] *M. Schroeckh*, Christliche Kirchengeschichte, Th.1 (Leipzig 1772) 297.

Die Gegenwart ist mit der Zukunft schwanger
Arndts Christentum, dein alter Hauptartikel,
dient längst dem Käs und Pfeffer zum Vehikel,
Was 18 pries, stellt 19 an den Pranger.

Frommt, Frommann, Frommes noch? Verlegne Waren
verlegner Theologen zu verlegen?
Merk auf den Ruf: Genug des frommen Äffens!

Laß Teller denn, und Stolz und Löffler fahren,
Nichts bringt im neunzehnten Jahrhundert Segen
als Schlegel, Schelling, Ritter, Tieck und Steffens,
An's Ziel, nur wenige treffens.
Begrüße froh die neue Wunder-Aera,
Heut ströme nur Champagner und Madera!

Kollegvorträge

Frank Kolb

Von der Burg zur Polis
Akkulturation in einer kleinasiatischen „Provinz"

Von der Burg zur Polis, das scheint ein weiter Weg zu sein. Mit ihm assoziiert man einen gewundenen, schwierigen Pfad, der von einer auf steiler Anhöhe gelegenen trutzigen Festung, welche die Gewalt eines Herrn über seine in der Ebene lebenden Untertanen sichert, hinabführt zu einer leicht zugänglichen, mit mehr oder weniger glanzvollen öffentlichen Gebäuden geschmückten städtischen Siedlung, die eine Gemeinschaft gleichberechtigter Bürger beherbergt. Auf die Landschaft, die ich hier vorstellen möchte, trifft dieses Bild nur teilweise zu: Zwar liegt die wichtigste Burg des Gebiets in der Tat auf einer steilen Anhöhe, von der nur ein gewundener Weg hinabführt, aber sie ist eingebettet in eine große, sie umgebende Siedlung. Andererseits liegt die Stadt, in der wir am Ende dieses Beitrags ankommen werden, gleichfalls auf einem steilen Bergrücken; sie ist von einer nicht weniger eindrucksvollen Festungsmauer umgeben und ebenfalls nur auf einem schwierigen, gewundenen Weg zu erreichen. Von der Burg zur Polis sind es nur 3 km Luftlinie, aber es ist ein dorniger Weg, der zum Teil über schroffe, scharfkantige Felsen führt, und dies gilt auch im übertragenen Sinne, wenn man sich als Historiker den Weg von der Burg zur Polis bahnen will. Ich will versuchen, das schlimmste Gestrüpp wegzuschlagen und die Felsen etwas einzuebnen, aber einige Fragen werden zweifellos offen bleiben.

Unser *Ziel*, das städtische Zentrum der Polis Kyaneai, ist schon vor gut 150 Jahren von europäischen Reisenden, die zum Teil im Auftrag ihrer Regierungen Kunstschätze und nähere Kenntnisse des Landes gewinnen wollten, aufgesucht, aber nie erforscht worden[1]. Unseren *Ausgangspunkt*, die Burg, die auf einem Berg namens Avşar Tepesi liegt, haben wir, eine interdisziplinär und international zusammengesetzte For-

[1] Zur Forschungsgeschichte vgl. Kyaneai 1989. Vorbericht über Feldforschungen im Yavu-Bergland bei Kaş mit Beiträgen von *W. Boeser, V. Höhfeld, F. Kolb* u.a., in: Istanbuler Mitteilungen 41 (1991) 188–197.

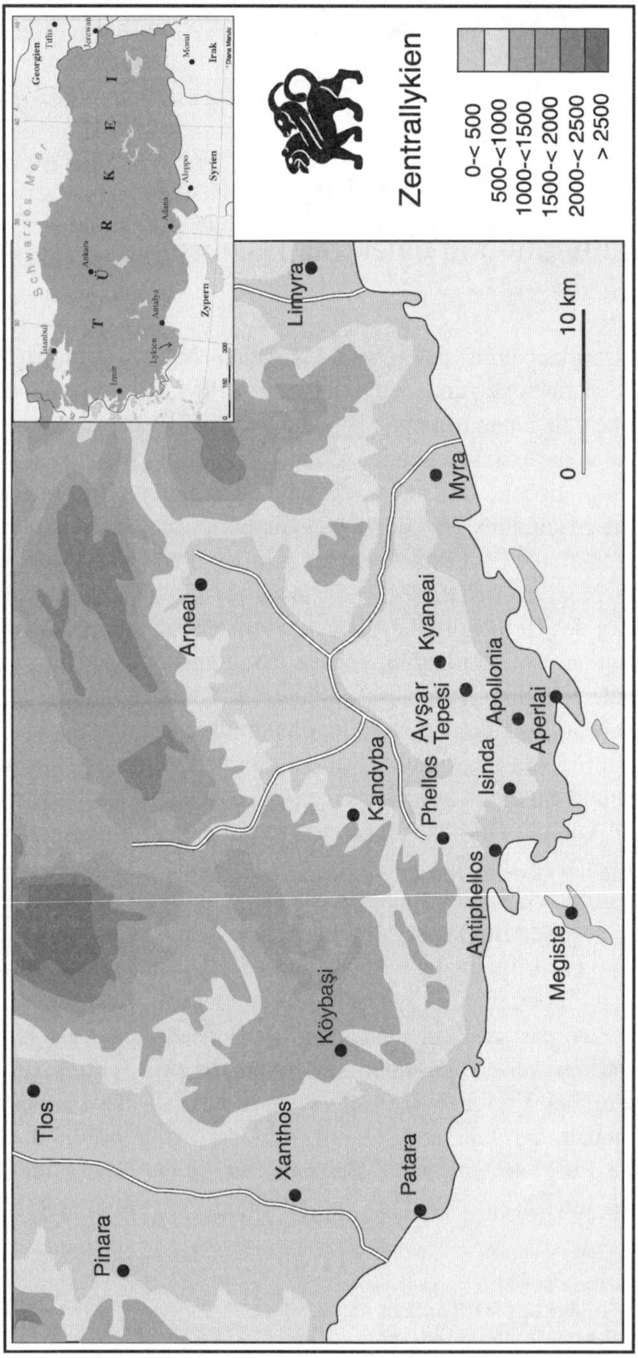

Abb. 1: Das antike Zentrallykien

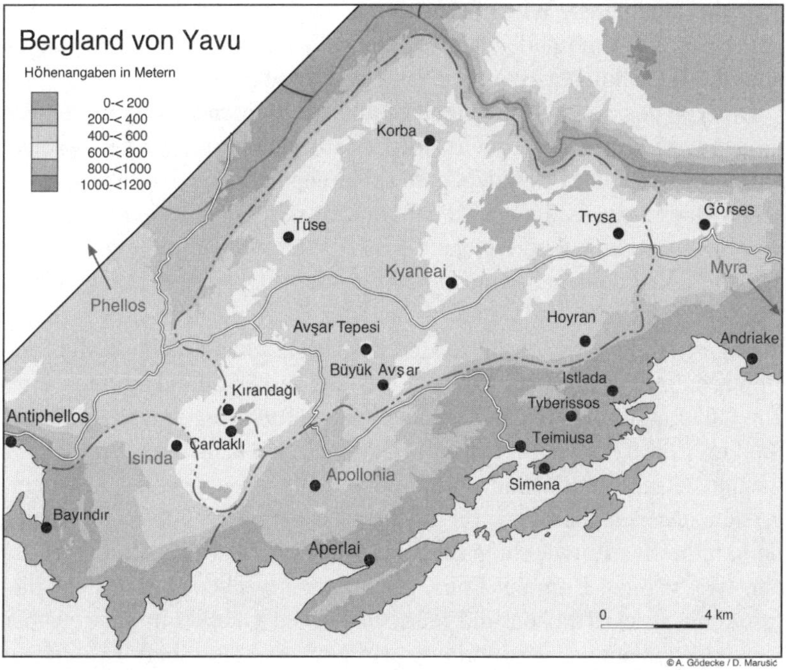

Abb. 2: Yavu-Bergland mit Territorium von Kyaneai (gestrichelte Grenzlinie)

schungsmannschaft unter Ägide der Abteilung für Alte Geschichte an der Universität Tübingen[2], 1992 wirklich erst entdeckt, im Rahmen von Feldforschungen, die wir seit 1989 mit großzügiger Genehmigung der türkischen Antikenverwaltung und finanziert durch die DFG, in der antiken Landschaft Lykien im Südwesten der Türkei (Abb. 1) durchführen, genauer gesagt: auf dem knapp 140 qkm kleinen Gebiet der antiken Polis Kyaneai (Abb. 2). Im wesentlichen beschränken wir uns dabei auf die Untersuchung der an der Erdoberfläche noch sichtbaren antiken und byzantinischen Siedlungsreste[3]. Diese Form der Siedlungsarchäologie zielt darauf ab, Erkenntnisse zu gewinnen, welche uns die antiken schriftlichen Quellen in aller Regel vorenthalten, nämlich Informationen

[2] An den Forschungen ist – neben der Abteilung für Alte Geschichte der Universität Tübingen – vor allem in den Bereichen Vermessung, Photogrammetrie, Kartographie und 3D-Rekonstruktion der Fachbereich Geoinformationswesen der Fachhochschule Karlsruhe beteiligt. Wir sind W. Boeser, G. Hell und A. Rieger für ihr großes Engagement in unserem Projekt sehr zu Dank verpflichtet.

[3] Von den zahlreichen Projektpublikationen seien hier – neben der in Anm. 1 erwähnten – genannt: *F. Kolb* (Hrsg.), Lykische Studien Band 1 bis 5 (Asia Minor Studien Band 9, 18, 24, 41, Bonn 1993–2000); Band 6 ist im Druck.

über die Siedlungs-, Wirtschafts- und Lebensverhältnisse, über die Bevölkerung auf dem Lande, das Wegenetz, die Gräber und die Kultstätten, über die Beziehungen zwischen Stadt und Land usw.

Das von uns ausgewählte Gebiet zählt nicht zu den bedeutendsten Regionen Lykiens; es ist vielmehr „kleinasiatische Provinz". Aber es zeichnet sich durch seine besonders gute Erhaltung der antiken und byzantinischen Überreste aus. Es war in der Neuzeit sehr dünn besiedelt, fast nur von Nomaden bewohnt, welche bis ins 19. Jahrhundert hinein in Zelten siedelten. Erst dann haben sie allmählich kleine Dörfer mit bescheidenen Häusern gegründet und dabei die antiken Siedlungsreste nur in relativ geringem Maße zerstört; diese sind deshalb in einem dichten Macchie-Bewuchs aufbewahrt. So konnten wir auf bisher durchkämmten etwa 105 Quadratkilometern ca. 3000 Siedlungsbefunde registrieren (Abb. 3). Sie liefern uns eine Fülle von Informationen. Ich kann daraus nur einige wenige Aspekte vorstellen, und zwar möchte ich einen Versuch unterbreiten, unsere Bodenfunde für die Rekonstruktion der politisch-sozialen und kulturellen Entwicklung dieses Gebiets in klassischer Zeit, eben für den Weg von der Burg zur Polis, fruchtbar zu machen. Die uns aus literarischen, inschriftlichen und numismatischen Quellen in ganz groben Umrissen bekannte Verwandlung der antiken Landschaft Lykien aus einer von Dynasten dominierten Region in eine solche von Poleis nach griechischem Muster versuche ich innerhalb des Mikrokosmos unseres Gebietes etwas genauer nachzuzeichnen.

Zunächst möchte ich kurz den größeren historischen Rahmen skizzieren. Über die ältere lykische Geschichte besitzen wir nur sehr wenige fragmentarische Informationen[4]. Ich will hier die Frühgeschichte ohnehin beiseite lassen. Die im eigentlichen Sinne antike Überlieferung zu Lykien setzt mit der Ilias Homers ein, welche die Lykier des Xanthos-Tals als wichtigste Verbündete der Trojaner auftreten läßt. Homer schreibt den lykischen Helden seines Epos eine patrimoniale königliche Herrschaft, gestützt auf großen Grundbesitz, zu[5].

Bisher bereitet es freilich recht große Mühe, diese Überlieferung mit einem Siedlungsbild zu verbinden, denn wir verfügen für das 8. und auch noch das 7. Jahrhundert über so gut wie keine Siedlungsreste in Lykien,

[4] Die einzige zusammenfassende Darstellung der Geschichte Lykiens ist immer noch die mehr als einhundert Jahre alte „Geschichte der Lykier" (Tübingen 1887) von *O. Treuber*. Vgl. ferner *F. Kolb, B. Kupke*, Lykien. Antike Welt, Sondernummer 1989 (Buchausgabe Mainz 1991); *P. Frei,* Geschichte Lykiens im Altertum, in: Götter, Heroen, Herrscher in Lykien (Ausstellungskatalog Wien 1990) 7–18.

[5] *Homer*, Ilias V 95–105, 471–492; VI 187–199; XII 310–330, 452–457 usw.

sondern nur über Funde von Keramikscherben. Architektonische Reste treten erst ab etwa 600 v. Chr. in Erscheinung, und einigermaßen klar werden das Siedlungsbild und auch die politischen Verhältnisse bzw. überhaupt die Existenz einer ethnisch-kulturellen Einheit Lykien eigentlich erst ab dem 5. Jahrhundert. Der Ethnogenese dieses Volkes, welches wir im Gefolge der Griechen Lykier nennen, liegt offensichtlich ein komplexer Akkulturationsprozeß zugrunde, für den die Lage der Landschaft am Seeweg von der Ägäis zur Levante wichtig war, insbesondere der Kontakt mit den Griechen. Zwar war Lykien kein griechisches Kolonisationsgebiet, aber Rhodos war nahe und gründete zumindest am Ostrand der lykischen Halbinsel eine Kolonie: Phaselis. Von Osten her waren es vor allem die seefahrenden Phöniker, welche bei ihren Fahrten nach Westen in lykischen Häfen Station gemacht haben dürften. Die daraus resultierenden Einflüsse führten zu einer seit dem 6. Jahrhundert v. Chr. in Ansätzen greifbaren, aber erst in der klassischen Epoche des 5. und 4. Jahrhunderts deutlich in Erscheinung tretenden lykischen Kultur. Zu dieser gehören spezifisch lykische Schriftdokumente[6]. Die bisher nur rudimentär entschlüsselte lykische Sprache steht den sogenannten luwischen Sprachen nahe, die ihrerseits mit dem Hethitischen verwandt sind; die Schrift hingegen ist hauptsächlich vom griechischen Alphabet abgeleitet. Sodann ist die lykische Münzprägung zu erwähnen[7], welche zwar deutlich von der griechischen Silberprägung angeregt ist, aber auf den Vorderseiten – beeinflußt durch orientalisches Milieu – oft Köpfe von namentlich bezeichneten Menschen zeigt, von sogenannten Dynasten. Schließlich ist die besondere lykische Grabkultur hervorzuheben, zu welcher im 6. und 5. Jahrhundert die singulären Pfeilergräber mit ihren bisweilen reliefverzierten Grabkammern, seit etwa 400 v. Chr. Sar-

[6] Vgl. zur lykischen Sprache und Schrift vor allem *G. Neumann*, Lykisch, in: Altkleinasiatische Sprachen (Handbuch der Orientalistik I 2, hrsg. v. *B. Spuler*) (Leiden, Köln 1969) 358 – 396; *ders.*, Die lykische Sprache, in: Götter, Heroen und Herrscher in Lykien (siehe Anm. 4) 38–40.

[7] Zur lykischen Münzprägung vgl. vor allem *O. Mørkholm*, The Classification of Lycian Coins before Alexander the Great, in: Jahrbuch für Numismatik und Geldgeschichte 14 (1964) 65–76; *O. Mørkholm, J. Zahle,* The Coinage of Kuprlli, in: Acta Archaeologica 43 (1972) 57–113; *O. Mørkholm, J. Zahle,* The Coinage of the Lycian Dynasts Kheriga, Khereï and Erbbina, in: Acta Archaeologica 47 (1976) 47–90; *G. Neumann, O. Mørkholm,* Die lykischen Münzlegenden (Göttingen 1978); *N. Vismara,* Monetazione arcaica della Lycia I-IV (Rom 1989–1999); *J. Zahle,* Politics and Economy in Lycia during the Persian Period, in: Revue des Etudes Anciennes 91 (1989) 169–182; *ders.,* Achaemenid Influences in Lycia, in: Achaemenid History VI (Leiden 1991) 145–160; *J. Spier,* Lycian Coins in the ‚Decadrachm Hoard', in: *I. Carradice* (Hrsg.), Coinage and Administration in the Athenian and Persian Empires (London 1987) 29–37.

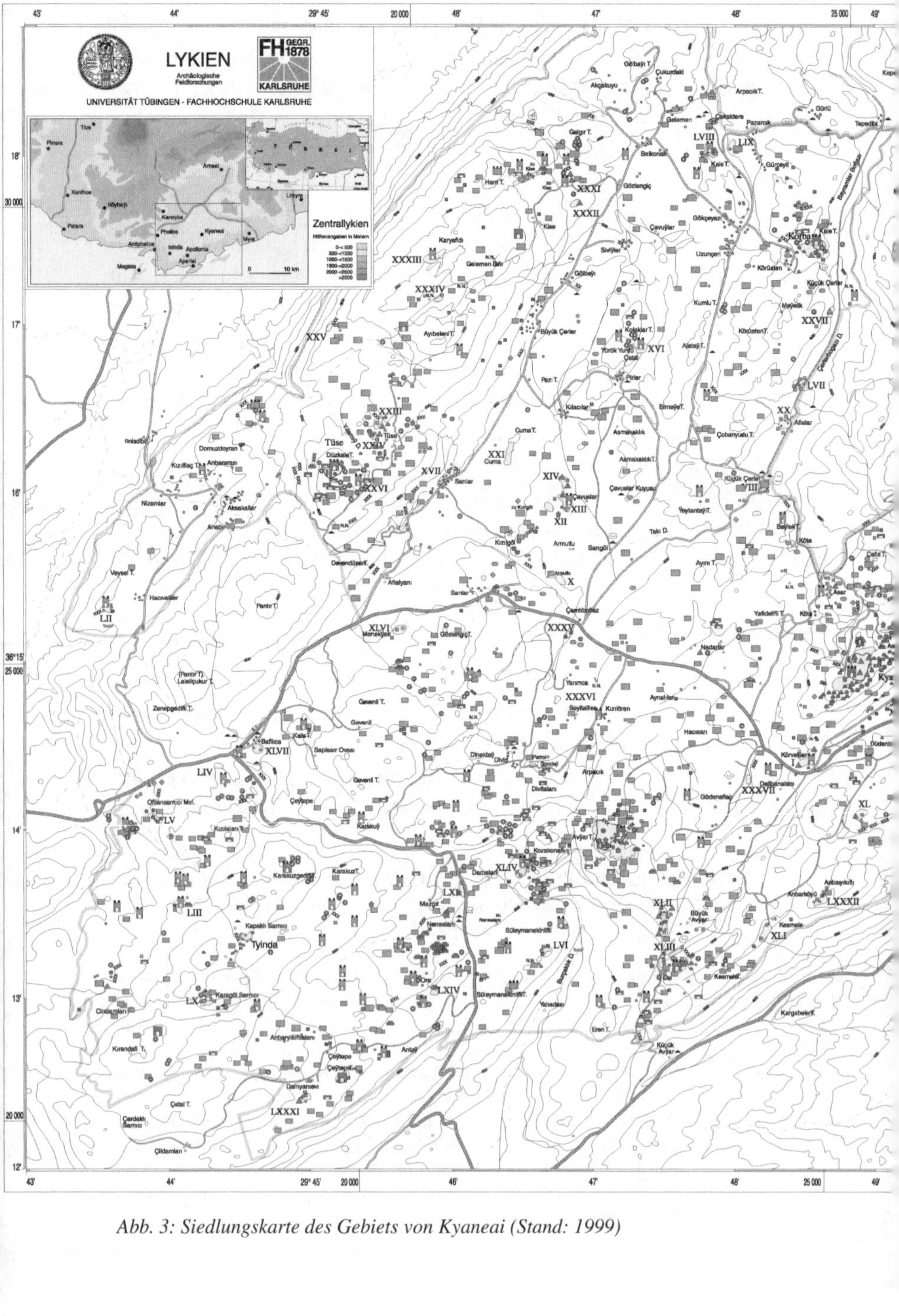

Abb. 3: Siedlungskarte des Gebiets von Kyaneai (Stand: 1999)

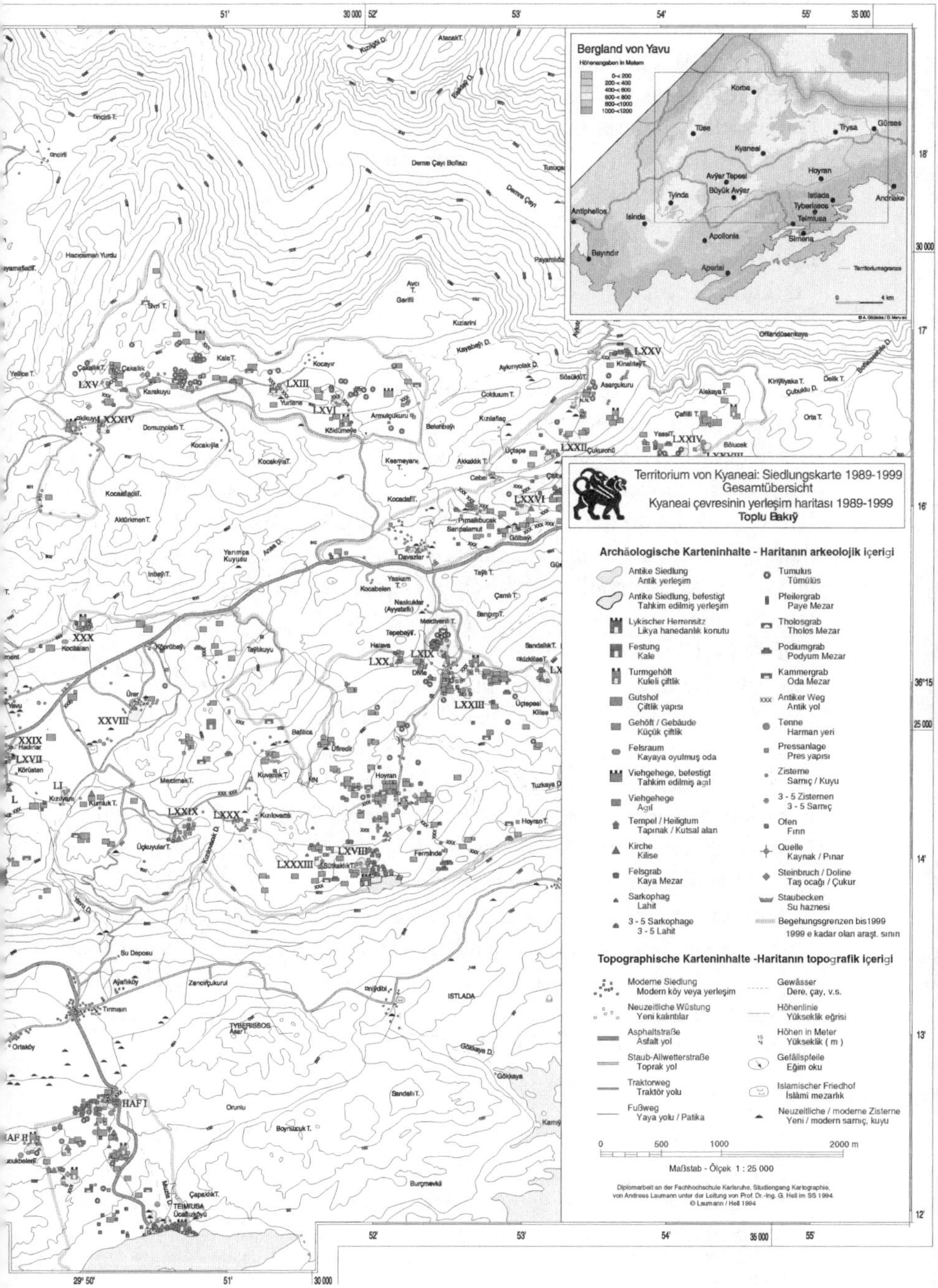
Bergland von Yavu
Korba
Tüse
Trysa
Gürses
Kyaneai
Hoyran
Avşar Tepesi
Büyük Avşar
Tyinda
Istlada
Tyberissos
Teimiusa
Andriake
Antiphellos
Isinda
Apollonia
Simena
Bayındır
Aperlai
Territorium von Kyaneai: Siedlungskarte 1989-1999
Gesamtübersicht
Kyaneai çevresinin yerleşim haritası 1989-1999
Toplu Bakış
Archäologische Karteninhalte - Haritanın arkeolojik içerigi
Antike Siedlung
Antik yerleşim
Antike Siedlung, befestigt
Tahkim edilmiş yerleşim
Lykischer Herrensitz
Likya hanedanlık konutu
Festung
Kale
Turmgehöft
Kuleli çiftlik
Gutshof
Çiftlik yapısı
Gehöft / Gebäude
Küçük çiftlik
Felsraum
Kayaya oyulmuş oda
Viehgehege, befestigt
Tahkim edilmiş agıl
Viehgehege
Agıl
Tempel / Heiligtum
Tapınak / Kutsal alan
Kirche
Kilise
Felsgrab
Kaya Mezar
Sarkophag
Lahit
3 - 5 Sarkophage
3 - 5 Lahit
Tumulus
Tümülüs
Pfeilergrab
Paye Mezar
Tholosgrab
Tholos Mezar
Podiumgrab
Podyum Mezar
Kammergrab
Oda Mezar
Antiker Weg
Antik yol
Tenne
Harman yeri
Pressanlage
Pres yapısı
Zisterne
Sarnıç / Kuyu
3 - 5 Zisternen
3 - 5 Sarnıç
Ofen
Fırın
Quelle
Kaynak / Pınar
Steinbruch / Doline
Taş ocağı / Çukur
Staubecken
Su haznesi
Begehungsgrenzen bis 1999
1999 e kadar olan araşt. sınırı
Topographische Karteninhalte -Haritanın topografik içerigi
Moderne Siedlung
Modern köy veya yerleşim
Neuzeitliche Wüstung
Yeni kalıntılar
Asphaltstraße
Asfalt yol
Staub-Allwetterstraße
Toprak yol
Traktorweg
Traktör yolu
Fußweg
Yaya yolu / Patika
Gewässer
Dere, çay, v.s.
Höhenlinie
Yükseklik eğrisi
Höhen in Meter
Yükseklik (m)
Gefällspfeile
Eğim oku
Islamischer Friedhof
İslâmi mezarlık
Neuzeitliche / moderne Zisterne
Yeni / modern sarnıç, kuyu
0 500 1000 2000 m
Maßstab - Ölçek 1 : 25 000
Diplomarbeit an der Fachhochschule Karlsruhe, Studiengang Kartographie,
von Andreas Laumann unter der Leitung von Prof. Dr.-Ing. G. Hell im SS 1994.
© Laumann / Hell 1994

kophage mit spitzbogigem Deckel und insbesondere auch die Holz-Fachwerk-Architektur imitierenden Felsgräber gehören[8].

Diese Merkmale sind im wesentlichen beschränkt auf die Region zwischen Telmessos im Westen und Rhodiapolis im Osten (Abb. 1). Für die Herausbildung dieser kulturellen Einheit scheint neben griechischen und orientalischen Kultureinflüssen eine politische Vormachtstellung von Xanthos entscheidend gewesen zu sein. Für Homer war Lykien offensichtlich noch mit dem Xanthos-Tal identisch. Die persische Eroberung Lykiens um die Mitte des 6. Jahrhunderts bedeutete wohl eine weitere Stärkung der Stellung von Xanthos als Zentrum der Region. Die Münzprägestätten des xanthischen Dynasten Kuprlli in der ersten Hälfte des 5. Jahrhunderts erstrecken sich vom Xanthos-Tal im Westen bis nach Limyra im Osten[9] und deuten somit auf eine politische Kontrolle des Landes durch Xanthos im Auftrag der persischen Oberherrschaft hin. Als der attische Seebund um 470 v. Chr. Lykien in sein Herrschaftsgebiet eingliedert, tauchen die Lykier in den attischen Tributlisten als „die Lykier und die an der Tributzahlung Beteiligten" (*synteleis*) auf[10]. Mit den ‚Lykiern' ist vermutlich Xanthos gemeint, während die *synteleis* mit den Xanthos unterstellten lykischen Gemeinwesen identisch sein dürften. Bei der Befreiung Lykiens von attischer Herrschaft zwischen 440 und 430 v. Chr. hat wiederum Xanthos offensichtlich eine wichtige Rolle gespielt, wie der bisher leider nur ganz bruchstückhaft entzifferte historische Bericht auf dem im folgenden noch öfter zu erwähnenden sogenannten Inschriftenpfeiler von Xanthos verdeutlicht[11]. In diesen Kampf unter xanthischer Führung waren auch Zentral- und Ostlykien, letzteres mit einer offensichtlich bereits bedeutenden, in Limyra residierenden Dynastie, involviert. Die persische und attische Fremdherrschaft und der zeitweilige Widerstand gegen diese scheinen zwischen dem 6. und 4. Jahrhundert v. Chr. ein besonderes Zusammengehörigkeitsgefühl und eine von Xanthos sich ausbreitende lykische Kultur begründet zu haben. Jedenfalls tauchen die vorhin erwähnten Merkmale der lykischen Kultur allesamt erstmals in Xanthos auf und verbreiten sich von dort zunächst nach Zentrallykien, sodann nach Ostlykien.

8 Knapper Überblick zu den verschiedenen Grabtypen in: *Kolb, Kupke,* (siehe Anm. 4) 45–54.

9 *O. Mørkholm, J. Zahle,* The Coinage of Kuprlli (siehe Anm. 7).

10 The Athenian Tribute Lists, ed. by *B. D. Merritt, H. T. Wade-Gery, M. F. MacGregor,* (Princeton 1939/53) Liste 3 I Z. 29f., Liste 4 V Z. 32f., Liste 9 III Z. 33f.

11 Tituli Lyciae Lingua Lycia conscripti, ed. *E. Kalinka* (Tituli Asiae Minores I, Wien 1901) Nr. 44.

Während wir von den griechischen Autoren des 5. Jahrhunderts wenig Zuverlässiges über die lykische Gesellschaft erfahren, bezeugen Münzen und Inschriften aus Lykien selbst für das 5. und die erste Hälfte des 4. Jahrhunderts v. Chr. wenigstens 30 bis 40 Persönlichkeiten, sogenannte Dynasten, die zumindest in den wichtigsten Orten der Landschaft eine bisweilen freilich prekäre Herrschaft ausübten. Inschriften aus Xanthos bzw. dem nahegelegenen Heiligtum des Letoon berichten für die Zeit um 400 v. Chr. von innerlykischen kriegerischen Konflikten und einer patrimonialen Herrschaftsorganisation[12]. Auf dem Inschriftenpfeiler von Xanthos prahlt ein Dynast, zahlreiche befestigte Orte erobert und dort Familienmitglieder als Herrscher eingesetzt zu haben, und auf der etwas späteren, sogenannten Arbbinas-Stele preist der Dynast seine Eroberung lykischer Orte und rühmt sich, seinen lykischen Landsleuten große Furcht eingejagt zu haben. Diese herrscherlichen Triumphalinschriften in orientalischem Stil, die aber zum Teil in griechischer Sprache und in griechischem Versmaß gehalten sind, scheinen vom zeitgenössischen Griechenland sehr verschiedene politische und soziale Strukturen in Lykien zu bezeugen, nämlich lokal oder regional begrenzte Herrschaften einzelner Familien, die Aristoteles[13] als *dynasteia* bezeichnet. In Lykien können sie unter dem weiten Dach des persischen Reiches recht ungehindert agieren.

Archäologisch findet diese Gesellschaftsstruktur ihren Niederschlag im Siedlungsbild der spätarchaischen und klassischen Epoche, vom 6. bis 4. Jahrhundert v. Chr. Dieses wird geprägt von befestigten Akropolis-Siedlungen ganz unterschiedlicher Größe. Die bedeutendsten waren Xanthos und andere Orte des Xanthos-Tales sowie Limyra im Osten. Gerade diese Orte sind freilich in hellenistischer und römischer Zeit kontinuierlich besiedelt und völlig umgestaltet worden, so daß nurmehr ein recht vager Eindruck vom Aussehen der klassischen Siedlungen gewonnen werden kann[14].

Ein unverfälschtes Bild einer größeren lykischen Dynastensiedlung bietet nur jene bereits erwähnte Ruinenstätte auf dem Avşar Tepesi (Abb. 4). Ihr antiker Name ist nicht unmittelbar überliefert, aber wohl indirekt als Zagaba erschließbar, ein u. a. als bedeutende Münzstätte des 5. und beginnenden 4. Jahrhunderts bekannter Ort; ich kann auf die

[12] Tituli Asiae Minores (= TAM) I Nr. 44, C Z. 20–31 = Carmina Epigraphica Graeca I (Berlin, New York 1983) Nr. 177; ferner ebd. II Nr. 888, 889.

[13] *Aristoteles,* Politika IV 1293 a 31–33.

[14] Zu Xanthos vgl. die französischen Grabungen, publiziert in den Fouilles de Xanthos Iff. (Paris 1958 ff.); zu Limyra siehe *J. Borchhardt,* Die Steine von Zemuri (Wien 1993).

Abb. 4: Blick auf Akropolis und Südhangbesiedlung des Avşar Tepesi

Argumente für diese Identifizierung hier nicht eingehen, zumal sie für das Thema des heutigen Abends nicht relevant sind[15]. Dieser große Dynastensitz ist jedenfalls die besterhaltene größere, anatolische, d.h. nicht griechisch oder römisch geprägte Siedlung der archaisch-klassischen Zeit auf dem Boden der Türkei. Diesen guten Erhaltungszustand verdankt sie dem Umstand, daß sie um die Mitte des 4. Jahrhunderts v. Chr. aufgelassen und danach nicht mehr besiedelt wurde.

Die Lage des Ortes ist typisch für lykische Burgsiedlungen der klassischen Zeit: aus Sicherheitsgründen etwas von der Küste zurückversetzt, in erhöhter, strategisch günstiger Position, nahe wichtigen Verkehrswegen und fruchtbaren Ackerflächen. Mit einer Ausdehnung von etwa 14 ha steht Zagaba zwar hinter Xanthos mit 26, Limyra mit 25 und dem frühklassischen Telmessos mit 16 ha zurück, zählte aber sicherlich zu den größeren lykischen Orten der klassischen Epoche. Die Siedlung überragt die anderen lykischen Dynastensitze unseres Forschungsgebie-

[15] Vgl. zur Siedlung auf dem Avşar Tepesi: *A. Thomsen*, Die lykische Dynastensiedlung auf dem Avşar Tepesi (Antiquitas Reihe 3, im Druck); zur Identifikation der Münzstätte Zagaba mit dem Avşar Tepesi wird in Kürze eine ausführliche Abhandlung publiziert werden.

tes bei weitem und ist etwa dreimal größer als die spätere hellenistisch-römische Stadt Kyaneai innerhalb ihres Mauerringes.

Diese Siedlung hatte natürlich eine Geschichte, die wir, was Architekturreste angeht, von der zweiten Hälfte des 6. bis in die ersten Jahrzehnte des 4. Jahrhunderts verfolgen können. Ich schildere hier den Zustand ihrer größten Blütezeit im 5. Jahrhundert (Abb. 5). Zagaba besteht aus einer ummauerten Hangsiedlung, einem unbefestigten Siedlungsareal und einer stark befestigten Akropolis. Letztere beherbergt unter anderem einen zentralen Burgturm in der Nordost-Ecke, eine halbrunde Bastion, zwei große Zisternen, ferner Magazinbauten und vermutlich einen Tempel. Die Akropolis hatte mithin militärische, kultische und versorgungssichernde Funktionen, weist aber keine für eine Herrscherresidenz geeignete Wohnanlage auf. Offensichtlich war sie die Trutzburg des Gemeinwesens und letzter Zufluchtsort für die gesamte Bevölkerung der Siedlung, mithin ein öffentlicher Bereich. Der Dynast residierte anscheinend zwischen Akropolis und einer Platzanlage, die wir als Agora bezeichnen; ich komme auf sie noch zurück. An ihrem Nordost-Rand befindet sich ein Residenzkomplex, der an Größe alle anderen Wohnkomplexe auf dem Avşar Tepesi weit überragt und topographisch eine günstige Position einnimmt, die leichten Zugang sowohl zur Agora als auch zur Akropolis bietet. Er ist folglich als Herrscherresidenz besonders geeignet.

Die schlecht erhaltene Siedlungsmauer weist in recht regelmäßigen Abständen Turmhäuser auf, in denen Familien wohnten, welche offensichtlich jeweils die Verteidigung eines Abschnitts des Mauerrings übernommen haben – wohl eine Art Wehraristokratie. Besonders deutlich ist diese Verteidigungsfunktion von Wohnhäusern am Südhang, wo eine geschlossene Häuserlinie die Siedlungsmauer bildet und oft schon das Mauerwerk die Wehrhaftigkeit anzeigt.

Die Siedlung ist in Anpassung an die topographischen Gegebenheiten auf Hangterrassen angelegt worden, mit einem unregelmäßigen Wegenetz. Etwa 130 noch feststellbare Häuser weisen auf wohl wenigstens 1000 Einwohner hin. Die Häuser – und dies gilt auch für die Gräber, wie wir sehen werden – verfügten nur über einen mehr oder weniger hohen Steinsockel; darüber muß ein Fachwerkaufbau sich erhoben haben (Abb. 6), wie ihn die lykischen Felsfassadengräber des 4. Jahrhunderts mit ihrer Imitation von Holz-Fachwerk-Architektur widerspiegeln.

Anders als griechische Polis-Zentren weist die Siedlung auf dem Avşar Tepesi weder ein Theater noch ein Gymnasium noch etwa ein Rathaus oder Säulenhallen auf. Wohl aber deuten kleine Platzanlagen, bis-

A
B
C
D
E
F
G
1
2
3
4
"Gewerbeviertel"
"Westtor" Tor 9
"Bastion"
Grab
Grab
Tor 10
"Heroon"
Tor 8
Tor 7
Nordnek
Platz
Platz
Platz
Akropolis
Akropolisnek
Tor 5
Tor 6
Tor
GP 3
Südnek
FG 2
Agora
GP
Podium
Tor
Magazine

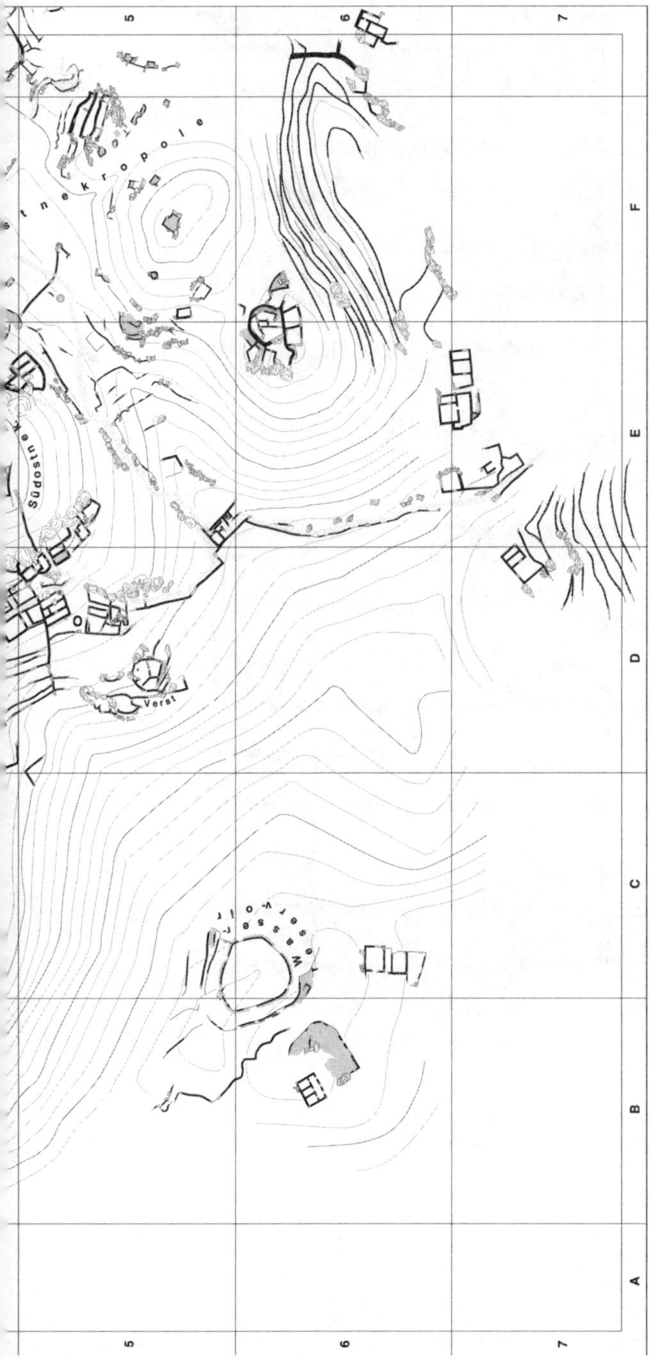

Abb. 5: Plan der Siedlung auf dem Avşar Tepesi

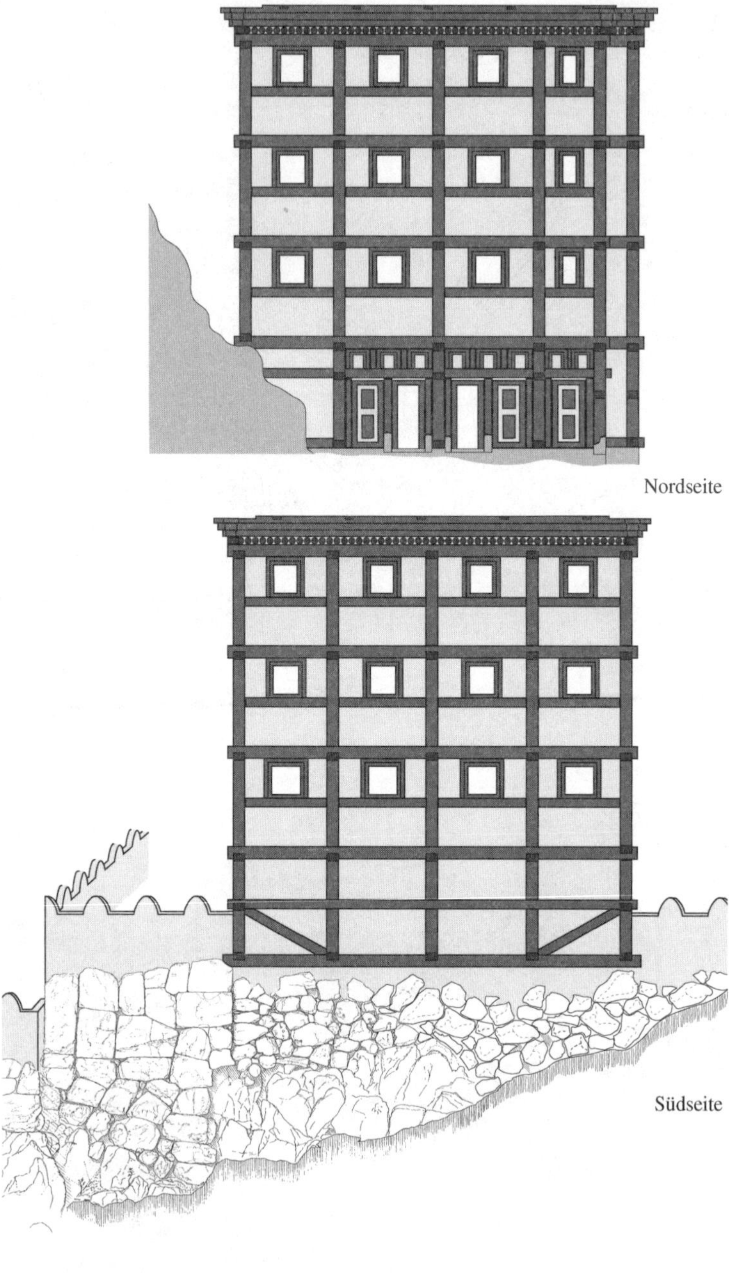

Abb. 6: Hypothetische Rekonstruktionszeichnung eines Hauses auf dem Avşar Tepesi

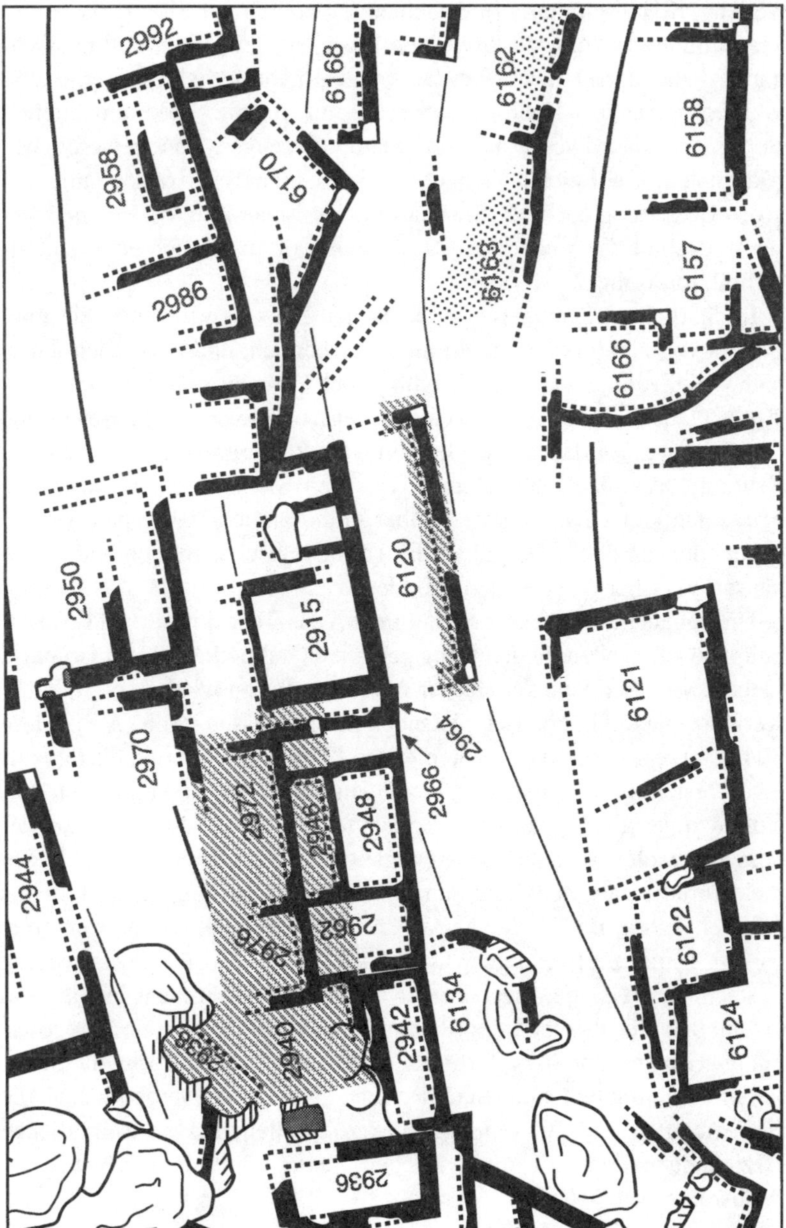

Abb. 7: Plan mit Grundrissen der ausgegrabenen Hausgräber in der Südnekropole des Avşar Tepesi

weilen mit Heiligtümern, in einzelnen Quartieren auf Möglichkeiten zu Versammlungen, u. a. zu kultischen Zwecken, hin. Ein wohl als Viehmarkt dienender Platz am Westhang und ein vermutlich für Gerber und Walker gedachtes Handwerkerviertel mit in die Erde eingetieften Becken am Nordwest-Rand der Siedlung zeugen von gewerblichen Aktivitäten. Zahlreiche Viehgehege im Umland verweisen auf eine große Bedeutung der Viehwirtschaft in klassischer Zeit. Im Rahmen dieser Wirtschaftsform nahm der Avşar Tepesi offensichtlich eine Zentralortfunktion wahr.

In deutlichem Kontrast zu griechischen Polis-Zentren steht die Integration von Nekropolen in den Siedlungsbereich, und zwar auch innerhalb der Siedlungsmauern: Tumulus- und Kammergräber verschiedenster Art tauchen hier auf. Ausschlaggebend für die politische Bewertung der Siedlung ist das Vorhandensein von Pfeilergräbern, die man als Kriterium für die Qualität einer lykischen Siedlung als Dynastensitz betrachten kann. Da lykische Gräber grundsätzlich Haustypen wiedergeben, dürften die Pfeilergräber die Türme lykischer Burgen und Turmhäuser lykischer Aristokraten abbilden[16].

Die bedeutendste Nekropole auf dem Avşar Tepesi ist die Süd-Nekropole, wo auf großen, in den Hang gebauten Grabpodien, deren Grundriß kleinmaßstäblich jene der Häuser des Avşar Tepesi wiedergibt, in Fachwerk errichtete Grabhäuser gestanden haben müssen (Abb. 7, 8). Diese 30 bis 40 repräsentativen Bauten waren Familiengräber und dürften uns eine Vorstellung von der Zahl der auf dem Avşar Tepesi wohnenden Aristokraten vermitteln. Für diese Annahme spricht auch, daß die Zahl der besser gebauten Wohnhäuser etwa gleich hoch ist. Diese Häuser liegen nicht zufällig nahe den öffentlichen Zentren der Siedlung: der Akropolis und der Agora. Bei Grabungen in der Südnekropole, darunter an einer wegen seiner aufwendigen Gestaltung von uns als Dynastengrab bezeichneten Anlage, machten wir einige aufschlußreiche Funde: u. a. erstaunlich viel attische Importkeramik des 6. und 5. Jahrhunderts sowie ein in griechischem Stil gefertigtes Ohrgehänge in Spiralform mit granulierten Weintrauben und einer Rosette. Die Funde verdeutlichen die Einbettung des Avşar Tepesi in die kulturellen und wirtschaftlichen Beziehungen der größeren lykischen Zentren mit dem griechischen Ägäisraum.

[16] Zu den lykischen Pfeilergräbern allgemein vgl. *C. Deltour-Levie*, Les piliers funéraires de la Lycie (Louvain-la Neuve 1982).

Abb. 8.: Hypothetische Rekonstruktionszeichnung eines Hausgrabes in der Südnekropole des Avşar Tepesi

Die lykischen Dynasten und Aristokraten waren zwar rauhe Haudegen, denen das Schwert an der Hüfte locker saß, aber nicht ohne Neigung zu zivilisatorischem Luxus. Auch die Siedlung Zagaba darf man sich nicht als primitive Holzbausiedlung vorstellen. Vielmehr sah der von den umliegenden Ebenen, z.B. von Süden her, auf die Siedlung Zuschreitende ein beeindruckendes Panorama vor sich: auf übereinandergestaffelten Terrassen hoch aufragende Grabhäuser, turmartige Wohnhäuser und Tempel, die man sich allesamt bunt bemalt vorstellen muß. Im oberen Hangbereich ragten mächtige Festungsmauern mit Zinnen und Wehrgängen empor, und die Bergkuppe war gekrönt von der machtvollen Akropolis mit ihrem zentralen Burgturm. Auf den Hügelkuppen und in den oberen Hangbereichen im Umfeld der Siedlung thronten geräumige, bisweilen stark befestigte Gutshöfe[17] – insgesamt eine Kulturlandschaft, von welcher der heutige Zustand der Gegend nichts mehr ahnen läßt. Von Bevölkerungszahl, Mannigfaltigkeit der Bausubstanz sowie der politischen, militärischen, kultischen und ökonomischen Zentralortfunktion her gesehen, darf man die Siedlung Zagaba auf dem Avşar Tepesi wohl durchaus als eine Stadt bezeichnen.

[17] Zu diesen Gehöften ist eine Dissertation von *U. Hailer* im Druck. Vgl. zu einzelnen Beispielen seine Beiträge, in: Lykische Studien 4 und 5 (siehe Anm. 3).

Zagaba war freilich nicht die einzige Dynastensiedlung unseres Forschungsgebiets. In einer Entfernung von jeweils nur wenigen Kilometern gab es vielmehr neun weitere Burgsiedlungen (Abb. 2), die zwar hinsichtlich ihrer Größe mit dem Avşar Tepesi nicht konkurrieren konnten, von denen aber mindestens drei, nämlich Phellos, Isinda und Apollonia, wahrscheinlich auch Tyberissos und Gürses, vom Avşar Tepesi unabhängige Orte waren. Dafür gibt es unterschiedliche Indizien: Eines ist das Vorhandensein einer eigenen Münzstätte, z.B. in Phellos und Apollonia; das andere ist die spätere Unabhängigkeit von Orten wie Tyberissos bzw. ihre Zugehörigkeit (z.B. Gürses) zu dem schon in klassischer Zeit bedeutenden östlichen Nachbarn Myra[18]. Andererseits gibt es deutliche Anzeichen dafür, daß Zagaba zumindest im 5. Jahrhundert ungefähr das gleiche Gebiet kontrollierte, welches später das Territorium der Polis Kyaneai bildete: Die Burgsiedlungen von Tüse, Korba, Kyaneai, Trysa und Hoyran waren sicherlich von Zagaba abhängig[19]. Zwar entspricht die Struktur dieser Siedlungen mit Akropolis und Hangsiedlung durchaus jener auf dem Avşar Tepesi, und Pfeilergräber zeugen – außer in Korba – von ihrer Qualität als Dynastensitze; aber die geringe Zahl von klassischen Hausresten und vor allem von Gräbern der klassischen Zeit läßt auf eine recht kleine Bevölkerung schließen. Es scheint, daß diese Siedlungen im wesentlichen Residenzen eines Herrn mit einer aristokratischen Gefolgschaft waren, auf keinen Fall jedoch städtische Siedlungen. Ihnen fehlte, im Gegensatz zu Zagaba, auch eine Münzstätte.

Der Dynast von Zagaba dürfte in jenen Burgsiedlungen Verwandte bzw. Gefolgsleute als Unterdynasten eingesetzt, vielleicht einige dieser Siedlungen überhaupt erst gegründet haben. Während nämlich Tüse und Trysa, wie Zagaba, selbst offensichtlich bereits im 6. Jahrhundert existierten, sind Korba, Kyaneai und Hoyran anscheinend erst im 5. Jahrhundert entstanden, und die damit gegebene gleichmäßige Verteilung von Dynastensiedlungen, nicht zuletzt entlang den Grenzen des Territoriums, verleiht dem gesamten Gebiet einen geradezu festungsartigen Charakter. Im Falle der nur zwei Kilometer voneinander entfernten Burgsiedlungen von Trysa und dem wohl zum Einflußbereich von Myra

[18] Zu den Münzstätten von Phellos und Apollonia siehe die in Anm. 7 zitierte Literatur; zu Myra vgl. *J. Borchhardt* u. a., Myra. Eine lykische Metropole in antiker und byzantinischer Zeit (Istanbuler Forschungen 30, Tübingen 1975).

[19] Zu diesen Burgsiedlungen vgl. die einschlägigen Beiträge, in: Lykische Studien I, II und IV (siehe Anm. 3).

gehörenden Gürses wird die beiderseitige territoriale Abgrenzung und militärische Absicherung besonders deutlich.

Die Zentralortfunktion von Zagaba in der Region wird ferner bei einem Blick auf das Gesamtsiedlungsbild der klassischen Zeit evident (Abb. 9). Es zeigt eine klare Konzentration der Besiedlung auf das Umland des Avşar Tepesi. Von besonderem Interesse scheint die Verteilung einer bestimmten Gehöftgattung zu sein, nämlich des mit einem Turm ausgestatteten Gutshofes (Abb. 10). Diese Turmgehöfte der klassischen Epoche zeichnen sich durch eine stark fortifikatorische Komponente und eine entsprechende Lage auf recht steilen Hügelkuppen aus[20]. Sie erscheinen geballt im Gebiet westlich des Avşar Tepesi, wo die Interessensphären der Dynasten von Zagaba, Apollonia, Isinda und Phellos zusammengestoßen sein müssen. Die Anlage derart befestigter Gehöfte diente offensichtlich der strategischen Sicherung des Gebietes.

Es kann wohl kaum ein Zweifel daran bestehen, daß wir in diesen Turmgehöften Landbesitzungen der Aristokratie zu sehen haben, eine Art aristokratischen Wehrbauerntums, in dessen Rahmen der Herr mit seinem Gesinde in einem Abhängigkeitsverhältnis zu dem Dynasten des Avşar Tepesi stand und die Pflicht hatte, zur Sicherung des Territoriums von Zagaba beizutragen.

Ebenfalls zugleich agrarische und militärisch-strategische Funktionen kamen einer weiteren, zwischen den Turmgehöften und den Dynastensitzen einzuordnenden Siedlungskategorie zu: Herrensitzen auf einer Akropolis ohne Hangbesiedlung (Abb. 9). Vier Siedlungen dieses Typs haben wir entdeckt: Eine von ihnen schützte den in hellenistischer Zeit freilich zu Tyberissos gehörenden Hafen Teimiusa[21], über den Zagaba möglicherweise seine Handelsaktivitäten abgewickelt hat. Die drei anderen bewachten das unmittelbare Umland des Avşar Tepesi: eine in der zweiten Hälfte des 5. Jahrhunderts erbaute Akropolisfestung im Süden, eine schon in archaischer Zeit errichtete Anlage im westlichen Bergland und ein erst um 400 gegründeter Herrensitz unmittelbar an der Grenze zum Gebiet von Phellos und mit seiner Bastion eindeutig auf diesen Nachbarn ausgerichtet. Sodann gab es noch einige reine Festungsanlagen, so auf dem an der Südwestgrenze gelegenen Çeştepe sowie an der Westgrenze auf dem Laleliçukur Tepesi. Es ist evident, daß die Westgrenze besonders stark gesichert war. In diesen Kontext gehören wohl

[20] Vgl. zu diesem Gehöfttypus *Hailer,* (siehe Anm. 17).

[21] Zu Teimiusa siehe jetzt *M. Zimmermann*, Teimiusa – Ein zentrallykischer Hafenplatz als Mittler kulturellen Wandels, in: Antike Welt 31 (2000) 333–342.

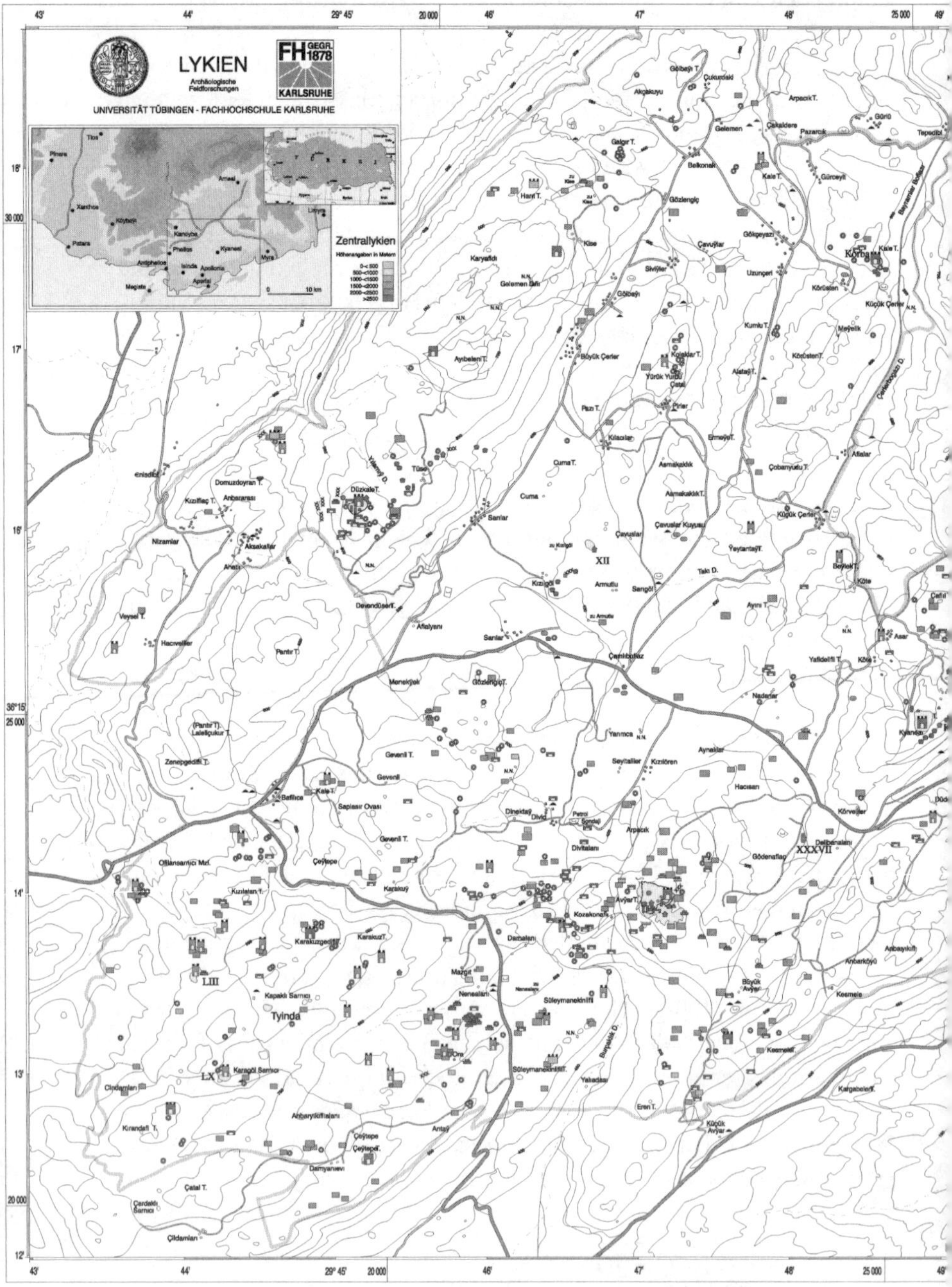

Abb. 9: Siedlungskarte des Gebietes von Kyaneai in der archaisch-klassischen Epoche

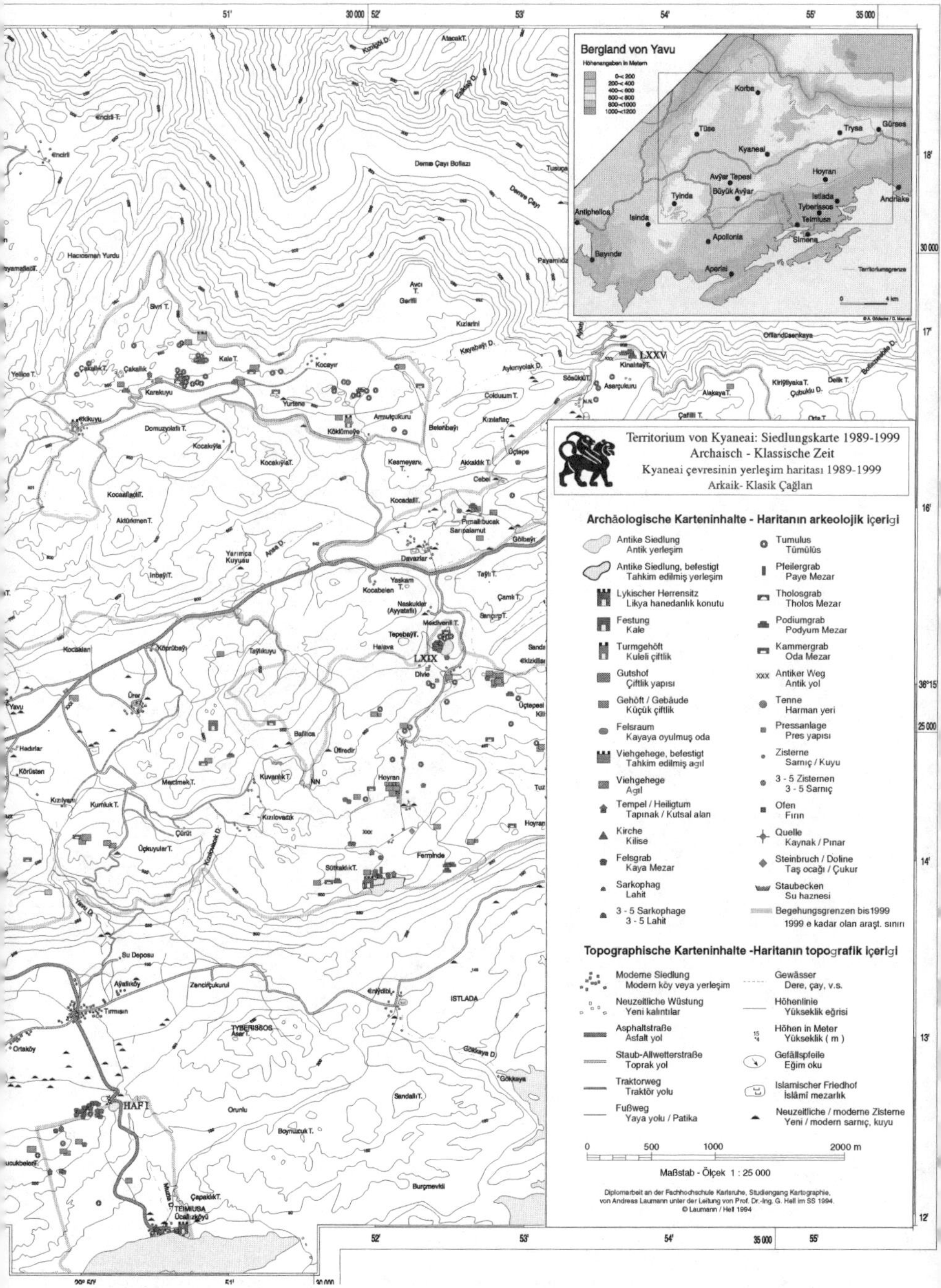

Bergland von Yavu
Territorium von Kyaneai: Siedlungskarte 1989-1999
Archaisch - Klassische Zeit
Kyaneai çevresinin yerleşim haritası 1989-1999
Arkaik- Klasik Çağları
Archäologische Karteninhalte - Haritanın arkeolojik içerigi
Antike Siedlung
Antik yerleşim
Antike Siedlung, befestigt
Tahkim edilmiş yerleşim
Lykischer Herrensitz
Likya hanedanlık konutu
Festung
Kale
Turmgehöft
Kuleli çiftlik
Gutshof
Çiftlik yapısı
Gehöft / Gebäude
Küçük çiftlik
Felsraum
Kayaya oyulmuş oda
Viehgehege, befestigt
Tahkim edilmiş agıl
Viehgehege
Agıl
Tempel / Heiligtum
Tapınak / Kutsal alan
Kirche
Kilise
Felsgrab
Kaya Mezar
Sarkophag
Lahit
3 - 5 Sarkophage
3 - 5 Lahit
Tumulus
Tümülüs
Pfeilergrab
Paye Mezar
Tholosgrab
Tholos Mezar
Podiumgrab
Podyum Mezar
Kammergrab
Oda Mezar
Antiker Weg
Antik yol
Tenne
Harman yeri
Pressanlage
Pres yapısı
Zisterne
Sarnıç / Kuyu
3 - 5 Zisternen
3 - 5 Sarnıç
Ofen
Fırın
Quelle
Kaynak / Pınar
Steinbruch / Doline
Taş ocağı / Çukur
Staubecken
Su haznesi
Begehungsgrenzen bis 1999
1999 e kadar olan araşt. sınırı
Topographische Karteninhalte -Haritanın topografik içerigi
Moderne Siedlung
Modern köy veya yerleşim
Neuzeitliche Wüstung
Yeni kalıntılar
Asphaltstraße
Asfalt yol
Staub-Allwetterstraße
Toprak yol
Traktorweg
Traktör yolu
Fußweg
Yaya yolu / Patika
Gewässer
Dere, çay, v.s.
Höhenlinie
Yükseklik eğrisi
Höhen in Meter
Yükseklik (m)
Gefällspfeile
Eğim oku
Islamischer Friedhof
İslâmî mezarlık
Neuzeitliche / moderne Zisterne
Yeni / modern sarnıç, kuyu
0 500 1000 2000 m
Maßstab - Ölçek 1 : 25 000
Diplomarbeit an der Fachhochschule Karlsruhe, Studiengang Kartographie,
von Andreas Laumann unter der Leitung von Prof. Dr.-Ing. G. Hell im SS 1994.
© Laumann / Hell 1994
LXXV
LXIX
HAFI
TEIMIUSA
TYBERISSOS
ISTLADA
Kyaneai
Korba
Tüse
Trysa
Gürses
Hoyran
Istlada
Tyberissos
Teimiusa
Simena
Andriake
Avşar Tepesi
Büyük Avşar
Tyinda
Isinda
Antiphellos
Apollonia
Aperlai
Bayındır

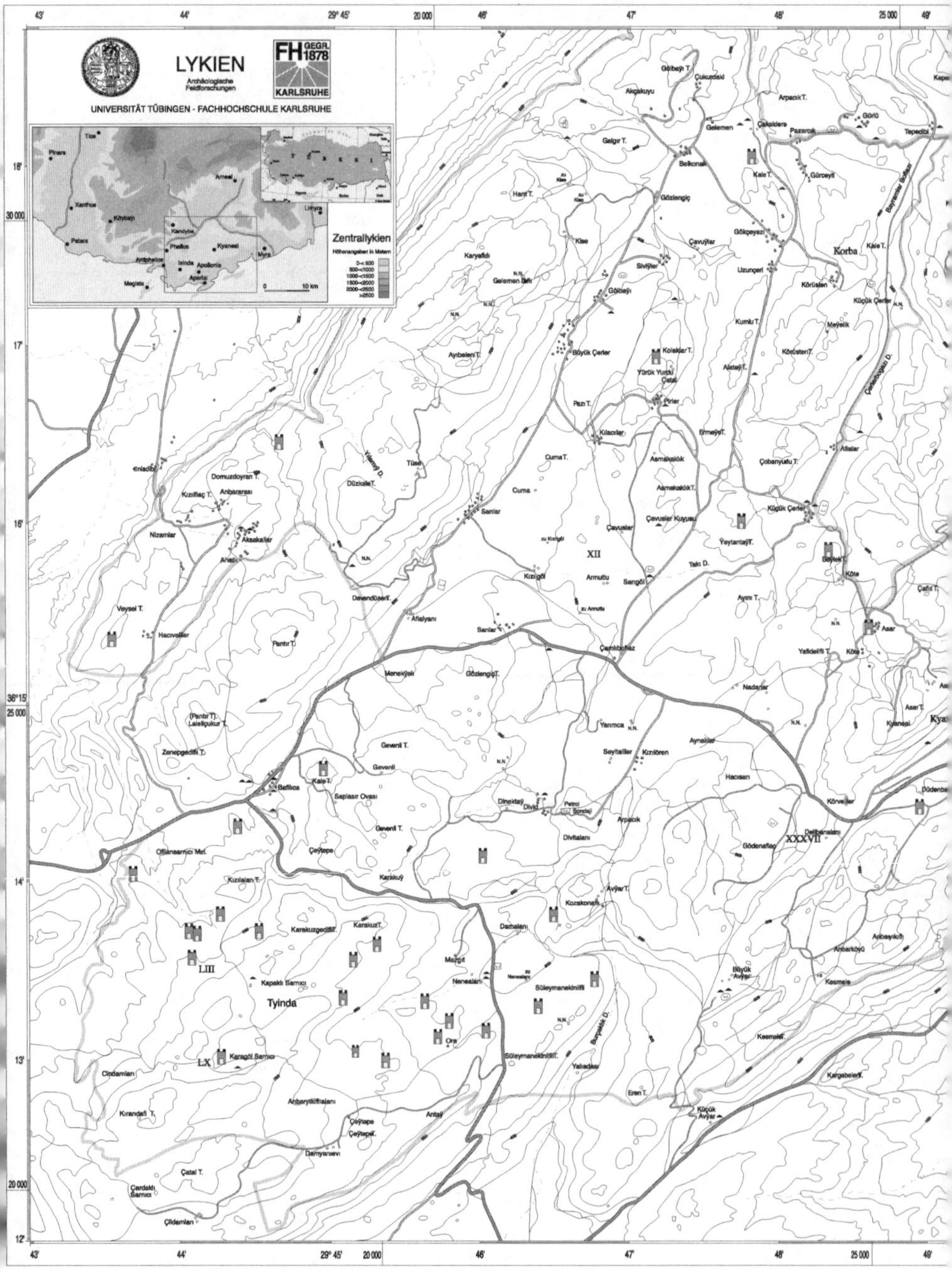

Abb. 10: Siedlungskarte mit Verteilung der klassischen Turmgehöfte auf dem Gebiet von Kyaneai

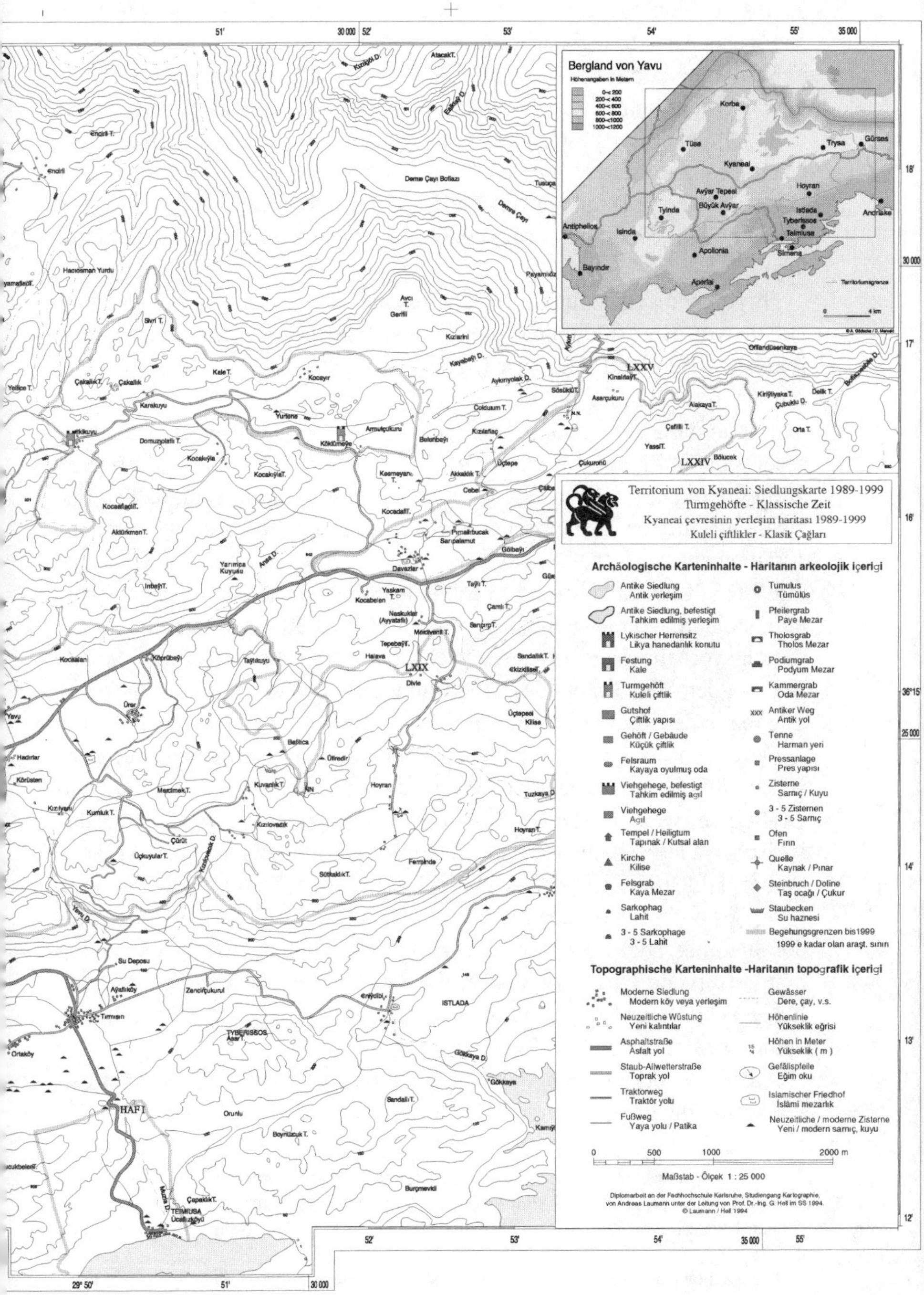
Bergland von Yavu
Korba
Tüse
Trysa
Gürses
Kyaneai
Hoyran
Avÿar Tepesi
Büyük Avÿar
Tyinda
Istlada
Tyberissos
Teimiusa
Andriake
Antiphellos
Isinda
Apollonia
Simena
Bayındır
Aperlai
Territorium von Kyaneai: Siedlungskarte 1989-1999
Turmgehöfte - Klassische Zeit
Kyaneai çevresinin yerleşim haritası 1989-1999
Kuleli çiftlikler - Klasik Çağları
Archäologische Karteninhalte - Haritanın arkeolojik içerigi
Antike Siedlung / Antik yerleşim
Antike Siedlung, befestigt / Tahkim edilmiş yerleşim
Lykischer Herrensitz / Likya hanedanlık konutu
Festung / Kale
Turmgehöft / Kuleli çiftlik
Gutshof / Çiftlik yapısı
Gehöft / Gebäude / Küçük çiftlik
Felsraum / Kayaya oyulmuş oda
Viehgehege, befestigt / Tahkim edilmiş agıl
Viehgehege / Agıl
Tempel / Heiligtum / Tapınak / Kutsal alan
Kirche / Kilise
Felsgrab / Kaya Mezar
Sarkophag / Lahit
3 - 5 Sarkophage / 3 - 5 Lahit
Tumulus / Tümülüs
Pfeilergrab / Paye Mezar
Tholosgrab / Tholos Mezar
Podiumgrab / Podyum Mezar
Kammergrab / Oda Mezar
Antiker Weg / Antik yol
Tenne / Harman yeri
Pressanlage / Pres yapısı
Zisterne / Sarnıç / Kuyu
3 - 5 Zisternen / 3 - 5 Sarnıç
Ofen / Fırın
Quelle / Kaynak / Pınar
Steinbruch / Doline / Taş ocağı / Çukur
Staubecken / Su haznesi
Begehungsgrenzen bis 1999 / 1999 e kadar olan araşt. sınırı
Topographische Karteninhalte - Haritanın topografik içerigi
Moderne Siedlung / Modern köy veya yerleşim
Neuzeitliche Wüstung / Yeni kalıntılar
Asphaltstraße / Asfalt yol
Staub-Allwetterstraße / Toprak yol
Traktorweg / Traktör yolu
Fußweg / Yaya yolu / Patika
Gewässer / Dere, çay, v.s.
Höhenlinie / Yükseklik eğrisi
Höhen in Meter / Yükseklik (m)
Gefällspfeile / Eğim oku
Islamischer Friedhof / İslâmî mezarlık
Neuzeitliche / moderne Zisterne / Yeni / modern sarnıç, kuyu
0 500 1000 2000 m
Maßstab - Ölçek 1 : 25 000
Diplomarbeit an der Fachhochschule Karlsruhe, Studiengang Kartographie,
von Andreas Laumann unter der Leitung von Prof. Dr.-Ing. G. Hell im SS 1994.
© Laumann / Hell 1994
LXXV
LXXIV
LXIX
ISTLADA
TYBERISSOS
HAFI
TEIMIUSA
Yavu
Davazlar
Hoyran
Kocaalan
Kızılyarı
Ortaköy
Tırmısın
Üçağız köyü

auch zwei Fluchtburgen im Nordwesten sowie besonders stark befestigte Viehgehege an strategisch wichtigen Punkten[22].

Man kann somit eine Siedlungshierarchie rekonstruieren, in welcher Dynastenfamilien von größeren Akropolis-Siedlungen aus herrschten und sich dabei auf Festungsanlagen, vor allem aber auf aristokratische Grundbesitzer stützten, welche von stark befestigten Residenzen und Wirtschaftskomplexen aus das Land kontrollierten. Der fortifikatorische Aspekt dieser Siedlungsformen weist auf eine recht prekäre Sicherheitslage hin.

Nirgendwo anders in Lykien scheint eine auch nur annähernd so große Dichte von Burgsiedlungen existiert zu haben wie in diesem zentrallykischen Bergland. Dieses extreme Sicherheitsbedürfnis ist wohl nur mit einer bestimmten politischen Großwetterlage zu erklären. Zu dieser mag man das Aufeinanderprallen der athenischen und persischen Interessensphären in dieser Region im 5. Jahrhundert v. Chr. zählen. Zur See verlief deren Grenze bei Kap Gelidonya. Hinzu kommt aber, daß ab der zweiten Hälfte des 5. Jahrhunderts die xanthische Dynastie sich mit dem Aufstieg eines ernsthaften Rivalen in Gestalt einer ostlykischen Dynastie mit Sitz in Limyra konfrontiert sah[23]. Mitten in diesen politischen Spannungsfeldern befand sich unsere zentrallykische Region, und alle Verteidigungsvorkehrungen erwiesen sich schließlich als vergebens. Spätestens in den 80er Jahren des 4. Jahrhunderts wird die Vorherrschaft von Zagaba in der Region gebrochen.

Dafür gibt es klare Indizien: Es werden im 4. Jahrhundert auf dem Avşar Tepesi keine nennenswerten Bauten mehr errichtet, und jene Grabtypen, welche jetzt die dominierenden Repräsentationsbauten der lykischen Oberschicht werden, nämlich Sarkophage und Felsfassadengräber, fehlen in Zagaba fast völlig[24] – ein klares Indiz für die Beseitigung der politisch-sozialen Elite und die politische Bedeutungslosigkeit der Siedlung. Diese wurde zwar noch bis kurz nach der Mitte des 4. Jahrhunderts irgendwie bewohnt, aber die Siedlungsmauer wurde offensichtlich geschleift, und der Fund mehrerer Pfeilspitzen an der Erdoberfläche deutet wohl gleichfalls auf eine gewaltsame Eroberung hin.

Auf der anderen Seite steht die gleichzeitige radikale und luxuriöse Umgestaltung des eher kleinen Dynastensitzes von Trysa (Abb. 11), wel-

[22] In der Siedlungskarte sind auch diese Anlagen mit besonderen Symbolen markiert.

[23] Vgl. zu den politischen Verhältnissen *M. Zimmermann*, Untersuchungen zur historischen Landeskunde Zentrallykiens (Antiquitas Reihe 1, Bd. 42, Bonn 1992), besonders 27–50.

[24] Die Siedlung weist nur drei Felsgräber und keinen einzigen Sarkophag auf.

cher wohl in den 80er Jahren des 4. Jahrhunderts mit einer neuen Burganlage und Siedlungsmauer in einem exzellenten Mauerwerk, einer großen Dynastenresidenz am Südhang unterhalb der Burg sowie mit einem grandiosen Grabbezirk ausgestattet wurde, in welchem man ein prachtvolles Heroon und weitere beeindruckende Gräber errichtete. In dieser Nekropole müssen ein einflußreicher Dynast und seine engsten Gefolgsleute bestattet gewesen sein. Wohl der Dynast selbst wurde in einem großen, aus dem Fels gemeißelten Opferrelief mit Stier und Opferknaben unterhalb der Burg dargestellt[25]. An Qualität – nicht an Fläche – übertraf jetzt Trysa alle anderen Dynastensitze der Region.

Man kann diesen Aufschwung von Trysa nicht aus einer Entwicklung innerhalb der Region heraus deuten. Trysa kann nur ein recht kleines Gebiet besessen haben, aus dessen agrarischen Ressourcen auf keinen Fall der finanzielle Aufwand für jene Bauten zu bestreiten war. Zwar kontrollierte Trysa den Paß, über welchen die einzige Ost-West-Verbindung der Küstenregion verlief und heute noch verläuft. Aber der Großteil des Handels wurde damals zweifellos über See abgewickelt, so daß eventuelle Zolleinnahmen aus diesem Landweg kaum ins Gewicht gefallen sein dürften. Wichtig war dieser Paß freilich in militärischer Hinsicht, und so bietet sich die Erklärung an, daß eine von außerhalb der Region kommende größere Macht sich diesen Stützpunkt sicherte, dort einen abhängigen Herrn einsetzte und die architektonische Ausgestaltung Trysas finanzierte. Die damit verbundene Großzügigkeit erklärt sich am ehesten, wenn man sich an die Einsetzung von Familienmitgliedern einer mächtigen Dynastie in eroberten Orten erinnert, deren sich, wie wir sahen, um 400 v. Chr. auf dem Inschriftenpfeiler von Xanthos der dortige Dynast rühmt. Der Ableger einer so gearteten patrimonialen Herrschaftsstruktur in Trysa hätte, nach der Beseitigung des Dynasten auf dem Avşar Tepesi, der auswärtigen Macht eine Schlüsselposition für die Kontrolle unserer Region gesichert.

Lassen sich allein aus dem archäologischen Befund nun einige plausible Schlußfolgerungen hinsichtlich einer Veränderung der politischen Machtverhältnisse erschließen, so bliebe das daraus resultierende historische Bild doch etwas farblos, wenn nicht Inschriften, Münzen und die literarische Überlieferung einen – wenn auch fragmentarischen – Ereignisrahmen böten, in welchen sich jene architektonischen Veränderungen

[25] Zu Trysa vgl. *Th. Marksteiner,* in: Lykische Studien 1 (siehe Anm. 3) 97–125. Marksteiner hat mittlerweile eine im Druck befindliche Habilitationsschrift zu Trysa vorgelegt. – Zu dem Opferrelief siehe *Ch. Bruns-Özgan*, Lykische Grabreliefs des 5. und 4. Jahrhunderts v. Chr. (Istanbuler Mitteilungen, Beiheft 33, Tübingen 1987) Taf. 19,2.3.

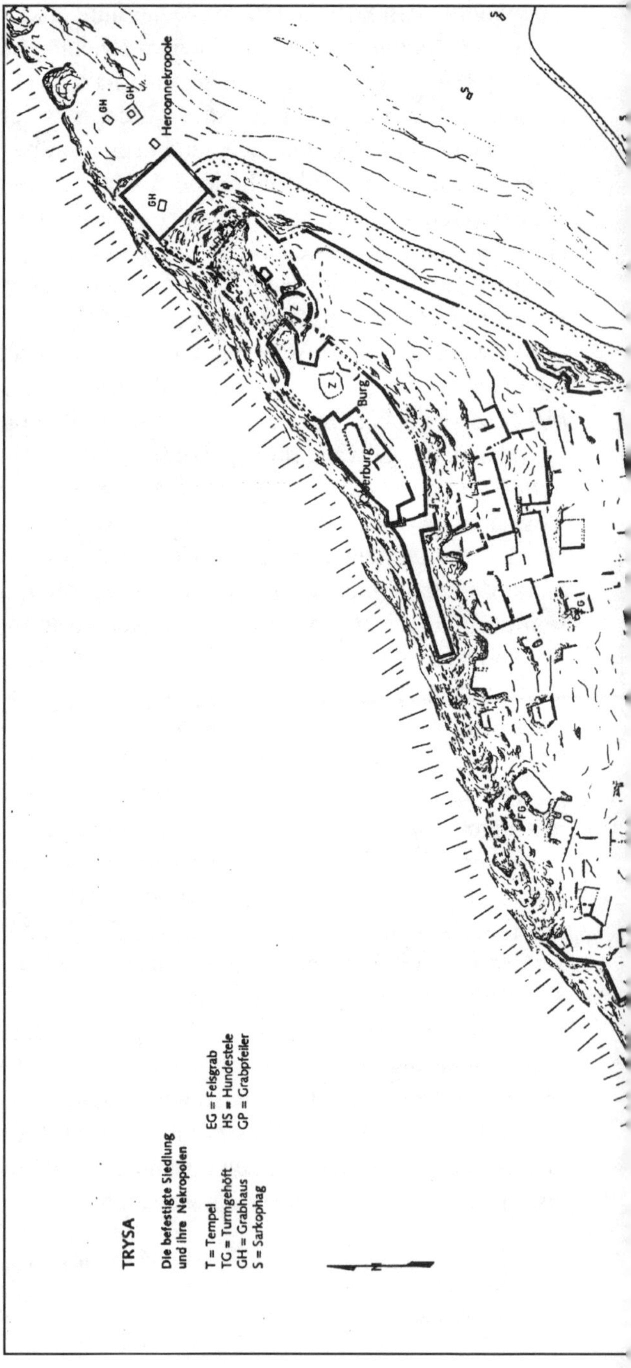
TRYSA
Die befestigte Siedlung
und ihre Nekropolen
T = Tempel
TG = Turmgehöft
GH = Grabhaus
S = Sarkophag
EG = Felsgrab
HS = Hundestele
GP = Grabpfeiler
Heroonnekropole
GH
GH
GH
Burg
Oberburg
FG

Abb. 11: Plan der Siedlung von Trysa

mit einiger Plausibilität einordnen lassen. Griechische Autoren berichten, daß – wohl in den 80er Jahren des 4. Jahrhunderts v. Chr. – der ostlykische Dynast Perikle, der seinen Namen vielleicht aufgrund eines Gastfreundschaftsverhältnisses seiner Familie mit jener des berühmten, gleichnamigen athenischen Politikers trug, einen siegreichen Feldzug bis weit ins westliche Lykien unternahm[26]. In einer auf griechisch verfaßten Weihinschrift an Zeus, die er in seiner Residenz Limyra aufstellte, stilisiert er sich selbst als „König von Lykien" unter Verwendung des griechischen Titels *basileus*. Damit trat er in Konkurrenz zur xanthischen Dynastie, deren Vertreter ebenfalls Anspruch auf diesen Titel erhoben[27]. Das Münzportrait des Perikles, welches nach dem Vorbild syrakusanischer Prägungen gestaltet ist, zeigt das betont lange Haar lykischer Aristokraten; auch die Rückseite der Münze stellt wohl den Dynasten selbst in der Tradition von Prägungen des persischen Großkönigs als tapferen Krieger, aber in griechischer Nacktheit vor. Inschriften aus Zentrallykien, darunter eine im Hafen Teimiusa, sind mit der Formel „unter der Herrschaft des Perikle" datiert. Perikle prägt ferner Münzen in Phellos und in Zagaba[28].

Die Datierung dieser Ereignisse stimmt nun auffällig mit dem Datum des Niedergangs der Siedlung auf dem Avşar Tepesi überein. Ich vermute, daß es Perikle war, der Zagaba eroberte, die Siedlungsmauer schleifte, wahrscheinlich die Akropolis mit einer Besatzung belegte und jedenfalls die dortige Münzstätte benutzte. Mit ihm gemeinsam prägte dort sein Kampfgefährte Trbbenimi, ein älterer Verwandter, vermutlich ein Onkel, dessen Taten auf dem Inschriftenpfeiler von Xanthos erwähnt werden[29]. Trbbenimi war offensichtlich in seiner Jugend maßgeblich beteiligt am Kampf der Lykier gegen den athenischen Feldherrn Melesandros im Jahr 430 v. Chr., in dessen Verlauf auch Zagaba eine Rolle ge-

[26] Theopompos Fragm. Graec. Hist. II^2 115, F 103 (ed. *F. Jacoby* p. 558f.) Diodorus Siculus, Bibl. XV 90. Polyaenus, Strateg. V 42.

[27] *M. Wörrle*, Perikles von Limyra – endlich etwas mehr Griechisches, in: *J. Borchhardt, G. Dobesch* (Hrsg.), Akten des II. Internationalen Lykien-Symposiums, Bd. I (Wien 1993) 187–190.

[28] Zum Münzportrait des Perikle siehe *J. Zahle*, Herrscherportraits auf lykischen Münzen, in: Götter, Heroen, Herrscher (siehe Anm. 4) 51–56, Abb. 18 und S. 178, Abb. 97 und 98; *J. Borchhardt*, Die Bedeutung der lykischen Königshöfe für die Entstehung des Portraits, in: *H. V. Steuben* (Hrsg.), Antike Portraits. Zum Gedächtnis von H. von Heintze (Bibliopolis 1999) 53–84.

[29] TAM I Nr. 44a, C. 44; b Z. 11. *J. Borchhardt*, Zur Politik der Dynasten Trbbenimi und Perikle von Zemuri, in: Lykia 3 (1996/97) 1–23, hält Trbbenimi für den Vater des Perikle. Dagegen spricht, daß jener weder den Königstitel führte noch über das Recht auf ein Münzportrait verfügte.

spielt hat. Ferner wird Trbbenimi auf dem Inschriftenpfeiler von Xanthos ausdrücklich mit Aktionen in Verbindung gebracht, die sich auf unser zentrallykisches Gebiet, und zwar auf die Orte Kyaneai, Trysa und Tyberissos bezogen[30]. Dieser Trbbenimi scheint mir der geeignetste Kandidat für das Heroon von Trysa zu sein, in welchem eine spezifische Auswahl von Themen aus der griechischen Mythologie der Verherrlichung der Taten des verstorbenen Dynasten diente: Amazonen- und Kentaurenkampf feierten ihn als Vorkämpfer der Zivilisation gegen das Barbarische, Szenen aus dem trojanischen Krieg und der frühen lykischen Geschichte stellten ihn in die Tradition seiner homerischen Vorfahren. Der Stil dieser von griechisch geprägten Künstlern gefertigten Reliefs deutet in die Jahre um 380 v. Chr., mithin in eben jene Zeit, in welcher Perikle und Trbbenimi anscheinend die Region kontrollierten[31].

Trotz dieser eindrucksvollen Bereitschaft einer Partizipation an der griechischen Zivilisation – von diesem prunkvollen dynastischen Monument scheint kein Weg zur Polis als Gemeinschaft gleichberechtigter Bürger zu führen. Etwa 40 Jahre später stellt uns jedoch eine griechisch-lykisch-aramäische Trilingue aus dem Letoon-Heiligtum bei Xanthos eine ganz andere politische Ordnung vor[32]. Lykien steht nun als Teil einer persischen Satrapie unter der Statthalterschaft der karischen Dynastie der Hekatomniden aus Halikarnassos, dem heutigen Bodrum. Von Dynasten ist in der Inschrift keine Rede mehr; vielmehr wird Xanthos als Polis bezeichnet und verfügt über eine gewisse Autonomie. Dies äußert sich in der Beschlußformel des in der Inschrift enthaltenen Dekrets, die typisch ist für die Beschlüsse griechischer Volksversammlungen. Deutliches Indiz für diesen Wandel der politischen Verhältnisse ist zudem das Verschwinden der lykischen Dynasten-Münzprägungen noch vor der Mitte des 4. Jahrhunderts. Es scheint, daß die Verwicklung lykischer Dynasten in den sogenannten Satrapenaufstand in Kleinasien[33] in den 60er Jahren des 4. Jahrhunderts den persischen Großkönig bewogen hat, die politischen Verhältnisse in Lykien durch den wichtigsten Vertreter jener karischen Dynastie, den berühmten Maussolos, nach griechischen Prinzipien neu ordnen zu lassen. Maussolos hatte Vergleichbares bereits in

[30] Ebd. b Z. 14–15.

[31] Vgl. zu den Reliefs zuletzt *W. Oberleitner,* Das Heroon von Trysa. Ein lykisches Fürstengrab des 4. Jahrhunderts v. Chr. (Antike Welt, Sondernummer, Mainz 1994).

[32] *H. Metzger,* La stèle trilingue du Létôon (Fouilles de Xanthos VI, Paris 1979).

[33] Zu ihm vgl. den Forschungsstand bei *M. Zimmermann,* Untersuchungen (siehe Anm. 23) 43–48.

Karien praktiziert[34], aber es ist bemerkenswert, daß auch die Perser eine Einführung des griechischen Polis-Systems eher als *Stärkung* ihrer Herrschaft betrachteten.

War nun die Einführung der Polis in Lykien – wohlgemerkt etwa 20 Jahre vor der Eroberung der Landschaft durch Alexander den Großen – eine Revolution, gewissermaßen ein Kulturschock? Zumindest in einer Hinsicht waren die Folgen anscheinend radikal. Die lykische Schrift und Sprache als Mittel öffentlicher Kommunikation scheinen ab spätestens 300 v. Chr. zugunsten der griechischen völlig verschwunden, die Akkulturation in diesem Punkt total zu sein. Allerdings spielte die griechische Schrift schon zuvor neben der lykischen eine wichtige Rolle als ein Medium, mit welchem die lykische Elite sich in der Kulturkoine des östlichen Mittelmeerraums zu artikulieren suchte. Griechischer Kultureinfluß war im übrigen – neben vorderorientalischem – bereits seit der zweiten Hälfte des 6. Jahrhunderts in wachsendem Maße in Lykien eingedrungen und läßt sich sogar in den kleineren Zentren unserer „lykischen Provinz" beobachten. Zunächst betraf dies die Lebensweise und Repräsentationskunst einer kleinen Elite. Vielleicht kann man den Import griechischen Trinkgeschirrs, wie es bei aristokratischen Symposien verwendet wurde, seit dem 6. Jahrhundert dazu rechnen. Pfeilergrabreliefs z. B. aus Trysa und Tüse aus der zweiten Hälfte des 6. Jahrhunderts zeigen mit Prozessions-, Krieger- und Löwendarstellungen sowie Bankettszenen eine Mischung aus Motiven der altorientalischen Herrscherrepräsentation und der Selbstdarstellung griechischer Aristokraten. Stilistisch stehen sie unter dem Einfluß einer ostgriechischen Kunstströmung[35]. Beachtenswert ist auch der Import griechischer Polis-Architektur im sakralen Bereich: In die erste Hälfte des 5. Jahrhunderts läßt sich der früheste bisher für Lykien identifizierbare Tempel griechischen Typs datieren. Er wurde von uns auf der Akropolis von Tüse entdeckt: ein 11×6 m messender Antentempel. Seine Nähe zur Burg legt nahe, daß der Dynast von Tüse hier seine persönliche Schutzgottheit verehrte. Ein mitten im Landgebiet liegender Oikos-Tempel aus der Zeit um 400 v. Chr. verbindet griechische Architekturform mit der für lykische Heiligtümer anscheinend charakteristischen Nord-Süd-Orientierung und dem einheimischen

[34] Vgl. zu ihm *S. Hornblower*, Mausolus (Oxford 1982).

[35] Vgl. *G. Rodenwaldt*, Griechische Reliefs in Lykien. Sitzungsberichte der preußischen Akademie der Wissenschaften XXVII (Berlin 1933); *E. Akurgal*, Griechische Reliefs des 6. Jahrhunderts v. Chr. aus Lykien (Berlin 1941); *B. Jacobs*, Griechische und persische Elemente in der Grabkunst Lykiens zur Zeit der Achämeniden-Herrschaft (Jonscred 1987).

Felsaltar[36]. Diese Akkulturation auf dem platten Land scheint mir besonders bemerkenswert.

Noch größere Bedeutung für den Weg von der Burg zur Polis dürfte der Übernahme von bestimmten Motiven aus der attischen Grabkunst zukommen. Auf Grabreliefs der ersten Hälfte des 4. Jahrhunderts, z.B. in Teimiusa, werden nackte Knaben bzw. Epheben mit Salbgefäß und Schabeisen dargestellt, typischen Gerätschaften der athletischen Erziehung im griechischen Gymnasium[37]. Dies dürfte darauf hinweisen, daß gewisse athletische Komponenten des für die Polis so wichtigen griechischen Gymnasialwesens im Lykien der ersten Hälfte des 4. Jahrhunderts praktiziert wurden. Sodann identifizierte sich die lykische Aristokratie mit dem bürgerlichen und philosophischen Habitus attischer Bürger. Auf lange Stäbe gestützte Männer, stehend oder sitzend im Dialog begriffen, wie auf einem Felsgrab in Hoyran, bisweilen mit einer Buchrolle oder Schreibtafel als Zeichen der Bildung in der Hand, dokumentieren die Attraktivität griechischer Polis-Ideologie in der lykischen Aristokratie jener Zeit[38].

Ab etwa 400 v. Chr. wurde griechischer Einfluß mithin omnipräsent. Dazu trug wohl die Einwanderung griechischer Künstler und Dichter nach dem Ende des Peloponnesischen Krieges wesentlich bei. Kleinasiatische Fürsten, Dynasten und Aristokraten wurden wichtige Auftraggeber für diese Künstler; dies führte in Xanthos und Limyra z.B. zur Herausbildung einer regelrechten Hofkultur[39]. Griechische Sprache, Kunst und Architektur wurden die wichtigsten Medien interkultureller Kommunikation – und dies auch in der lykischen ‚Provinz'. Aus den ersten Jahrzehnten des 4. Jahrhunderts stammt ein lykischer Sarkophag in Kyaneai[40]. Seine qualitätvollen Reliefs zeigen Bankettszenen sowie die

[36] Vgl. zu diesen beiden Tempeln Lykische Studien I, 67–70; II, 119–123 (siehe Anm. 3).

[37] *J. Zahle*, Lykische Felsgräber mit Reliefs aus dem 4. Jahrhundert v. Chr., in: Jahrbuch des Deutschen Archäologischen Instituts 94 (1979) 336 Nr. 38.

[38] Vgl. *Bruns-Özgan,* (siehe Anm. 25) 217–222, 229–231; *dies.*, Philosophische Gespräche in Lykien oder: Wie demokratisch waren die Fürsten?, in: Lykia 3 (1996/97) 46–57.

[39] Vgl. *G. Işın,* The eastern-most rock tomb in Lycia: Topal Gavur at Asartaş, in: Lykia 1 (1994), 68ff.; *M. Wörrle,* Die Inschriften am Grab des Apollonias am Asartaş von Yazır in Ostlykien, in: Lykia 3 (1996/97) 24–38; *ders.*, Leben und Sterben wie ein Fürst. Überlegungen zu den Inschriften eines neuen Dynastengrabes in Lykien, in: Chiron 28 (1998) 77–83; *J. Borchhardt,* Gedanken zur lykischen Gesellschaftsstruktur unter persischer und attischer Herrschaft, in: *G. Arsebük, M.J.Mellink, W.Schirmer* (Hrsg.), Light on Top of the Black Hill. Studies presented to Halet Çambel (Istanbul 1998) 155–169 (mit kühnen Thesen); *ders.*, Die Steine von Zemuri (Wien 1992) 50–52; *ders.*, Trbbenimi und Perikle (s. Anm. 29) 8–14.

[40] Vgl. *Zahle,* (siehe Anm. 37) 334f. Nr. 35.

Einordnung des hier bestatteten lykischen Aristokraten in die Tradition der homerischen Streitwagenaristokratie. Eine lykisch-griechische Bilingue auf dem Sarkophagkasten teilt mit, daß dieses Grab einem gewissen Kudalije, Sohn des Muraza, gehörte. Bedeutsam für unser Thema ist vor allem die Strafandrohung für einen eventuellen Grabverletzer: Ihn sollen die *theoi agoraoi*, die Götter der Agora, vernichten. Solche Götter der Agora waren zuvor aus Lykien nur von dem Inschriftenpfeiler in Xanthos bekannt[41]. Auf diesem weiht der Dynast in einem griechischen Epigramm sein Grabmal den zwölf Göttern des reinen Bezirks der Agora. Dies ist eine klare Anspielung auf den berühmten Zwölf-Götter-Altar auf der athenischen Agora. Bemerkenswert ist daran, daß *die* grundlegende Institution der griechischen Polis, die Agora, der Ort, an dem die Bürger ihre politischen Entscheidungen trafen[42], bereits um 400 v. Chr. für Lykien reklamiert wird – und zwar nicht nur für den wichtigsten Ort Lykiens, Xanthos, sondern auch für das kleine Kyaneai. Wie die dortige Bilingue zeigt, existierte auch ein entsprechender lykischer Begriff: *nele*. Sowohl für Xanthos als auch für Kyaneai werfen diese Inschriften zudem ein Licht auf die Topographie der klassischen Siedlungen. Die jeweiligen Grabmonumente müssen an der klassischen Agora dieser lykischen Orte gestanden haben.

In Xanthos und Kyaneai ist die ursprüngliche lykische Agora ab hellenistischer Zeit völlig umgestaltet worden und in ihrer originalen Form nicht mehr erkennbar. In Zagaba auf dem Avşar Tepesi hingegen ist eine spätestens in die Mitte des 5. Jahrhunderts zu datierende 52×48 m messende Platzanlage von größtem Interesse (Abb. 12). Der klar abgegrenzte Bezirk weist eine Freifläche und an ihrem Rand mehrere Bauwerke auf. Unter ihnen befinden sich zwei Pfeilergräber. Ein Nord-Süd orientiertes großes Podium muß den Unterbau eines in Fachwerk aufgehenden Tempels gebildet haben. Eine etwa 7 m breite und ca. 15 m lange Substruktion begrenzt den Platz im Norden und dürfte als Fundament für eine Holztribüne gedient haben. Auf ihr konnten Zuschauer zeremonielle und sonstige Handlungen auf dem Platz verfolgen. Westlich des Tempels liegt ein mehrräumiges Gebäude, welches im untersten Geschoß wohl als Magazin diente, in den oberen Stockwerken aber sehr wohl für Verwaltungsaufgaben und kultische Belange genutzt worden

41 Zur Inschrift auf dem Sarkophag von Kyaneai siehe jetzt *G. Neumann, M. Zimmermann*, in: Lykische Studien 5 (siehe Anm. 3). Zu den Agora-Göttern auf dem Inschriftenpfeiler von Xanthos: TAM I Nr. 44 b Z. 22.

42 Vgl. zur Agora als Volksversammlungsort *F. Kolb*, Agora und Theater, Volks- und Festversammlung (Berlin 1981).

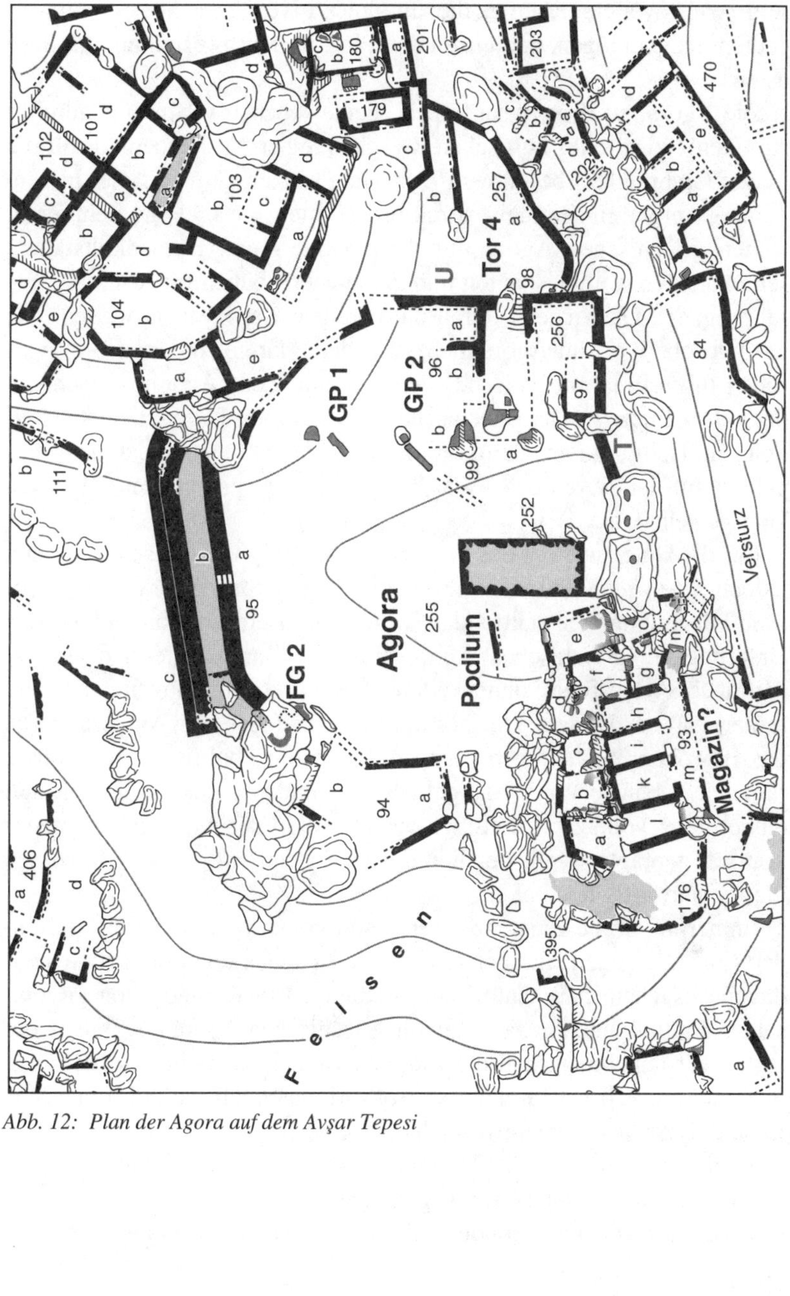

Abb. 12: Plan der Agora auf dem Avşar Tepesi

sein mag. Weitere Räume, die administrativen Zweckbestimmungen gedient haben mögen, begrenzen den Platz im Nordwesten und im Südosten.

Die Agora auf dem Avşar Tepesi diente – neben vermutlich administrativen – zweifellos kultischen Zwecken: einer Art Heroenkult für die in den Grabpfeilern bestatteten Dynasten, sodann dem Kult der in dem Tempel verehrten Gottheit. Strukturell ähnelt dieser Platz sehr einer frühen griechischen Agora mit ihren Götter- und Heroenkultstätten, schlichten Verwaltungsbauten und Zuschauertribünen für festliche Vorführungen[43]. Da wir jetzt durch die Bilingue von Kyaneai wissen, wie das lykische Wort für Agora hieß, ist zudem klar geworden, daß in lykischen Inschriften ein lykisches Pendant zum Zeus Agoraios erscheint, der *nelezi Trqqaz*[44]. Der griechische Zeus Agoraios hatte selbstverständlich sein Heiligtum an der Agora. Es wäre daher denkbar, daß der Tempelbau auf der Agora des Avşar Tepesi dem entsprechenden lykischen Gott geweiht war.

Für die Untersuchung des Weges von der Burg zur Polis wäre es nun jedoch *sehr wichtig* zu wissen, ob auf der lykischen Agora auch *politische* Versammlungen stattfanden, welche die Kernfunktion und gar den Ursprung der griechischen Agora bildeten. Man könnte sich auf der Agora des Avşar Tepesi ohne weiteres Heeresversammlungen vorstellen, ferner, daß der Dynast oder bestimmte Amtsträger hier Ansprachen an die Bewohner hielten. Aber gab es auch eine politische Beschlüsse fassende, wenn schon nicht regelmäßig tagende, so doch im Bedarfsfall einberufene Volksversammlung, wie wir sie in der monarchisch-aristokratisch geprägten Welt der homerischen Epen antreffen? Wir wissen dies gegenwärtig noch nicht.

Immerhin ist die Existenz einer schon vor die Mitte des 5. Jahrhunderts zu datierenden Agora in Lykien höchst bemerkenswert. Müssen wir davon ausgehen, daß anatolische Siedlungen unabhängig von griechischem Einfluß eine Art Pendant zur griechischen Agora besaßen? Oder sollen wir annehmen, daß die Eingliederung Lykiens in den Attischen Seebund um 470 v. Chr. gewisse Auswirkungen auf die politische Verfassung lykischer Gemeinwesen hatte?

Vielleicht ist in diesem Zusammenhang wichtig, daß auf den lykischen Münzprägungen keineswegs immer ein Dynastenname und Dynastenportrait erscheinen, sondern oft nur der Name der Prägestätte, eine

[43] Vgl. *Kolb*, ebd.

[44] Vgl. *Neumann, Zimmermann,* (siehe Anm. 41).

Gottheit oder ein anderes Motiv, z. B. Delphine auf der Vorderseite und insbesondere das lykische Sonnensymbol des Triskeles auf der Rückseite[45]. Dies scheint auf eine gewisse, seitens der Dynasten konzedierte Präge-Autorität und somit auf eine relative Autonomie der Prägeorte hinzudeuten. Eine von Aristoteles verfaßte, leider verlorene „*politeia* der Lykier" dürfte auf eine auch für Griechen akzeptable Verfaßtheit lykischer Gemeinwesen hinweisen[46]. Zudem scheinen die Lykier mit dem Wort *teteri* über einen Begriff verfügt zu haben, der ihre Siedlungen als politisch verfaßte Gemeinwesen charakterisierte – aber anscheinend nur den Zentralort. In der erwähnten Trilingue vom Letoon wird das griechische Wort *Polis* im lykischen Text mit einem Doppelbegriff wiedergegeben[47]: Einmal heißt es „die Xanthier und die das Umland Bewohnenden", ein andermal „das *teteri* und die das Umland Bewohnenden". Während z. B. in athenischen Volksbeschlüssen das Wort *Athenaioi* sämtliche in der Landschaft Attika wohnenden Bürger bezeichnet und somit die ländlichen Gemeinden gemeinsam mit Athen selbst in einem einzigen Staatsvolk-Terminus erfaßt, sind „die Xanthier" offensichtlich nur diejenigen Bürger, die im Zentralort Xanthos und vielleicht in dessen engerem Einzugsbereich leben, während die Bewohner der über das Territorium verteilten ländlichen Orte von ihnen getrennt als ‚Umlandbewohner' erscheinen. Das Lykische kennt somit noch in der zweiten Hälfte des 4. Jahrhunderts keinen Begriff, der – dem griechischen *Polis* entsprechend – die gesamte Bürgerschaft des Staatsgebietes erfaßt.

Daraus darf man wohl folgern, daß die klassischen lykischen Gemeinwesen bis zur Mitte des 4. Jahrhunderts nicht über eine Polis-Bürgerschaft im griechischen Sinne einer politischen Partizipation auch der Landbewohner, sondern über eine politische Ordnung verfügten, die eine Herrschaft des Zentralortes über sein Umland bedingte. Dennoch dürften die hier aufgeführten Indizien nahelegen, daß wir in den Dynastensiedlungen der klassischen Zeit nicht eine despotische Herrschaft der Dynasten, sondern eher ein Miteinander von Dynast und einem ihm recht selbstbewußt gegenüberstehenden Gemeinwesen annehmen sollten. Dafür spricht auch die Lage von Herrscherresidenzen außerhalb der befestigten Akropolis im Kontakt mit den Wohnsiedlungen, wie etwa in Zagaba und Trysa.

45 Siehe die Beispiele in: Götter, Heroen, Herrscher (siehe Anm. 28) 172 Nr. 60, 62.
46 Aristotelis Opera vol. III, ed. *O. Gigon* (Berlin, New York 1987) 679 f. F 143.105.
47 *Metzger,* Fouilles de Xanthos VI (siehe Anm. 32) Lykischer Text Z. 6 f., 13 f., 31 f.

Die lykische Agora konnte sich in hellenistischer Zeit jedenfalls ohne allzu großen Bruch in eine Agora griechischen Typs verwandeln, und auch die anderen hier aufgezeigten Entwicklungslinien einer selbst in die lykische Provinz vorgedrungenen Adaptation einzelner Begriffe und politischer, religiöser sowie kultureller Elemente der Polis-Zivilisation legen nahe, daß die Einführung des Polis-Systems in Lykien um die Mitte des 4. Jahrhunderts keineswegs gleichbedeutend mit einem Kulturschock war. Dennoch brachte dieser Vorgang nicht nur einen Wandel der politischen Strukturen mit sich, sondern z.B. in unserem Forschungsgebiet auch eine Veränderung der politischen Geographie. Darauf will ich zum Abschluß noch kurz eingehen.

Eine Polis benötigt einen Siedlungs- und Verwaltungsmittelpunkt. Für die Auswahl dieses Platzes kamen in unserer Region weder der historisch belastete Avşar Tepesi noch die an der Peripherie gelegenen anderen Dynastensitze, wie etwa Trysa, in Frage. Die Wahl fiel auf das zentral gelegene Kyaneai, dessen topographische, für lykische Dynastensiedlungen eher untypische Position auf einem recht flachen Bergrücken zudem einer Neuanlage nach griechischen urbanistischen Kriterien entgegenkam[48].

Kyaneai war offensichtlich in der ersten Hälfte des 4. Jahrhunderts, vielleicht infolge des Niedergangs des Avşar Tepesi, aufgeblüht und stark hellenisiert worden. Die letzte bedeutende Grabanlage der Dynastenzeit in Kyaneai, vielleicht jene des letzten Dynasten der Siedlung, ist ein spektakuläres, weithin sichtbares Felsgrab mit ionischer Tempelfassade und mit einer rein griechischen Grabinschrift. Die in der zweiten Hälfte des 4. Jahrhunderts erfolgende Polis-Werdung hatte dennoch eine radikale Umgestaltung der Siedlung zur Folge (Abb. 13). Die lykische Dynastenburg wurde abgeräumt, umfangreiche Planierungsarbeiten und der Bau großer Terrassierungen verbreiterten das Plateau des Bergrükkens. Wohl noch in der zweiten Hälfte des 4. Jahrhunderts wurde die gut 4 ha Siedlungsareal umschließende Stadtmauer errichtet. Kyaneai erhielt zwar nicht den von dem berühmten Stadtplaner Hippodamos im 5. Jahrhundert v. Chr. entwickelten schachbrettartigen Stadtplan, aber die interne Orthogonalität der einzelnen auf Terrassen angelegten Viertel weist auf urbanistische Planung entsprechend damals als modern geltenden griechischen Prinzipien hin. Die Ausstattung mit öffentlichen Bauten erfolgte über eine größere Zeitspanne hinweg. Zwecks Auffüllung des

[48] Zur Topographie von Kyaneai vgl. Istanbuler Mitteilungen 41 (1991) 204; Lykische Studien 1, 9 (siehe Anm. 1 und 3).

Polis-Zentrums mit Menschen wurde vermutlich ein Teil der Bevölkerung des Avşar Tepesi nach Kyaneai umgesiedelt.

Von vielleicht noch größerem Interesse ist die Neuorganisation des Territoriums (Abb. 14). Kyaneai übernahm anscheinend die Kontrolle über das einst vom Avşar Tepesi beherrschte Gebiet. Aber die letzterem untergeordneten Herrschaftsbereiche der Unterdynasten wurden aufgelöst. An die Stelle feudaler Abhängigkeiten im Rahmen einer patrimonialen, auf Familienstrukturen basierenden Organisation trat jetzt eine territoriale Organisation mit einer klaren institutionellen Hierarchie: Die ehemaligen Dynasten-Siedlungen wurden nun Siedlungszentren von sogenannten *komai*, von ländlichen Verwaltungsbezirken, auf dem Gebiet der Polis Kyaneai[49]. Das Polis-Zentrum und die Komen verfügten jeweils über sachlich genau festgelegte, abgestufte Kompetenzen. Und befestigt waren jetzt allein das Polis-Zentrum sowie die von der Polis eingerichteten Grenzfestungen; die alten Dynastensiedlungen wurden weitgehend entmilitarisiert.

Die neue Organisation zeigt jedoch andererseits eine deutliche Anknüpfung an jene der Dynastenzeit; mit Ausnahme des Avşar Tepesi wurden eben die ehemaligen Dynastensitze Siedlungszentren der neuen Landbezirke. An die Stelle des Avşar Tepesi traten im Süden zwei neue, kleinere Siedlungen, die nun zu Komen-Zentren erhoben wurden: Eine von ihnen formierte sich um einen klassischen Herrensitz auf dem Hügel von Büyük Avşar; die andere wurde ganz neu geschaffen als Zentrum einer Landgemeinde mit Namen Tyinda. Damit war das Territorium der Polis systematisch gegliedert.

Mithin läßt sich zwar die Übernahme des griechischen Polis-Systems mit seiner Aufteilung des Polis-Territoriums unter ländliche Gemeinden feststellen, aber im Detail knüpfte die neue Organisation weitgehend an die politische Geographie der klassischen Zeit an; die historische Bedeutung der alten Siedlungszentren – mit Ausnahme des Avşar Tepesi – wurde respektiert, indem man diesen eine beachtliche Selbstverwaltung konzedierte. Es ist bezeichnend, daß in hellenistischer Zeit Grabbußen für die Störung der Grabruhe fast ausschließlich an die ländlichen Gemeinden als Empfänger der Zahlungen adressiert wurden, ganz selten an das Polis-Zentrum Kyaneai[50]. Die politische Akkulturation war mithin erheblich komplexer als es die Übernahme des Polis-Systems auf den er-

[49] Vgl. *Zimmermann*, Untersuchungen (siehe Anm. 23) 77 ff.; allgemein zu Komen in Kleinasien *Chr. Schuler*, Ländliche Siedlungen und Gemeinden im hellenistischen und römischen Kleinasien (München 1998) 17 ff.

[50] Zu den Grabbußen siehe *Zimmermann*, Untersuchungen (siehe Anm. 23) 142 ff.

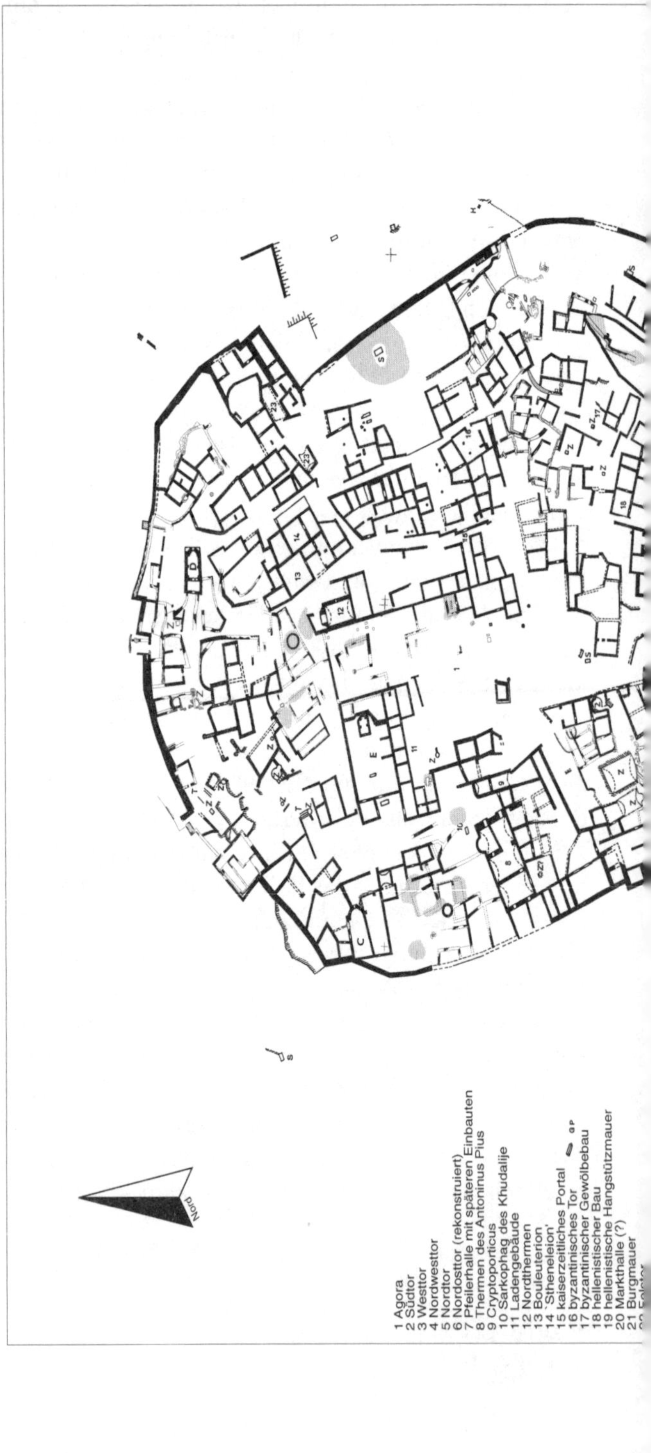
Nord
1 Agora
2 Südtor
3 Westtor
4 Nordwesttor
5 Nordtor
6 Nordosttor (rekonstruiert)
7 Pfeilerhalle mit späteren Einbauten
8 Thermen des Antoninus Pius
9 Cryptoporticus
10 Sarkophag des Khudalije
11 Ladengebäude
12 Nordthermen
13 Bouleuterion
14 'Stheneleion'
15 kaiserzeitliches Portal
16 byzantinisches Tor
17 byzantinischer Gewölbebau
18 hellenistischer Bau
19 hellenistische Hangstützmauer
20 Markthalle (?)
21 Burgmauer

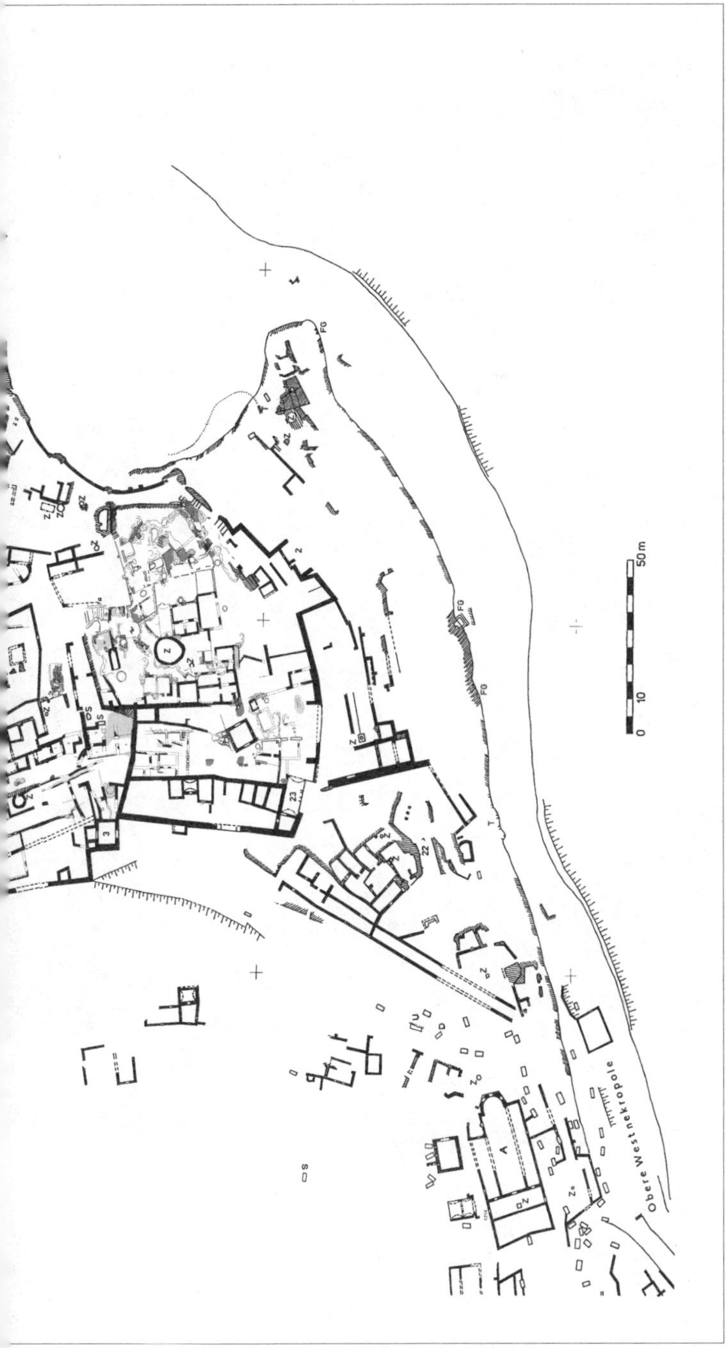

Abb. 13: Plan von Kyaneai

Abb. 14: Siedlungskarte des Gebiets von Kyaneai in der hellenistischen und kaiserzeitlichen Epoche

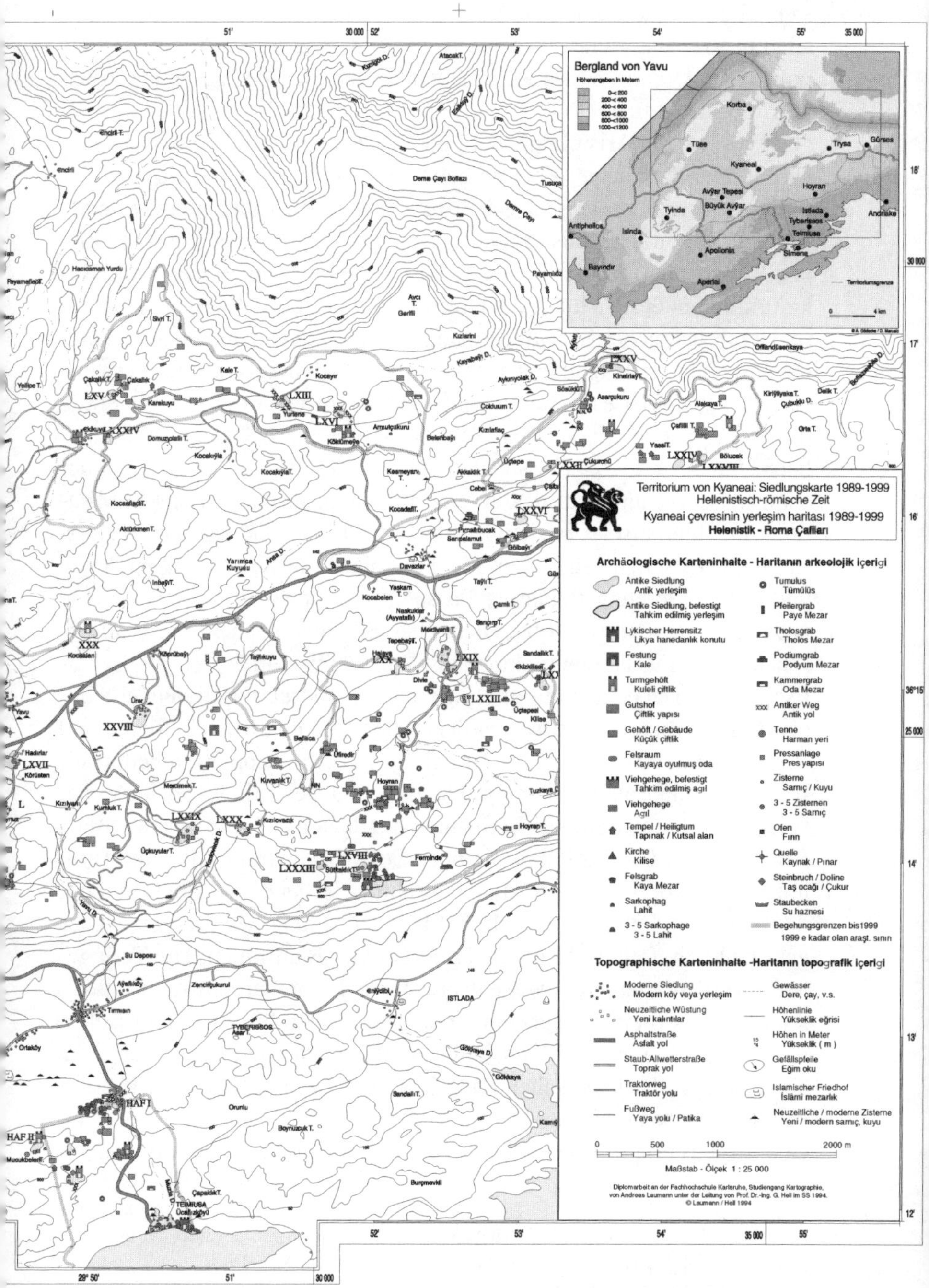
Bergland von Yavu
Territorium von Kyaneai: Siedlungskarte 1989-1999
Hellenistisch-römische Zeit
Kyaneai çevresinin yerleşim haritası 1989-1999
Helenistik - Roma Çağları
Archäologische Karteninhalte - Haritanın arkeolojik içerigi
Antike Siedlung / Antik yerleşim
Antike Siedlung, befestigt / Tahkim edilmiş yerleşim
Lykischer Herrensitz / Likya hanedanlık konutu
Festung / Kale
Turmgehöft / Kuleli çiftlik
Gutshof / Çiftlik yapısı
Gehöft / Gebäude / Küçük çiftlik
Felsraum / Kayaya oyulmuş oda
Viehgehege, befestigt / Tahkim edilmiş ağıl
Viehgehege / Ağıl
Tempel / Heiligtum / Tapınak / Kutsal alan
Kirche / Kilise
Felsgrab / Kaya Mezar
Sarkophag / Lahit
3 - 5 Sarkophage / 3 - 5 Lahit
Tumulus / Tümülüs
Pfeilergrab / Paye Mezar
Tholosgrab / Tholos Mezar
Podiumgrab / Podyum Mezar
Kammergrab / Oda Mezar
Antiker Weg / Antik yol
Tenne / Harman yeri
Pressanlage / Pres yapısı
Zisterne / Sarnıç / Kuyu
3 - 5 Zisternen / 3 - 5 Sarnıç
Ofen / Fırın
Quelle / Kaynak / Pınar
Steinbruch / Doline / Taş ocağı / Çukur
Staubecken / Su haznesi
Begehungsgrenzen bis1999 / 1999 e kadar olan araşt. sınırı
Topographische Karteninhalte -Haritanın topografik içerigi
Moderne Siedlung / Modern köy veya yerleşim
Neuzeitliche Wüstung / Yeni kalıntılar
Asphaltstraße / Asfalt yol
Staub-Allwetterstraße / Toprak yol
Traktorweg / Traktör yolu
Fußweg / Yaya yolu / Patika
Gewässer / Dere, çay, v.s.
Höhenlinie / Yükseklik eğrisi
Höhen in Meter / Yükseklik (m)
Gefällspfeile / Eğim oku
Islamischer Friedhof / İslâmi mezarlık
Neuzeitliche / moderne Zisterne / Yeni / modern sarnıç, kuyu
0 500 1000 2000 m
Maßstab - Ölçek 1 : 25 000
Diplomarbeit an der Fachhochschule Karlsruhe, Studiengang Kartographie, von Andreas Laumann unter der Leitung von Prof. Dr.-Ing. G. Hell im SS 1994.
© Laumann / Hell 1994

sten Blick verrät. Dazu gehört auch, daß in lykischen Poleis – und eben auch in Kyaneai – erst seit etwa 100 v. Chr. eine Ratsversammlung als politisches Organ und als Repräsentantin der Elite des gesamten Polis-Territoriums auftaucht[51].

Zuvor war die Aristokratie der Polis Kyaneai offensichtlich noch stark an die alten ländlichen Zentren gebunden, auch was Wohnsitz und Errichtung ihrer Familiengräber betrifft – dies freilich im Zusammenhang mit neuen, von der Polis-Organisation geprägten Formen der Kontrolle und Bewirtschaftung des Landgebietes[52]. Diese ökonomisch-soziale Akkulturation äußert sich auf dem Territorium der Polis Kyaneai zunächst im Herabrücken der Gehöfte von hohen Hügelkuppen und oberen Hanglagen auf flache Hügelkuppen bzw. niedrige Hanglagen. Dies verweist auf ein vermindertes Verteidigungbedürfnis infolge des Schutzes durch das Polis-System und auf den Wunsch, in größerer Nähe agrarisch nutzbaren Landes zu wohnen. Sodann läßt sich ein reduziertes Gewicht der Viehwirtschaft und statt dessen eine für die griechische Polis-Zivilisation charakteristische Intensivierung von Oliven- und Weinanbau feststellen. Dies schlägt sich nieder in der Anlage von Terrassenkomplexen und der Einrichtung steinerner Preßanlagen. Damit verbunden ist eine neue Rolle des Turmgehöfts: Dieses besaß, wie wir sahen, in der klassischen Zeit eine Doppelfunktion als Wirtschaftseinheit und als militärisch-strategische Institution. Hingegen hat das jetzt auftretende hellenistische Turmgehöft im wesentlichen nur eine landwirtschaftliche und soziale Funktion. Die von uns bisher entdeckten knapp 70 in hellenistischer Zeit funktionierenden Turmgehöfte sind wesentlich gleichmäßiger verteilt als ihre klassischen Vorgänger und deuten auf eine systematische Kontrolle des Landes durch die neue Polis-Aristokratie hin. Der Turm mit seiner repräsentativen Mauergestaltung ist jetzt vor allem Symbol des Reichtums und der gesellschaftlichen Stellung des Besitzers. Dies geht einher mit einer Adaptation griechischer Bauformen: Die Turmgehöfte werden nunmehr – wie entsprechende Exemplare im Ägäisraum – komplett aus Stein gebaut, mit einer typisch griechisch-hellenistischen Mauertechnik. Grundriß und Dimensionen stehen jedoch weiterhin in der Tradition der klassischen lykischen Turmgehöfte (Abb. 15, 16). Ein von den Türmen lykischer Burgsiedlungen abgeleiteter, genuin lykischer Gehöfttypus erhält somit eine der griechischen Polis-Organisation ange-

[51] Vgl. *M. Domingo Gygax*, Untersuchungen zu den lykischen Gemeinwesen in klassischer und hellenistischer Zeit (Antiquitas Reihe 3, im Druck) Kap. IV 3.
[52] Vgl. dazu *Hailer* (siehe Anm. 17).

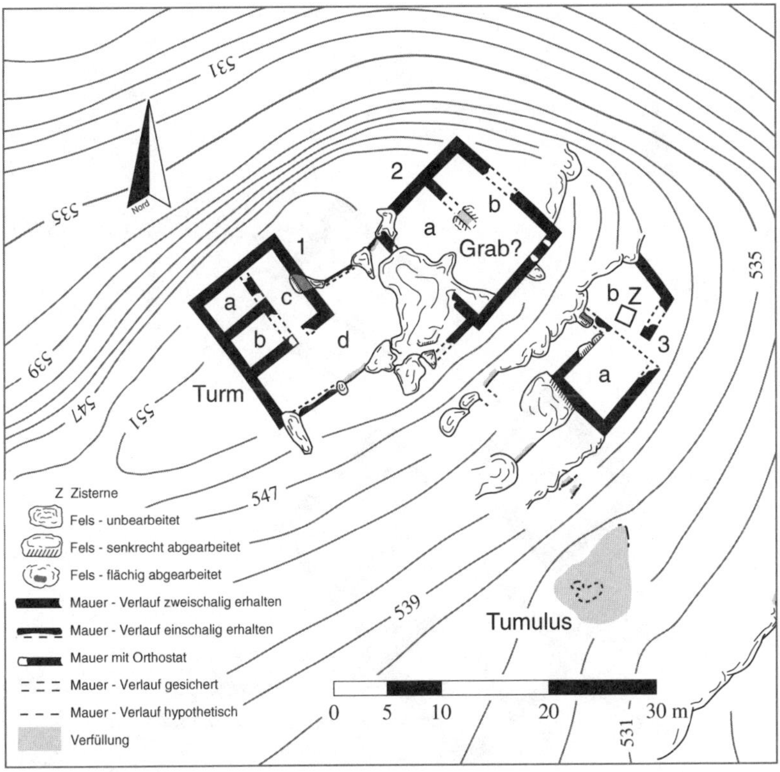

Abb. 15: Grundriß eines klassischen Turmgehöfts auf dem Gebiet von Kyaneai

paßte Funktionalität und ästhetische Stilisierung; dies ermöglicht ihm eine Kontinuität als Herrensitz der Polis-Aristokratie, welche in der hellenistischen und kaiserzeitlichen Epoche in Lykien wie überhaupt im östlichen Mittelmeerraum Träger der Polis-Zivilisation ist.

Wie Sie sehen konnten, erfordert der Weg von der Burg zur Polis mit der Verknüpfung verschiedenster Quellengattungen und der Zusammensetzung der aus ihnen gewonnenen Mosaiksteinchen zu einem Gesamtbild in hohem Maße den interpretatorischen Zugriff des Historikers und seine Bereitschaft zur Hypothesenbildung. Das Gestrüpp ist zu dicht, und die Felsen sind zu schroff, um alle wünschenswerten Einsichten zu gewinnen. Aber Sie können sich selbst einen Eindruck verschaffen und den Weg von der Burg zur Polis nachvollziehen, indem Sie dort hinreisen, mit festem Schuhwerk und hinreichendem Wasservorrat. Eine in Ar-

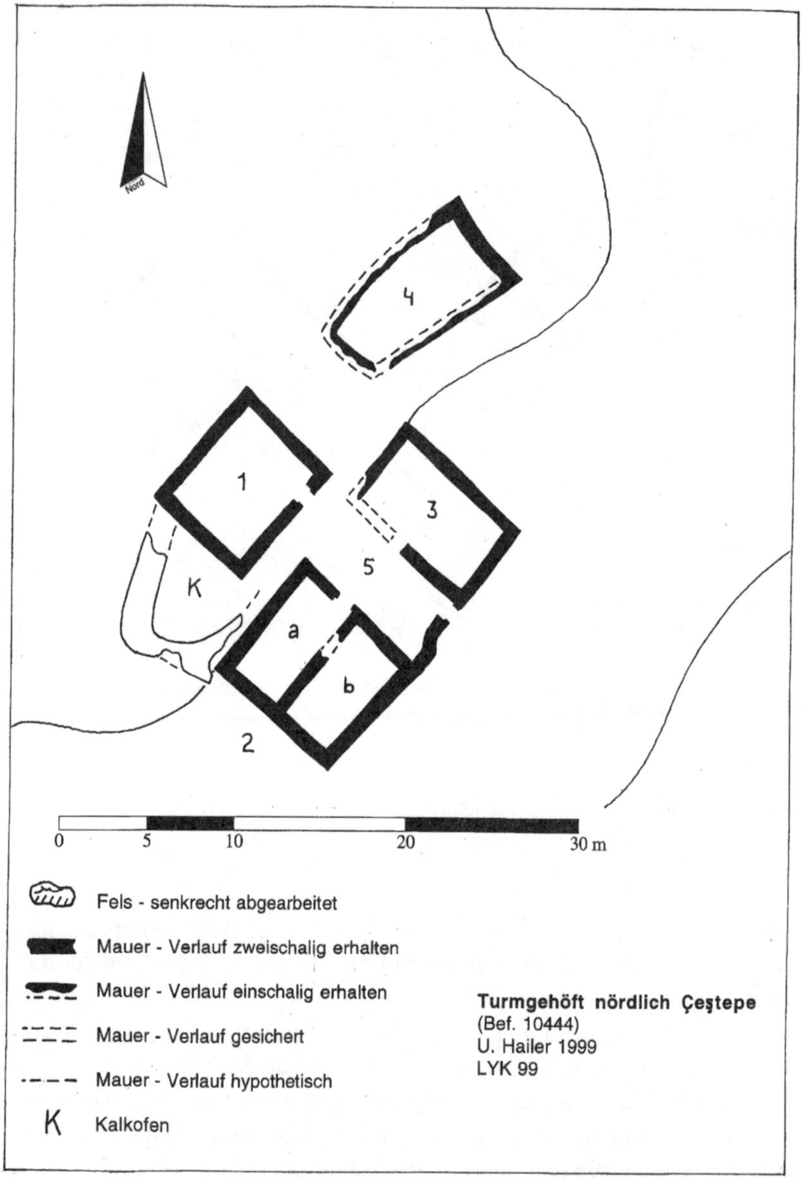

Abb. 16: Grundriß eines hellenistischen Turmgehöfts auf dem Gebiet von Kyaneai

beit befindliche Tourismuskarte mit Wanderwegen und Erläuterungen ist insbesondere für deutsche Professoren- und Studienratsfamilien sowie sonstige Bildungsbeflissene gedacht. Für sie möchte ich diese vorzüglich konservierte antike Landschaft durch das türkische Umweltministerium gerne in einen archäologischen Park verwandeln lassen und so vor der Zerstörung durch den allgegenwärtigen Bauboom und Tourismus retten, damit auch künftige Generationen noch in der Lage sind, anhand dieses komplexen landschaftlichen Palimpsestes im Detail das historische Potential einer Siedlungskammer in ihrer sehr wechselhaften Nutzung durch den Menschen über mehr als 2½ Jahrtausende nachzuempfinden.

Hans Günter Hockerts

Nach der Verfolgung

Wiedergutmachung in Deutschland: Eine historische Bilanz 1945–2000

Schon die Bezeichnung ist umstritten. Der Wiedergutmachungsbegriff – eine deutsche Spracheigentümlichkeit, die sich nicht übersetzen läßt – gilt als „unerträglich verharmlosend“[1]. In einer Fachzeitschrift für Geschichtslehrer ist er unlängst als ein „an relativierenden und exkulpatorischen Inhalten kaum zu überbietender Begriff“ verworfen worden[2]. Eine zornige Autorin ging noch weiter und schrieb: „Gegen das Wort Wiedergutmachung hätte man sofort gerichtlich Einspruch erheben und verbieten müssen, es im Zusammenhang mit den Judenverfolgungen zu nennen.“[3] Bis zu einem gewissen Grad ist die Abwehr verständlich. Denn die Auflösung des Rechts in Angst und Schrecken, die millionenfache Verfolgung und Vernichtung lassen sich nicht ungeschehen oder rückgängig und in diesem Sinne niemals „wieder gut“ machen. Und es mag schon sein, daß mancher die Verwandlung von Schuld in Schulden meint, wenn er von Wiedergutmachung spricht, und mit den Schulden die Schuld als erledigt ansieht – des weiteren Hinsehens nicht mehr wert.

Blättert man im Grimm'schen Wörterbuch, so wird man indessen belehrt, daß „gutmachen“ im Deutschen von alters her „ersetzen, bezahlen, sühnen“ bedeutet[4]. Vielleicht erklärt diese Etymologie, warum jüdische

[1] *Aleida Assmann, Ute Frevert*, Geschichtsvergessenheit, Geschichtsversessenheit. Vom Umgang mit deutschen Vergangenheiten nach 1945 (Stuttgart 1999) 57.

[2] *Hartmut Berghoff*, Zwischen Verdrängung und Aufarbeitung. Die bundesdeutsche Gesellschaft und ihre nationalsozialistische Vergangenheit in den Fünfziger Jahren, in: Geschichte in Wissenschaft und Unterricht 49 (1998) 103.

[3] *Lea Fleischmann*, Dies ist nicht mein Land. Eine Jüdin verläßt die Bundesrepublik (Hamburg 1980) 70.

[4] Darauf verweist die grundlegende Studie von *Constantin Goschler*, Wiedergutmachung. Westdeutschland und die Verfolgten des Nationalsozialismus 1945–1954 (München 1992) 25. Vgl. Deutsches Wörterbuch von *Jacob* und *Wilhelm Grimm*, 9 (München 1984) 1469f. (Nachdruck der Ausgabe Leipzig 1935).

Emigranten deutscher Herkunft den Wiedergutmachungsbegriff zumeist akzeptierten, mitunter auch selbst propagierten[5]. In den Gründerjahren der Bundesrepublik haben gerade diejenigen den Begriff der Wiedergutmachung gehegt und gepflegt, die klarer als andere erkannten, daß die Deutschen sehr viel zu ersetzen, zu bezahlen und zu sühnen hätten. In den Kreisen des Widerstands war der Begriff gang und gäbe, und es waren gerade die entschiedensten Vorkämpfer der Hilfe für die Opfer der nationalsozialistischen Verfolgung, die den Begriff hochschätzten.

Einer von ihnen, der Unionsabgeordnete Franz Böhm, hat im Jahre 1954 zeitgenössische Konnotationen präzise entschlüsselt: „Wen die Grausamkeiten der Hitlerzeit damals, als sie verübt wurden, entsetzten, wer mit den Opfern fühlte, wer, wenn er konnte, zu helfen suchte, dem ist heute die Wiedergutmachung Herzenssache. Wer aber damals mit Hitler sympathisierte, wer jeden, den die Gestapo abholte, für einen Feind, Übeltäter oder Schädling hielt oder wer sich auch nur beim Anblick all der Brutalität mit dem Satz tröstete: wo gehobelt wird, da fallen Späne, für den ist heute die Wiedergutmachung ein Ärgernis."[6] Der Begriff wurde damals als Appell an das Gewissen gebraucht, um Trägheit und Teilnahmslosigkeit zu überwinden. Daher zogen die Protagonisten der Wiedergutmachung einen emphatischen, moralisch verpflichtenden Begriff einer Redeweise vor, die sich auf farblose Fachtermini wie „Entschädigung" beschränkt.

Heute polarisiert das Wort auf ganz andere Weise. Wer heute von Wiedergutmachung spricht, will in der Regel zustimmen, daß viel geleistet worden ist. So heißt es in einer Dokumentation des Bundesfinanzministeriums vom März 1999, die öffentliche Hand habe bisher 103,8 Milliarden DM für die Wiedergutmachung aufgebracht. Damit seien „nahezu alle durch NS-Unrecht verursachten Schäden erfaßt" und zwar in einem „nach Grund und Umfang der Schädigung ausgewogenen Verhältnis"[7]. Zum ‚Ärgernis' ist der Begriff vielmehr denen geworden, die ihn als Inbegriff der Verharmlosung verwerfen. Das geschieht inzwischen geradezu rituell und daher nicht selten so undifferenziert, daß ausgerechnet die Protagonisten der Wiedergutmachung in die Fänge eines anachroni-

[5] Dafür ist der von *Siegfried Moses* im Juli 1943 in Tel Aviv publizierte Artikel: „Die Wiedergutmachungsforderungen der Juden" ein frühes Zeugnis. Vgl. hierzu *Hans Tramer* (Hrsg.), In zwei Welten. Siegfried Moses zum 75. Geburtstag (Tel Aviv 1962).

[6] *Franz Böhm*, Recht und Moral im Rahmen der Wiedergutmachung (undatiertes, auf Ende 1954 zu datierendes Redemanuskript in seinem Nachlaß, Archiv für christlich-demokratische Politik, I-200, Nr. 006/2).

[7] BMF. Dokumentation 3/99, hrsg. vom Bundesministerium der Finanzen, 2, 38.

stischen Fehlschlusses geraten, als sei es ihnen nur um eine Art Schadensabwicklung gegangen.

Wie auch immer man die semantische Debatte führt, *terminologisch* sind wir auf den Wiedergutmachungsbegriff angewiesen. Denn als die einzig verfügbare sprachliche Klammer hält er eine Vielzahl von Vorgängen und Rechtsgebieten zusammen, die darüber entscheiden, ob und wie aus Verfolgten Berechtigte wurden. Der Sammelbegriff umfaßt zumindest fünf Teilbereiche, die man in aller Kürze so umreißen kann. (1) Rückerstattung von Vermögenswerten, die den Verfolgten geraubt oder entzogen worden sind. (2) Entschädigung für die Eingriffe in die Lebenschancen, für den Verlust an Freiheit, Gesundheit, beruflichem Fortkommen und anderes mehr. Dazu kommen (3) Sonderregelungen, vor allem im öffentlichen Dienst und in der Sozialversicherung, sowie (4) die juristische Rehabilitierung, deren Aufgabe es ist, Unrechtsurteile zu beseitigen – vor allem in der Strafjustiz; aber man denke auch an Unrechtsakte wie die Ausbürgerung und die Aberkennung akademischer Grade.

Diese vier Punkte sind zunächst vom innerstaatlichen Recht her gedacht. Aber die Verfolger haben die Staatsgrenzen niedergerissen, Terror auch nach außen getragen und Millionen von Ausländern zwangsweise in das Deutsche Reich verbracht. Unser Thema hat daher auch weite internationale Dimensionen. Diese bilden den Hintergrund für (5) eine Reihe zwischenstaatlicher Abkommen, die als weitere Kategorie dem Sammelbegriff der Wiedergutmachung zuzurechnen sind. Und noch viel weiter ließe der Begriff sich fassen, wenn man ihn aus dem Rahmen der Politik und des Rechts herauslöst, um ihn zu öffnen für die Formenvielfalt gesellschaftlicher Eigeninitiativen und die ideelle oder erinnerungskulturelle Aufarbeitung der Geschichte von Verfolgern und Verfolgten.

Wir betreten also ein weitverzweigtes Feld, zumal sich die Perspektiven im vereinten Deutschland verdreifachen. Unser Thema stellt sich ja tiefgreifend anders dar, je nachdem, ob man das westliche, das östliche oder das ganze Deutschland seit 1990 ins Auge faßt. So stellt sich die etwas bange Frage, wie man ein so weites Feld in einer knappen Stunde angemessen erschließen und vorstellen kann. Ich werde mich auf die drei Hauptstücke konzentrieren: Rückerstattung, Entschädigung, zwischenstaatliche Abkommen. Zunächst und am ausführlichsten wird von der westdeutschen Entwicklung bis zur Wiedervereinigung die Rede sein[8].

[8] Grundlegend, wenngleich – mit Ausnahme des ersten Bandes – aus dem Blickwinkel be-

Dabei werden zwei Fragen leiten: Welche Spuren hat die jeweilige Zeitkonstellation in das Gesicht der Wiedergutmachung geschrieben? So lautet die eine, und die andere: Wo liegen die Wurzeln dafür, daß die Entschädigung in den 1990er Jahren nochmals ein so großes politisches Thema werden konnte? Sodann kommt die DDR in den Blick, und zwar unter Aspekten des Vergleichs. Schließlich wenden wir uns der Gegenwartsgeschichte der Wiedergutmachung seit der Epochenzäsur von 1989/90 zu.

I.

Unsere Betrachtung beginnt dort, wo die frühen Weichen gestellt worden sind: in der amerikanischen Besatzungszone. Die US-Militärregierung gab anfangs der *Rückerstattung* die Priorität und arbeitete zusammen mit den Ministerpräsidenten der Länder ein Rückerstattungsgesetz aus, das im November 1947 in Kraft trat[9]. Wer im Besitz eines unter Verfolgungsdruck weggegebenen oder weggenommenen Vermögens gelangt war, mußte es nun zurückgeben oder in bestimmten Fällen Schadensersatz in Geld leisten. Ganz überwiegend ging es dabei um das Vermögen von Juden. Denn die jüdischen Deutschen waren am allermeisten ausgeplündert worden[10]. Außerdem galt für die Rückgabe des sog. ‚Organisationsvermögens', das den Gewerkschaften, den demokratischen Parteien, kirchlichen und karitativen Organisationen entzogen worden war,

teiligter Beamten verfaßt, ist das halbamtliche Sammelwerk: Die Wiedergutmachung nationalsozialistischen Unrechts durch die Bundesrepublik Deutschland. Hrsg. vom Bundesminister der Finanzen in Zusammenarbeit mit Walter Schwarz. Bd. I: *Walter Schwarz*, Rückerstattung nach den Gesetzen der Alliierten Mächte (München 1974); Bd. II: *Friedrich Biella* u.a., Das Bundesrückerstattungsgesetz (München 1981); Bd. III: *Ernst Féaux de la Croix, Helmut Rumpf*, Der Werdegang des Entschädigungsrechts unter national- und völkerrechtlichem und politologischem Aspekt (München 1985); Bd. IV: *Walter Brunn* u. a., Das Bundesentschädigungsgesetz. Erster Teil (§§ 1 bis 50 BEG) (München 1981); Bd. V: *Hans Giessler* u. a., Das Bundesentschädigungsgesetz. Zweiter Teil (§§ 51 bis 171 BEG) (München 1983); Bd. VI: *Hugo Finke* u. a., Entschädigungsverfahren und sondergesetzliche Entschädigungsregelungen (München 1982). Historiographisch grundlegend *Ludolf Herbst, Constantin Goschler* (Hrsg.): Wiedergutmachung in der Bundesrepublik Deutschland (München 1989); neuerdings *Hermann-Josef Brodesser* u. a., Wiedergutmachung und Kriegsfolgenliquidation. Geschichte – Regelungen – Zahlungen (München 2000); die Autoren stammen aus der einschlägigen Verwaltungspraxis.

9 *Schwarz*, Rückerstattung nach den Gesetzen der Alliierten Mächte (Anm. 8) 23–58; *Goschler*, Wiedergutmachung (Anm. 4) 106–128.

10 *Frank Bajohr*, „Arisierung" in Hamburg. Die Verdrängung der jüdischen Unternehmer 1933–1945 (Hamburg 1997).

eine andere gesetzliche Basis; der Alliierte Kontrollrat schuf sie im April 1947 mit einer alle vier Zonen übergreifenden Direktive[11].

Ich sagte soeben, daß das Rückerstattungsgesetz von Amerikanern und Deutschen gemeinsam erarbeitet wurde, muß nun aber hinzufügen, daß das Gesetz schließlich nicht vom deutschen Länderrat verabschiedet, sondern von der Militärregierung im Alleingang verkündet wurde.

Denn in einigen Punkten gab es unüberbrückbare Konflikte. Einer betraf das sogenannte „erbenlose Vermögen“. Diese blasse juristische Formel bezeichnete die Hinterlassenschaft von Familien, die im Völkermord mit Kind und Kindeskind umgekommen waren. Die amerikanische Militärregierung war an eine Zusage gebunden, die sie einem Komitee der amerikanischen jüdischen Organisationen gegeben hatte: Demzufolge sollte eine internationale jüdische „Nachfolge-Organisation“ gegründet werden, um das erbenlose Eigentum zu übernehmen. Hier bekamen es die Ministerpräsidenten und ihre Berater mit der Angst zu tun. Sie stellten sich vor, daß große Vermögenswerte, die man für den Wiederaufbau dringend bräuchte, ins Ausland abgezogen würden.

An diesem Streitpunkt, der Behandlung des erbenlosen jüdischen Vermögens, ist auch der Versuch gescheitert, eine gesamtdeutsche Lösung im Alliierten Kontrollrat zu finden. Hier opponierte die französische, vor allem aber die russische Seite, die meinte, dieses Vermögen müsse den deutschen Ländern überlassen bleiben. Die amerikanische Initiative fand also weder im Kontrollrat, noch bei den Ministerpräsidenten der eigenen Zone hinreichend Konsens, daher der Alleingang. Nach einigem Zögern beschloß die britische Militärregierung im Mai 1949 ein ähnliches Gesetz.

Wenn man die Akten liest, kann man sich des Eindrucks nicht erwehren, daß die deutschen Ministerpräsidenten es nicht ganz ungern sahen, daß die Militärregierung die Verantwortung für das Rückerstattungsgesetz auf die eigenen breiten Schultern nahm. Denn darin lag sozialer Sprengstoff. Einige Jahre lang liefen organisierte Interessenverbände Sturm, wobei sie möglichst krasse Einzelfälle nach vorn schoben[12]. Das

[11] Die Kontrollratsdirektive Nr. 50 ist in den vier Zonen und in Berlin mit unterschiedlichen Gesetzen und Verordnungen umgesetzt worden. Die Geschichte der Rückerstattung von ‚Organisationsvermögen‘ – so genannt, weil es von nationalsozialistischen Organisationen einverleibt worden war – ist nahezu terra incognita.

[12] Daß das Gesetz „in nicht seltenen Fällen für den individuellen Rückerstattungspflichtigen zu krassen Konsequenzen führte“, ist unbestritten, der Anteil solcher Fälle am Gesamtgefüge aber noch unklar. Die zitierte Wendung bei *Hans Strauss*, Die Rückerstattung entzogener und geraubter Vermögensgegenstände, in: Deutsche Wiedergutmachung 1957. Eine Serie von Vorträgen gehalten über den Sender WHOM, New York. Hrsg. von Axis

änderte aber nichts daran, daß die Westalliierten auf eine strenge und relativ zügige Durchführung der Rückerstattung achteten, und sie behielten die Fäden auch nach der Gründung der Bundesrepublik in der Hand. Die große Mehrheit der Fälle, in denen Privatpersonen, einschließlich Privatunternehmen, rückerstatten mußten, war daher schon in den fünfziger Jahren abgewickelt.

Was läßt sich über die quantitative Seite dieses Vorgangs sagen? Schätzungsweise haben einhunderttausend Privatpersonen ein Wertvolumen von 3,5 Milliarden DM herausgegeben, das zumeist Grundbesitz, aber auch Unternehmen oder Beteiligungen an Unternehmen betraf. Auf heutige Preisverhältnisse hochgerechnet, ergibt das rund 10 Milliarden DM[13]. Was solche dürren Zahlen sozial- und wirtschaftsgeschichtlich bedeuten, in der Perspektive des Auf- und Abstiegs, vor allem aber in einer auf die Verfolgten und die Nutznießer der Verfolgung gerichteten lebens- und erfahrungsgeschichtlichen Perspektive, das ist bisher wenig bekannt und bildet ein wichtiges Feld der künftigen Forschung.

Es ist zu betonen, daß jene 3,5 Milliarden DM keineswegs den Gesamtwert dessen repräsentieren, was den jüdischen Verfolgten weggenommen worden ist. Abgesehen von verschiedenen Dunkelziffern und Abwertungsverlusten durch die Währungsreform umfaßt diese Zahl das meiste dessen nicht, was der größte aller Entzieher geraubt hat: das Deutsche Reich. Bei den Raubzügen des Reiches spielten vor allem bewegliche Gegenstände eine Rolle: Edelmetall, Kunstgegenstände, Wertpapiere, Schmuck, auch Hausrat und anderes mehr. Das meiste davon war nach Kriegsende nicht mehr greifbar und konnte also auch nicht mehr rückerstattet werden. Die alliierten Gesetze ließen offen, wie die gegen das Deutsche Reich gerichteten Ansprüche auf Schadensersatz befriedigt werden sollten. Aber die Westalliierten verpflichteten die Bundesrepublik im Rahmen der Verträge, die 1955 die Besatzungszeit beendeten, zu einer Regelung dieser Frage, und dieser Verpflichtung kam die Bundesrepublik 1957 mit dem ‚Bundesrückerstattungsgesetz' nach. Damit übernahm die Bundesrepublik die Haftung für die „rückerstattungsrechtlichen Geldverbindlichkeiten" des vergangenen Reichs.

Victims League und American Association of Former European Jurists (Düsseldorf 1957)12–15, hier 14. Zur agitatorischen Ausnutzung vgl. *Constantin Goschler*, Die Auseinandersetzung um die Rückerstattung „arisierten" jüdischen Eigentums nach 1945, in: Die Deutschen und die Judenverfolgung im Dritten Reich, hrsg. von *Ursula Büttner* (Hamburg 1992) 339–356.

[13] *Schwarz*, Rückerstattung nach den Gesetzen der Alliierten Mächte (Anm. 8) 345–394; Umrechnungsfaktor nach: Fünfzig Jahre Deutsche Mark. Notenbank und Währung in Deutschland seit 1948, hrsg. von der deutschen Bundesbank (München 1998) 311.

Im Zuge dieses Gesetzes hat die Bundesrepublik insgesamt rund vier Milliarden DM aufgebracht[14]. Sofern die Beute im Ausland gemacht worden war, wurde der Schaden allerdings nicht immer ersetzt, sondern nur dann, wenn das Beutegut seinerzeit auf das Gebiet der späteren Bundesrepublik verbracht worden war. Das andere oblag der Regelungshoheit anderer Staaten. Die Wege des Beuteguts mußten also nachgezeichnet werden, was im Falle der Raubaktionen des Reichs in Westeuropa oft gut und rasch gelang, während dies für die osteuropäischen Länder meistens an Beweisnot scheiterte.

Eine Zwischenbilanz zum Thema „Rückerstattung in Westdeutschland" kann somit dreierlei festhalten. Erstens ist dieser Teil der Wiedergutmachung offensichtlich nur begrenzt auf das Konto deutscher Selbstbestimmung zu buchen. Vielmehr ist deutlich geworden, daß wichtige Weichen von alliierter, vor allem von amerikanischer Seite gestellt worden sind. Zweitens deutet sich schon hier eine Asymmetrie von West und Ost auf dem Feld der Wiedergutmachung an; sie wird im folgenden noch viel stärker hervortreten. Drittens waren bis in die achtziger Jahre hinein auch sehr kundige und kritische Geister davon überzeugt, daß „im Großen und Ganzen auf dem Gebiet der Rückerstattung das geschehen ist, was menschenmöglich war"[15]. Das sollte man nicht ohne weiteres in Abrede stellen, auch wenn im Nachhinein deutlicher wird, daß die Rückerstattungsgesetze der Nachkriegszeit – indem sie sich auf den privaten oder staatlichen *Erwerber* konzentrierten – die Beteiligung und Gewinne von *Vermittlern* wenig beachtet haben. Diese werden erst neuerdings stärker wahrgenommen und erregen unter Stichworten wie „Arisierungsgewinne" und „Raubgold" viel Aufsehen. Dabei muß man genau unterscheiden: Arisierung in dem Sinne, daß z.B. eine Bank eine andere geschluckt hat, ist mit Sicherheit längst Gegenstand eines Rückerstattungsverfahrens gewesen; heute geht es um Provisionen und dergleichen bei der Vermittlung von Arisierungsgeschäften. Ähnlich verhält es sich mit dem ‚Raubgold'. Die jüngsten Auseinandersetzungen beziehen sich auf Handelsgewinne, die mit solchem Gold gemacht worden sind. Das Gold selbst war, wenn es sich um Beute aus den Zentralbanken besetzter Länder handelte, von den Siegermächten sogleich beschlagnahmt und in geregeltem Verfahren zurückgegeben worden. War das Gold Privatperso-

[14] BMF. Dokumentation (Anm. 7) 38.

[15] *Martin Hirsch*, Folgen der Verfolgung. Schädigung – Wiedergutmachung – Rehabilitierung, in: Die Bundesrepublik Deutschland und die Opfer des Nationalsozialismus. Tagung vom 25. bis 27. November 1983 in der Evangelischen Akademie Bad Boll. Protokolldienst 14/84 (Bad Boll 1984)19–32, hier 21.

nen weggenommen worden, so konnten Ansprüche nach dem Bundesrückerstattungsgesetz geltend gemacht werden[16].

Wenden wir uns jetzt der zweiten Säule der Wiedergutmachung zu, der *Entschädigung*. Auch hier sind die Grundlagen in der amerikanischen Zone gelegt worden, in Form eines Entschädigungsgesetzes, das einheitlich für alle Länder der Zone ausgearbeitet wurde. Hier findet man das Grundkonzept, das die bundesdeutschen Gesetze dann übernommen und nicht mehr prinzipiell verändert haben. Das gilt vor allem für die Definition des Verfolgten-Begriffs, der eine Verfolgung aus Gründen politischer Gegnerschaft, der Rasse, des Glaubens oder der Weltanschauung voraussetzte, sowie die Typisierung der ‚Schadenstatbestände', die zu jeweils besonderen Entschädigungsleistungen berechtigten. Das Gesetz ging in seiner Substanz auf deutsche Entwürfe zurück, an denen Vertreter der politischen Verfolgtenverbände einflußreich beteiligt waren. Das Gesetz beruhte fast ganz auf deutschen Entwürfen, an denen Vertreter der politischen Verfolgten einflußreich beteiligt waren. Die Militärregierung verlangte nur wenige Änderungen und setzte es im August 1949 in Kraft – gerade noch rechtzeitig, um dem soeben entstehenden westdeutschen Kernstaat ein Präjudiz mit auf den Weg zu geben.

Der erste Deutsche Bundestag ließ sich allerdings Zeit mit der Vereinheitlichung des Entschädigungsrechts im Bundesgebiet. Zügiger kam ein Sondergesetz für eine spezielle Gruppe von Verfolgten zustande, das Wiedergutmachungsgesetz für Angehörige des öffentlichen Dienstes. Es lohnt sich, einen Moment dabei zu verweilen, weil dieses Gesetz, das im Mai 1951 in Kraft trat, einige bedeutsame historische Einblicke gibt. Wir haben es hier mit einem Koppelungsgeschäft zu tun. Am selben Tag trat ein Parallelgesetz in Kraft, das die Ansprüche der heimatvertriebenen Beamten, der früheren Berufssoldaten wie auch der im Zuge der Entnazifizierung entlassenen Beamten regelte. Das geschah recht großzügig, so daß auch eine sehr erhebliche Zahl von Personen mit braunen Flecken wieder zu Amt und Würden oder doch zu günstigen Versorgungsansprüchen kam. Der Nachgeborene mag darin einen Skandalon sehen, der Bundestag der frühen fünfziger Jahre aber keineswegs: Vielmehr verabschiedete er dieses Gesetz einstimmig und balancierte es mit dem gleich-

[16] Als Fallstudie vgl. *Jonathan Steinberg*, Die Deutsche Bank und ihre Goldtransaktionen während des Zweiten Weltkrieges (München 1999); einen Überblick bietet *Gerald D. Feldman*, Unternehmensgeschichte im Dritten Reich und die Verantwortung der Historiker. Raubgold und Versicherungen, Arisierung und Zwangsarbeit, in: Geschichte vor Gericht. Historiker, Richter und die Suche nach Gerechtigkeit, hrsg. von *Norbert Frei, Dirk van Laak* und *Michael Stolleis* (München 2000) 103–129.

falls einstimmig angenommenen Wiedergutmachungsgesetz. Das Junktim ist bezeichnend für den Geist der frühen fünfziger Jahre, dessen Zeichen gerade nicht auf strikte Trennung von Tätern und Opfern standen, sondern vielmehr auf Brückenschlag, Ruhe und Integration zielten.

In unserem Zusammenhang ist noch ein anderer Aspekt von Interesse. Die Schubkraft des Junktims bewirkte, daß die Spezialentschädigung im öffentlichen Dienst viel großzügiger ausfiel als die Normalentschädigung für den Rest der Gesellschaft. Im Gesamtbild der Wiedergutmachung gibt es schwere Disharmonien, darunter die, daß der verfolgte Beamte unvergleichlich besser entschädigt wurde als der verfolgte Nichtbeamte. Diese Diskrepanz hat später einmal zu einem der großen Skandalfälle in der Geschichte der Republik beigetragen, nämlich zum Sturz des Bundestagspräsidenten Gerstenmaier im Januar 1969. Da ihm 1938 aus politischen Gründen die Venia legendi verweigert und mithin die Chance auf eine Professur vereitelt worden war, hatte Gerstenmaier eine Entschädigung beantragt und erhalten, die sich mitsamt Nachzahlungen auf eine hohe, sechsstellige Summe belief. Das entsprach ganz und gar dem Gesetz; ebenso wurden z.B. auch Hannah Arendt und Herbert Marcuse entschädigt, beide mit der Begründung, daß sie sich normalerweise habilitiert hätten und Professor geworden wären. Die öffentliche Erregung hätte sich insofern eher gegen das Gesetz als gegen Gerstenmaier richten müssen. Aber der jähzornige Mann machte es mit unbedachten Äußerungen seinen Gegnern leicht, der – unhaltbare – Verdacht trat hinzu, er habe zu seinen eigenen Gunsten auf eine Novellierung des Gesetzes Einfluß genommen, und die ganze Sache bot ohnehin eher den Anlaß als die Ursache für seinen Sturz in einer auf Machtwechsel drängenden Zeit[17].

Damit bin ich weit vorausgeeilt; kehren wir zurück in die frühen fünfziger Jahre. Während es mit einem bundeseinheitlichen Entschädigungsgesetz nicht recht vorangehen wollte, trat mit dem Staat Israel ein neuer Faktor in die Auseinandersetzung. Nach sondierenden, geheimen Kontakten leitete eine Regierungserklärung Adenauers im September 1951 offizielle Gespräche mit Israel ein. Daraus entstanden Dreiecksverhandlungen, denn als dritter Partner trat mit der Claims Conference eine neue

[17] Die Rechtslage mitsamt den Vorzugsregelungen des Gesetzes ist ebenso wie der Hintergrund der Novelle, die sich aus einer Entscheidung des Bundesverfassungsgerichts ergab, präzise dargestellt von *Otto Küster*, Die Rechtslage im Wiedergutmachungsfall Dr. Gerstenmaier, in: Mitteilungsblatt der bayerischen Verfolgten und Widerstandskämpfer 24 (1969) 1–2. Vgl. auch einen ausführlichen, klärenden Brief von Franz Böhm an die Redaktion der Frankfurter Rundschau vom 13. 1. 1969 (ACDP, I-200, Nr. 005/1).

Dachorganisation hinzu, um die außerhalb Israels lebenden Juden in den Verhandlungen mit der Bundesrepublik zu vertreten.

Die Verhandlungen, die in Wassenaar bei Den Haag geführt wurden und im September 1952 in das Luxemburger Abkommen mündeten, bilden ein besonders bewegendes Kapitel der Wiedergutmachungsgeschichte. Daher hat die historische Forschung sich weithin lange auf diesen einen Teilbereich konzentriert, so daß wir in diesem Zusammenhang über einen sehr differenzierten Forschungsstand verfügen[18]. Im Rahmen des Versuchs, ein Gesamtbild der Wiedergutmachung zu skizzieren, kann ich dem Luxemburger Abkommen jedoch nur wenige Bemerkungen widmen.

„Was sollen unsere ermordeten Großeltern pro Stück kosten?" – riefen aufgebrachte Demonstranten in Israel, wo große Teile der Gesellschaft mit Abscheu auf die Verhandlungen reagierten. Das Abkommen wählte die Eingliederungskosten überlebender Flüchtlinge zum Maßstab und verpflichtete die Bundesrepublik zur Zahlung von drei Milliarden DM an den Staat Israel, verteilt auf 12 Jahre, sowie zur Zahlung von 450 Millionen DM an die Claims Conference. Zeitpunkt und Modalitäten, weniger das Gesamtvolumen der Leistungen, waren für Israel sehr wichtig, weil sich dieses Land damals in einer verzweifelten wirtschaftlichen Situation befand[19]. Seit langem ist bekannt, daß Adenauer das Israel-Abkommen zu seiner eigenen Sache gemacht hat. Er setzte es gegen Widerstände durch, die sich im Bundeskabinett regten, in der Regierungskoalition, auch in der Presse und im demoskopisch ermittelten Meinungsklima[20]. Die Gegner argumentierten mit den Kosten oder ließen sich von heftigen Sanktionsdrohungen der arabischen Staaten beeindrucken oder schoben diese vor. Niemand wagte es, antisemitische Ressentiments zum Ausdruck zu bringen, aber hier und da wurde doch

[18] Vgl. z.B. die Beiträge von *Nana Sagi, Yeshayahu A. Jelinek, Rudolf Huhn, Michael Wolffsohn, Willy Albrecht, Norbert Frei* in: *Herbst, Goschler* (Hrsg.), Wiedergutmachung in der Bundesrepublik Deutschland (Anm. 8); Holocaust und Shilumim. The Policy of Wiedergutmachung in the Early 1950s. Ed. by *Axel Frohn* (Washington 1991).

[19] Zur Bezeichnung der Leistungen wählte Israel das biblisch-hebräische Wort Shilumim: ‚Zahlungen' ohne Konnotation von Schuldvergebung oder Verzeihen. Vgl. *Yeshayahu A. Jelinek,* Zwischen Moral und Realpolitik. Eine Dokumentensammlung (Gerlingen 1997) 22. Zu den ökonomischen Wirkungen *Günter Könke,* Wiedergutmachung und Modernisierung. Der Beitrag des Luxemburger Abkommens von 1952 zur wirtschaftlichen Entwicklung Israels, in: Vierteljahrschrift für Sozial- und Wirtschaftsgeschichte 75 (1988) 503–548.

[20] *Werner Bergmann,* Antisemitismus in öffentlichen Konflikten. Kollektives Lernen in der politischen Kultur der Bundesrepublik 1949–1989 (Frankfurt a. Main, New York 1997) 174–185.

greifbar, daß sie nicht spurlos verflogen waren. Man muß die Kostenargumente bis zu einem gewissen Grad ernst nehmen, nicht so sehr im isolierten Blick auf diesen einen Vertrag, sondern wegen der Gesamtheit der Anforderungen, die im Verlaufe des Jahres 1952 auf die Bundesregierung einstürmten. So bestanden die Westalliierten darauf, daß der westdeutsche Frontstaat des Kalten Krieges Wiederbewaffnungskosten in der Größenordnung von 10 Milliarden einplante. Außerdem liefen zeitgleich mit den Israel-Verhandlungen in London Verhandlungen anderer Art: Dort verpflichtete sich die Bundesrepublik, die aus der Vor- und Nachkriegszeit stammenden deutschen Auslandsschulden zu übernehmen und in einer Größenordnung von 14,5 Milliarden DM zu verzinsen und zu tilgen[21]. Im selben Jahr beschloß der Bundestag ein aufwendiges Lastenausgleichsgesetz für die Heimatvertriebenen. Nimmt man dieses und anderes zusammen und bedenkt man, daß der Bundeshaushalt eine Größenordnung von 23 Milliarden DM aufwies, bedenkt man ferner, daß der ökonomische Aufschwung 1952 noch nicht gesichert war, dann wird man dem Adenauer-Biographen Hans-Peter Schwarz zustimmen müssen: Die Regierung Adenauer befand sich 1952 auf einem „glitschigen Pfad" und hat einen riskanten Wechsel auf die Zukunft ausgestellt, der „nur unter allergünstigsten Umständen beglichen" werden konnte[22].

Adenauer hätte das Israel-Abkommen nicht durchsetzen können ohne die Hilfe der sozialdemokratischen Fraktion im Bundestag und ohne den nachdrücklichen Hinweis aus den eigenen Reihen, daß die USA darauf Wert legten. Daran anknüpfend hat sich eine Kontroverse in der Frage entwickelt, ob das Luxemburg-Abkommen sich amerikanischem Druck oder deutscher Freiwilligkeit verdankt. Aber wie so oft trifft eine so grobe Alternative nicht den Kern der Dinge. Die Wahrheit ist gemischt und läßt sich am besten so zusammenfassen: Die Bundesregierung besaß im Blick auf das Israel-Abkommen einen relativ großen Handlungsspielraum, und Adenauer entschloß sich, aus einer Mischung aus moralischen, außenpolitischen und außenwirtschaftlichen Motiven, hier einen möglichst starken Akzent zu setzen. Daß die DDR-Propaganda es nicht lassen konnte, das Abkommen zu diffamieren – sie nannte es einen „schmutzigen Handel", ein „Geschäft zwischen westdeutschen und

[21] *Christoph Buchheim*, Londoner Schuldenabkommen, in: Deutschland unter alliierter Besatzung 1945–1949/55, hrsg. von *Wolfgang Benz* (Berlin 1999) 355–357. Im Nachhinein erwies sich der Schuldendienst als relativ leichte Last, da die westdeutsche Zahlungsbilanz seit 1953 stets hohe Devisenüberschüsse aufwies.

[22] *Hans-Peter Schwarz*, Adenauer. Der Aufstieg 1876–1952 (Stuttgart 1986) 904.

israelischen Großkapitalisten auf Kosten der werktätigen Massen Westdeutschlands" – das gab der Bundesrepublik zusätzlich Kredit in der Konkurrenz um die Präsentation des besseren Deutschland[23].

Von der Öffentlichkeit fast unbemerkt, steckte im Vertragswerk von Luxemburg ein sehr bedeutsames Protokoll, das – auch in den finanziellen Auswirkungen – weit über den im Rampenlicht stehenden Israel-Vertrag hinausführte. Mit dem sogenannten „Haager Protokoll Nr. 1" vereinbarte die Bundesregierung mit der Claims Conference wichtige Grundsätze und viele Einzelheiten für den Ausbau des Bundesentschädigungsrechts. Man hat es einen „fast revolutionären Vorgang" genannt, daß eine ausländische Nichtregierungsorganisation somit einen vertraglich geregelten Einfluß auf die innerdeutsche Gesetzgebung erhielt[24]. Damit war ein Konsultativstatus verbunden, den die Claims Conference intensiv nutzte, als das Bundesentschädigungsgesetz und seine Novellen ausgearbeitet wurden. So war ihr Status weit über den eines Interessenverbandes hinausgehoben, zumal sie de facto auch eine Art Immediatrecht des Zugangs zum Bundeskanzler erhielt. Wahrscheinlich ist es nicht übertrieben, das „Haager Protokoll Nr. 1" als die „Magna Charta" der Entschädigungsgeschichte zu bezeichnen[25]. Jedenfalls gingen die dort vereinbarten Regelungen sehr erheblich über das hinaus, was die Westalliierten dem deutschen Gesetzgeber ins Stammbuch schrieben, als sie im Mai 1952 den sogenannten Überleitungsvertrag unterzeichneten[26]. Sie verpflichteten ihn unter anderem dazu, die Vorschriften des Entschädigungsgesetzes der US-Zone als bundesdeutschen Mindeststandard zu bewahren. Um die formative Phase des Bundesentschädigungsrechts zu verstehen, muß man sich neben den innerdeutschen Auseinandersetzungen also stets auch den Druck und die Einflüsse von außen vor Augen führen: seitens der westlichen Besatzungsmächte und der in der Claims Conference zusammengeschlossenen Verbände.

[23] *Angelika Timm,* Hammer, Zirkel, Davidstern. Das gestörte Verhältnis der DDR zu Zionismus und Staat Israel (Bonn 1997) 132.

[24] *Ernst Katzenstein,* Jewish Claims Conference und die Wiedergutmachung nationalsozialistischen Unrechts, in: *Hans Jochen Vogel* u. a. (Hrsg.): Die Freiheit des Anderen. Festschrift für Martin Hirsch (Baden-Baden 1981) 219–226, hier 224.

[25] *Féaux de la Croix, Rumpf,* Der Werdegang des Entschädigungsrechts (Anm. 8) 198. Archivgestützte Studien über die Entstehung der einschlägigen Gesetze, Verordnungen und Novellen stehen allerdings noch aus.

[26] Vgl. den Vierten Teil (‚Entschädigung') des „Vertrags zur Regelung aus Krieg und Besatzung entstandener Fragen" (sog. Überleitungsvertrag); im Mai 1952 unterzeichnet, trat dieser Vertrag im März 1955 in revidierter Fassung in Kraft.

Im Sommer 1953 war es dann soweit: Der Bundestag verabschiedete im Endspurt der ersten Legislaturperiode das erste bundeseinheitliche Entschädigungsgesetz. Aber es war hastig zusammengezimmert. Allen Beteiligten war klar, daß es bestenfalls ein Provisorium sein konnte. Bald begann die Arbeit an einer gründlichen Novellierung, und das neugefaßte Bundesentschädigungsgesetz (BEG), diesmal gut durchgearbeitet und einstimmig verabschiedet, erschien dann 1956 im Bundesgesetzblatt. Dieses Gesetz bildet das Kernstück der westdeutschen Wiedergutmachung. Von den 103,8 Milliarden DM, die die öffentliche Hand bisher für Wiedergutmachung geleistet hat, entfallen rd. 77% auf dieses Gesetz, wenn man die frühere Fassung von 1953 und eine spätere Novelle von 1965 mit einbezieht. Rund zwei Millionen Anträge sind im Rahmen des Bundesentschädigungsgesetzes anerkannt und etwa 1,2 Millionen abgelehnt worden[27]. Anders als die Zahl der Anträge ist die Zahl der Antragsteller statistisch nicht erfaßt. Im groben Durchschnitt kann man sagen, daß auf einen Antragsteller zwei Anträge entfallen, weil in der Regel verschiedene Schädigungsarten zusammentrafen, am häufigsten Gesundheits- und Berufsschaden. Man darf also schätzen, daß ungefähr eine Million Personen Leistungen nach dem BEG erhalten haben oder noch erhalten. Rund 80% der Entschädigungsgelder flossen oder fließen ins Ausland, etwa zur Hälfte nach Israel. Darin kommt zum Ausdruck, daß es sich in der Regel um frühere deutsche Bürger handelt, die emigriert sind, sonst hätten sie nicht überlebt.

Ein Beispiel illustriert den Verbesserungsbedarf der Rechtslage durch das BEG von 1956. Da lebte in der Münchner Kaulbachstraße, im jüdischen Altersheim, ein alter Herr, der im Frühjahr 1953 Post vom Bayerischen Landesentschädigungsamt erhielt. Was er zu lesen bekam, sind wenige Sätze: „Der Antragsteller ist im Jahre 1938 nach Brasilien emigriert, da er Jude ist. Es ist kein weiterer Nachweis vorhanden, daß der Antragsteller aus Gründen der Rasse verfolgt wurde, sondern er emigrierte ins Ausland, um einer Verfolgung zu entgehen. 1950 kam er als 70-jähriger nach Deutschland zurück. Nach § 1 des Entschädigungsgesetzes hat ein Recht auf Wiedergutmachung, wer wegen seiner politischen Überzeugung, aus Gründen der Rasse, des Glaubens oder der Weltanschauung verfolgt wurde. Da eine Verfolgung im Sinne des § 1 nicht vorliegt, muß der Antrag auf Wiedergutmachung abgelehnt werden". Unterschrift[28]. – Wenn man einmal eine Erfahrungsgeschichte der

[27] BMF Dokumentation (Anm. 7) 38f.

[28] Schreiben des Landesentschädigungsamtes an Anton U. vom 9. 4. 1953 (Parlaments-

Wiedergutmachung schreibt und nach ihrer Wirkung im Horizont der Empfänger fragt, wird man solche Quellen gewissermaßen gegen den Strich lesen müssen. Was mag der alte Herr empfunden haben, als er einen solchen Widersinn in den Händen hielt?

Ich habe das Beispiel aber auch gewählt, um zu zeigen, wie wichtig eine sorgfältige Quellenkritik im Umgang mit solchen Akten ist. Denn bestürzende Fälle wie diese sind herausgegriffen worden, um die These aufzustellen, daß die Bürokraten des Hitlerstaats jetzt in den Stuben der Entschädigungsämter hockten und einen ‚Kleinkrieg' gegen die Opfer führten. Dagegen muß man zunächst bedenken, daß es bisher bei weitem nicht genügend Studien gibt, um etwas Fundiertes und Generalisierbares über Personal und Praxis der Entschädigungsbürokratie sagen zu können. In Fällen wie dem zitierten Ablehnungsbescheid ist die Erklärung außerdem gar nicht im Verhalten der Bürokratie zu suchen, sondern im Wortlaut des Gesetzes. Der setzte nämlich ausdrücklich voraus, daß der Verfolgerstaat sich aktiv gegenüber dem individuellen Opfer gerührt hatte. Sonst, so dachte sich der Gesetzgeber, könnte ja jeder behaupten, er habe sich verfolgt gefühlt oder aus politischer Opposition auf bestimmte Vorteile, z.B. den Eintritt in den Staatsdienst, verzichtet. Ganz falsch war der Gedanke ja nicht, den Verfolgungsbegriff an überprüfbare Merkmale eines konkreten Verfolgungsaktes zu binden. Aber daß selbst die besten Köpfe der Wiedergutmachung nicht rechtzeitig bemerkten, wie weit man damit im Falle der Kollektivverfolgung die Wirklichkeit verfehlte, das irritiert dann doch sehr.

Das BEG von 1956 trat rückwirkend ab 1953 in Kraft, um diese und andere Pannen zu reparieren. Überhaupt kam eigentlich jetzt erst, ab 1956, so etwas wie Schwung in die Entschädigungspraxis. In mancher Hinsicht ging es nun zügig voran. Auch die Zahl der Anträge stieg nun deutlich, vor allem aus dem Ausland. Dort hatten viele die Bereitschaft und Fähigkeit der Bundesrepublik zur individuellen Entschädigung bisher so skeptisch eingeschätzt, daß sie einen Antrag erst gar nicht stellten. Das änderte sich nun, zumal die wohl größte Rechtshilfeorganisation der bisherigen Rechtsgeschichte, die United Restitution Organization (URO), sich darauf spezialisierte, den in alle Winde zerstreuten jüdischen Verfolgten zu ihrem Recht zu verhelfen. Die URO beschäftigte zur Zeit ihrer größten Aktivität gut 1000 Mitarbeiter und machte rund eine

archiv des Deutschen Bundestags, I 537 B). Der Antrag bezog sich noch auf das Entschädigungsgesetz der US-Zone, das im hier interessierenden Zusammenhang im Bundesergänzungsgesetz unverändert blieb.

halbe Million Ansprüche für etwa 300000 Mandanten geltend. Zu den Verdiensten dieser Institution zählt nicht zuletzt die Eindämmung solcher in- und ausländischer Anwälte, die übermäßige, mitunter exorbitante Erfolgshonorare verlangten[29].

Es gibt bisher keine methodisch fundierte Untersuchung der Medien bzw. der öffentlichen Meinung, doch sprechen die bisher verfügbaren Indizien dafür, daß der Gesetzesvollzug – wie schon die Gesetzesgenese – sich abseits des öffentlichen Interesses abspielte. Die Parteien zogen es vor, daraus keinen öffentlichen Streit zu machen, und abgesehen von dem einen oder anderen Skandalfall war die Entschädigung alles andere als ein Medienereignis. Anscheinend haben sich nur wenige Journalisten dafür interessiert. Es mag paradox klingen, aber es ist wohl so, daß der Entschädigung die „gewisse Stille" gut bekommen ist[30]. Denn populär war sie nicht[31]. Ihr Ausbau zahlte sich nicht in Wählerstimmen aus, zumal das meiste Entschädigungsgeld ins Ausland floß. So schlossen die Parteien, genauer gesagt: die Handvoll entscheidender Akteure in den Parteien, darunter Namen wie Martin Hirsch und Franz Böhm, insgeheim eine Art große Koalition und handelten ohne viel Rücksicht auf die öffentliche Meinung. War die Wiedergutmachung also das Werk eines Elitenkartells gegen die Volksmehrheit? Vorsichtiger und wohl richtiger ist die Formulierung: ohne die Volksmehrheit. Denn eine politisch bedeutsame Gegenbewegung formierte sich gegen das Entschädigungsprogramm nicht. Im einzelnen bedarf die Resonanz der Wiedergutmachung in der deutschen Bevölkerung noch der Untersuchung, wobei nach Milieus, nach Generationen sowie im Zeitverlauf möglichst genau zu differenzieren ist[32].

[29] Vgl. *Hans Günter Hockerts*, Anwälte der Verfolgten. Die United Restitution Organization, in: *Herbst, Goschler* (Hrsg.), Wiedergutmachung in der Bundesrepublik Deutschland (Anm. 8) 249–271.

[30] Inzwischen zum Topos geworden, findet die „gewisse Stille" sich erstmals bei *Hermann Lübbe*, Der Nationalsozialismus im deutschen Nachkriegsbewußtsein, in: HZ 236 (1983) 579–599, der in der „gewissen Stille" das „sozialpsychologisch und politisch nötige Medium der Verwandlung unserer Nachkriegsbevölkerung in die Bürgerschaft der Bundesrepublik Deutschland" sah.

[31] „Wir müssen offen sagen: die Wiedergutmachung ist bei uns nicht volkstümlich. Das ist das beängstigende Gefühl, das jeder einzelne hat, der sich aus Neigung, aus Pflichtgefühl oder von Berufs wegen mit dieser Frage beschäftigt", vermerkte Franz Böhm 1955 im Bundestag. Vgl. Verhandlungen des Deutschen Bundestages. Stenographische Berichte, Bd. 23, S. 3491 (23. 2. 1955).

[32] So berichtete die Allgemeine Wochenzeitung der Juden in Deutschland im November 1957 über einen jungen Spengler, welcher der Jüdischen Gemeinde in Frankfurt a. Main einen selbstgefertigten Leuchter übergab und bemerkte: „Ich wollte etwas wiedergutmachen und darum arbeitete ich in meiner Freizeit an diesem Leuchter, der eine Bitte um Verzeihen

In die gewisse Stille der Entschädigung drang 1964/65 vorübergehend Gefechtslärm ein, als eine von langer Hand vorbereitete Novelle des Bundesentschädigungsgesetzes in die Entscheidungsphase trat. Der westdeutsche Kernstaat war mit atemberaubender Geschwindigkeit zum Rang eines der weltweit führenden Industriestaaten aufgestiegen, die Wirtschaft boomte, und so mehrten sich die Stimmen, die das Entschädigungsprogramm aus den früheren Knappheitsbedingungen herausführen wollten, um es deutlich anzuheben und auszuweiten. Neben anderen Verfolgtenorganisationen[33] drängte vor allem die Claims Conference auf eine große Novelle. Grundsätzlich pflegte sie, insbesondere ihr Präsident Nahum Goldmann, einen diplomatischen Verhandlungsstil, der mit dichten und dauerhaften Kontakten zu Parlament, Regierung und Verwaltung abgestützt war. Daneben setzte sie nun auch verstärkt Mittel zur Mobilisierung der öffentlichen Meinung ein, sowohl in der Bundesrepublik, wohin sie einen Experten für Public Relations entsandte, als auch in den USA, wo eine von Senatoren unterstützte Protestkundgebung im Mai 1965 viel Aufsehen erregte, das dann wieder auf die deutschen Medien einwirkte[34].

Wegen des Kostenaufwands umstritten, erschien die Novelle im September 1965 unter dem Titel „Bundesentschädigungs-Schlußgesetz" im Gesetzblatt. Die Bezeichnung ‚Schlußgesetz' erinnert an Schlußstrich, und ein solcher sollte hier in einer sehr konkreten Beziehung gezogen werden: An die Claims Conference adressiert, besagte das Schluß-Siegel, daß ihr aus dem Luxemburger Vertrag abgeleitetes Einwirkungsrecht nun definitiv erschöpft sei. So ließ Nahum Goldmann denn auch öffentlich verlauten, mit dem Schlußgesetz seien alle restlichen Wünsche erfüllt, was ihm in Verfolgtenkreisen erheblichen Widerspruch ein-

sein soll". Zit. nach *Manfred Kittel*, Die Legende von der „Zweiten Schuld". Vergangenheitsbewältigung in der Ära Adenauer (Berlin 1993) 281.

[33] Die „Arbeitsgemeinschaft Deutscher Verfolgtenorganisationen" umfaßte (Stichjahr 1958): die Arbeitsgemeinschaft der Vertretungen politisch, rassisch und religiös Verfolgter, die Zentralstelle politisch verfolgter Sozialdemokraten, den Zentralrat der Juden in Deutschland, den Zentralverband demokratischer Widerstandskämpfer und Verfolgtenorganisationen (ZDWV) und den Zentralverband der durch die Nürnberger Gesetze Betroffenen nichtjüdischen Glaubens.

[34] Vgl. den Erinnerungsbericht dieses Experten: *Kurt R. Grossmann,* Die Ehrenschuld. Kurzgeschichte der Wiedergutmachung (Frankfurt a. Main 1967) bes. 128–154. Der Chef des Presse- und Informationsamts der Bundesregierung, von Hase, sprach in diesem Zusammenhang intern von einer „Kampagne des Weltjudentums". Vgl. Akten zur Auswärtigen Politik der Bundesrepublik Deutschland. Hrsg. im Auftrag des Auswärtigen Amtes vom Institut für Zeitgeschichte (AAPD), 1965, Bd. 1, 365 (22. 2. 1965).

trug[35]. Zu den Wünschen, welche die Claims Conference mit Vorrang vorgetragen hatte, zählte eine Ausweitung des Berechtigtenkreises: Es sollten auch die (in der Regel jüdischen) Verfolgten entschädigt werden, die nach dem bisher geltenden Stichtag des 1. Oktober 1953 aus Osteuropa ausgewandert waren. Vor allem für diesen Zweck („Post-Fifty-Three") schuf das Schlußgesetz einen mit 1,2 Milliarden DM ausgestatteten Sonderfonds.

Weit über 100 Änderungen, durchwegs Verbesserungen, setzte das Schluß-Gesetz in Kraft. Einer der Änderungsartikel war so bitter notwendig, daß er besonders hervorzuheben ist. Er hieß ‚Angleichung' und machte es möglich, rechtsgültig abgeschlossene Fälle neu aufzurollen, um irrige Entscheidungen aus der Welt zu schaffen. Wieder waren also Fehlentwicklungen zu korrigieren. Eine wurzelte in einer traditionellen Lehrmeinung der Psychiatrie, wonach die Psyche körperlich gesunder Personen so gut wie unbegrenzt belastbar sei. Daß die NS-Verfolgung psychisch bedingte Gesundheitsschäden verursachen konnte, mochten führende Psychiater daher nicht anerkennen. Ihre Begutachtungspraxis führte serienweise zur Ablehnung solcher Anträge. Ende der fünfziger Jahre brach indessen ein heftiger Expertenstreit aus, in dem sich 1963/64 eine andere Denkschule der Psychiatrie durchzusetzen und die Begutachtungspraxis in den Entschädigungsverfahren bahnbrechend zu verändern vermochte[36]. Das Schlußgesetz reagierte rasch auf die neuen Standards der Wissenschaft und gebot, daß über die bereits abgelehnten Ansprüche auf Antrag des Berechtigten erneut zu entscheiden sei.

Eine andere Fehlentwicklung verweist auf ein besonders betrübliches Kapitel in der Geschichte der Wiedergutmachung. Es betrifft die Sinti und Roma und weitere unter dem zeitgenössischen Zigeunerbegriff zusammengefaßte Gruppen und Gruppierungen. Diese Verfolgtengruppen waren nicht vom Gesetz benachteiligt, wohl aber von der Rechtsprechung und Verwaltung. Der Bundesgerichtshof entschied 1956, Zigeuner seien erst ab 1943 aus Gründen der Rasse verfolgt worden, weil Himmler damals die Deportation eines Großteils der Zigeuner nach Auschwitz anordnete. Bis 1943 handele es sich hingegen nicht um rassische Verfolgung, sondern um polizeiliche Ordnungsmaßnahmen. Diese seien nicht entschädigungsfähig[37]. Das Urteil wirft ein Schlaglicht dar-

[35] *Grossmann*, Ehrenschuld (Anm. 34) 144.

[36] Vgl. *Ulrich Venzlaff*, Die Begutachtung psychischer Störungen Verfolgter, in: Rechtsprechung zum Wiedergutmachungsrecht 17 (1966) 196–200.

[37] *Arnold Spitta*, Entschädigung für Zigeuner? Geschichte eines Vorurteils, in: *Herbst,*

auf, daß die Geschichte der Wiedergutmachung auch eine Geschichte des Unterscheidens ist – zwischen dem, was die westdeutsche Gesellschaft als nationalsozialistisches Unrecht begriff, und dem, was sie als zustimmungswürdigen Traditionsbestand weiterführte. Das Urteil zeigt die Fortdauer einer mentalen Disposition, in der bestimmte Phasen und Formen der Unterdrückung der Zigeuner als normal und nicht als Verfolgung erschienen. Das war nicht die einzige höchstrichterliche Entscheidung der fünfziger und frühen sechziger Jahre, in der ein unheilvoller Sockel der Mentalitätsgeschichte weiterwirkte. In den frühen und mittleren sechziger Jahren machte sich dann aber ein Korrekturschub bemerkbar – so auch in der Frage der Verfolgung der Zigeuner, da der Bundesgerichtshof 1963 zu einer Neubewertung gelangte und seine verfehlte Rechtsprechung aufgab. Hier wie auch bei anderen Korrekturen griff nun der ‚Angleichungsartikel' des Schlußgesetzes: Zigeuner, deren Entschädigungsansprüche für die vor 1943 erlittene Verfolgung rechtskräftig abgelehnt worden waren, konnten nun eine neue Entscheidung beantragen. Das heißt freilich im Umkehrschluß, daß bis zwanzig Jahre nach Kriegsende Entschädigungsansprüche von Roma und Sinti zu Unrecht abgelehnt worden sind.

Es muß nun noch von einem Grundpfeiler der westdeutschen Entschädigung die Rede sein, der seit der Urform in der amerikanischen Zone alle Gesetzesfassungen getragen hat und auch vom Schlußgesetz bekräftigt worden ist. Es handelt sich um ein folgenschweres Prinzip, das in juristischer Sprache subjektiv-persönliches Territorialitätsprinzip heißt und den Kreis der Anspruchsberechtigten von bestimmten räumlichen Beziehungen zum Bundesgebiet bzw. früheren Deutschen Reich abhängig machte. Einbezogen waren (in der seit 1956 geltenden Fassung) die Verfolgten, die am 31. Dezember 1952 in der Bundesrepublik lebten[38] sowie jene Emigranten, die in der Zeit der Verfolgung auf dem Gebiet des Reiches in den Grenzen von 1937 gewohnt hatten, sofern sie bis Ende 1952 ihren Wohnsitz in Israel oder sonstwo in der westlichen Welt genommen hatten. Auch die NS-Verfolgten unter den aus Ostmitteleuropa vertriebenen Deutschen waren einbezogen. Wenngleich das Entschädigungsprogramm also nicht vom Staatsangehörigkeitsrecht her konzipiert war, so richtete es sich doch im Kern an die deutschen und nicht die ausländischen Verfolgten. Eine Reihe komplizierter Sonder-

Goschler (Hrsg.), Wiedergutmachung in der Bundesrepublik Deutschland (Anm. 8) 385–401; *Hockerts*, Anwälte (Anm. 29) 269–271.

[38] Bzw. vorher im Geltungsbereich des Gesetzes gewohnt hatten, sofern es um Ansprüche von Hinterbliebenen ging.

regelungen erweiterte den Berechtigtenkreis – mit stark reduzierten Ansprüchen – um Staatenlose und Flüchtlinge im Sinne der Genfer Konvention. Auf Wunsch der Claims Conference wurden auch die (in der Regel jüdischen) Verfolgten einbezogen, welche die osteuropäischen Vertreibungsgebiete unabhängig vom Vertreibungsgeschehen in Richtung Westen verlassen hatten – laut BEG bis zum Stichtag des 1. Oktober 1953, seit dem Schlußgesetz von 1965 auch die „Post-Fifty-Three“.

Was aber sollte mit den ausländischen Opfern der nationalsozialistischen Verfolgung geschehen, die ja sehr viel zahlreicher waren? Sie wurden auf die völkerrechtlich zu regelnden Reparationen verwiesen. Das entsprach durchaus dem vorherrschenden Völkerrechtsverständnis. Der Reparationsbegriff des Versailler Vertrags hatte ausdrücklich die zivilen Personenschäden einbezogen: Schäden an Leib und Leben, Gesundheit und Freiheit, Deportation und Zwangsarbeit – all das war dort eigens aufgeführt. Auch das Potsdamer Abkommen und das Pariser Reparationsabkommen bündelten alle Schadensarten im Reparationsbegriff[39]. Im Grunde hätte es ja auch unerheblich sein können, ob die Entschädigung der ausländischen NS-Verfolgten unter dem Titel der Wiedergutmachung oder dem der Reparationen geregelt wurde. Aber das Londoner Schuldenabkommen von 1953 schuf einen folgenschweren Unterschied. In den Artikel 5 des Abkommens fand ein Absatz 2 Eingang, der lange nur in Fachkreisen beachtet wurde[40], inzwischen aber weltberühmt ist, weil er seit einigen Jahren im Rampenlicht der Medienöffentlichkeit steht. Er lautet: „Eine Prüfung der aus dem Zweiten Weltkrieg herrührenden Forderungen von Staaten, die sich mit Deutschland im Kriegszustand befanden oder deren Gebiet von Deutschland besetzt war, und von Staatsangehörigen dieser Staaten gegen das Reich und im Auftrage des Reichs handelnde Stellen oder Personen (...) wird bis zur endgültigen Regelung der Reparationsfrage zurückgestellt“. Wann diese endgültige Regelung vorzunehmen sei, wird nicht gesagt, aber nach vorherrschendem Verständnis und insbesondere nach bundesrepublikanischem Ver-

[39] *Burkhard Heß*, Völker- und zivilrechtliche Beurteilung der Entschädigung für Zwangsarbeit vor dem Hintergrund neuerer Entscheidungen deutscher Gerichte, in: *Klaus Barwig, Günther Saathoff, Nicole Weyde* (Hrsg.), Entschädigung für NS-Zwangsarbeit. Rechtliche, historische und politische Aspekte (Baden-Baden 1998) 65–92; *Cornelius Pawlita*, ‚Wiedergutmachung‘ als Rechtsfrage? Die politische und juristische Auseinandersetzung um Entschädigung für die Opfer nationalsozialistischer Verfolgung (1945 bis 1990) (Frankfurt a. Main. 1993) 81–87, 119–124, 156–159.

[40] *Ulrich Herbert*, Nicht entschädigungsfähig? Die Wiedergutmachungsansprüche der Ausländer, in: *Herbst, Goschler* (Hrsg.), Wiedergutmachung in der Bundesrepublik Deutschland (Anm. 8) 273–302.

ständnis war mit ‚endgültig' der Abschluß eines Friedensvertrags gemeint. Der Artikel war auf der Londoner Konferenz nicht unumstritten, vor allem die Niederlande liefen Sturm dagegen, aber am Ende entschied ein Machtwort der amerikanischen Delegation[41]. Sie wollte die damals noch schwachen Schultern der Bundesrepublik nicht überfrachtet und vor allem den Schuldendienst nicht gefährdet sehen.

So waren also die Ansprüche der ausländischen NS-Verfolgten im Prinzip bis zu einem Friedensvertrag aufgeschoben, und der rückte in immer weitere Ferne oder wie man bald meinen konnte: ad calendas graecas. Indessen gerieten aber die Regierungen der westlichen Nachbarstaaten der Bundesrepublik unter starken Druck von Bürgern, die als Widerstandskämpfer in deutsche Konzentrationslager verschleppt oder als zivile Zwangsarbeiter ausgenutzt worden waren. Diese ‚Westverfolgten', wie man sie nannte, erwarteten eine Entschädigung ebenso wie die Verfolgten deutscher Herkunft. Daher drangen einige Regierungen darauf, die Ansprüche der Westverfolgten in das deutsche Entschädigungsgesetz einzufädeln. Als mit der Verabschiedung des BEG 1956 offensichtlich wurde, daß dies nicht gelang, traten acht westeuropäische Regierungen in einer konzertierten Aktion an die Bundesregierung heran und verlangten Entschädigungsverhandlungen von Staat zu Staat.

Es folgte ein langes Tauziehen in der Frage, ob und inwieweit nationalsozialistische Verfolgungsakte unter den Reparationsvorbehalt des Londoner Schuldenabkommens fallen. Dabei sah sich die Bundesrepublik in eine Zwickmühle versetzt: Einerseits wollte sie auf jeden Fall ihre Rechtsposition bewahren, wonach das Londoner Abkommen sie jeder völkerrechtlichen Entschädigungspflicht bis zum Friedensvertrag enthebt; andererseits lag ihr sehr daran, Störfaktoren im Prozeß der Westintegration auszuräumen, denn diese war das Lebenselixier der Republik. Der Ausweg lag darin, freiwillige Leistungen anzubieten. Auf dieser Basis schloß die Bundesrepublik mit elf westeuropäischen Staaten in den Jahren 1959 bis 1964 Globalabkommen, für die sie insgesamt 876 Millionen DM bereitstellte[42]. Die elf Abkommen wurden als Gesten des guten Willens anerkannt, blieben aber in einer relativ bescheidenen Grö-

[41] *Peter Helmberger,* Der Versuch einer Generalbereinigung. Die Verhandlungen zwischen den Niederlanden und der Bundesrepublik um den Ausgleichsvertrag vom 8. April 1960, in: Zentrum für Niederlande-Studien, Jahrbuch 4 (1993) 71–98.

[42] Hinzu kam der Wiedergutmachungsteil im deutsch-österreichischen Finanz- und Ausgleichsvertrag von Oktober 1962. Zu all diesen Verträgen liegt bisher fast ausschließlich die aus dem Blickwinkel des beteiligten Finanzressorts verfaßte Darstellung von *Féaux de la Croix, Rumpf,* Der Werdegang des Entschädigungsrechts (Anm. 8) 201–288 vor.

ßenordnung, und mehrere Vertragspartner behielten sich auch vor, bei „einer allgemeinen Prüfung gemäß Artikel 5, Absatz 2" des Londoner Schuldenabkommens bzw. beim Abschluß eines Friedensvertrags mit Deutschland weitere Ansprüche zu stellen.

Wie die elf Abkommen zeigen, konnte und wollte die Bundesrepublik die Frage der Westverfolgten im Zuge der Westintegration nicht ungeregelt lassen. Anders verhielt es sich mit den ‚Ostverfolgten', denn der Ost-West-Konflikt und die Teilung Deutschlands haben auch das Gefüge der Wiedergutmachung stark beeinflußt. Davon wird unten noch die Rede sein – beim deutsch-deutschen Vergleich und im Blick auf die Wiederbelebung von Rückerstattungs- und Entschädigungsfragen, sobald der Konflikt beendet und Deutschland vereint war. Hier ist zunächst festzuhalten, daß der Kalte Krieg in Gestalt der sogenannten „diplomatischen Klausel" direkten Eingang in das Bundesentschädigungsrecht erhielt. Die Klausel schloß aus, daß Entschädigungsgelder an Verfolgte flossen, die im Sowjetimperium lebten. Von dieser Sperre wurden lediglich die Opfer pseudomedizinischer KZ-Experimente ausgenommen. Für sie brachte die Bundesrepublik im Rahmen von Globalabkommen mit Jugoslawien (1961 und 1963), der CSSR (1969), Ungarn (1971) und Polen (1972) insgesamt 123 Millionen DM auf. Sonst aber führte ein Wohnsitz im Ostblock zum Ausschluß des Anspruchs, während für die – zumeist jüdischen – Verfolgten, die aus Osteuropa in die westliche Welt auswanderten, in mehreren zeitlichen Schüben Entschädigungen in der Größenordnung von 30 Milliarden DM erbracht worden sind[43].

Was die Sowjetunion betrifft, so war sie ihrerseits nicht an Entschädigungsverhandlungen mit der Bundesrepublik interessiert. Um die vom Volksaufstand 1953 erschütterte DDR zu stabilisieren, hatte die Sowjetunion im Herbst 1953 auf weitere Reparationen verzichtet, ohne zwischen Kriegsschäden im engeren Sinne und nationalsozialistischer Verfolgung zu unterscheiden. Ja mehr noch: Die Millionen Sowjetbürger, die zur Zwangsarbeit nach Deutschland deportiert worden waren, sahen sich nach ihrer Rückführung pauschal als Nazi-Kollaborateure verdächtigt und behandelt, ebenso die überlebenden sowjetischen Kriegsgefangenen. Viele gerieten in Stalins Lager und Gefängnisse, auch die anderen lebten als Bürger zweiter Klasse – stets in der Angst, daß man ihnen die Zeit in Deutschland als Verrat anrechnete. Die Diskriminierung der Repatrianten blieb in der sowjetischen Gesellschaft bis zur Ära

[43] Diese Schätzung bei *Brodesser* u.a., Wiedergutmachung und Kriegsfolgenliquidation (Anm 8)108 ist m. E. realistisch.

Gorbatschow erhalten. Kein Gedanke daran, für diese Entschädigung zu verlangen! Dann hätte man sie erst im eigenen Land rehabilitieren müssen. Erst das Ende des Ost-West-Konflikts hat für diese Opfer zweier Diktaturen eine Aussicht auf Entschädigung eröffnet[44].

Auch Polen, das neben den westlichen Teilen der Sowjetunion vom deutschen Expansions- und Vernichtungskrieg am schlimmsten getroffene Land, verzichtete 1953 auf deutsche Reparationen, entwickelte aber im Laufe der sechziger Jahre die Rechtsauffassung, daß die individuellen Entschädigungsansprüche polnischer NS-Verfolgter, besonders der KZ-Häftlinge und Zwangsarbeiter, nicht unter den Reparationsbegriff fallen. Als im Zuge der neuen deutschen Ostpolitik über den Warschauer Vertrag verhandelt wurde, klammerten beide Seiten diese Frage zunächst noch aus; beim Abschluß der Verhandlungen im Dezember 1970 brachte die polnische Seite das Thema ‚Entschädigungen' aber sondierend zur Sprache, nach der Ratifikation des Vertrages 1972 auch offiziell[45]. Die sozialliberale Koalition beharrte indes auf der deutschen Rechtsposition, und Bundeskanzler Willy Brandt zog im internen Gespräch mit dem polnischen KP-Chef Gomulka einen zusätzlichen Abwehrring: Polen habe immerhin ein Drittel des früheren deutschen Staatsgebietes erhalten und die deutschen Vertriebenen hätten Eigentum von kaum mehr zu schätzendem Wert hinterlassen[46]. Diese aufrechnende Sicht, die heute in der *nicht*öffentlichen Meinung noch verbreitet ist, hat damals die öffentliche Meinung weitgehend bestimmt. Die Argumentation traf im Befund zu, war aber im Bezug verfehlt, sofern es um die individuelle Entschädigung von NS-Verfolgten ging, die ja von der Westverschiebung Polens keinerlei Nutzen hatten.

Anders als mit den westeuropäischen Ländern hat die Bundesrepublik mit Polen kein Globalabkommen auf freiwilliger Basis geschlossen, sieht man von dem besonders gelagerten Fall der Beihilfe für die Opfer pseudomedizinischer Experimente ab. Bald stellte sich allerdings her-

[44] *Pavel Poljan,* Die Endphase der Repatriierung sowjetischer Kriegsgefangener und die komplizierten Wege ihrer Rehabilitierung, in: Die Tragödie der Gefangenschaft in Deutschland und in der Sowjetunion 1941–1956, hrsg. von *Klaus-Dieter Müller, Konstantin Nikitschin* und *Günther Wagenlehner* (Köln, Weimar 1998) 365–394.

[45] *Krzysztof Miszczak,* Deklarationen und Realitäten. Die Beziehungen zwischen der Bundesrepublik Deutschland und der (Volks-) Republik Polen von der Unterzeichnung des Warschauer Vertrages bis zum Abkommen über gute Nachbarschaft und freundschaftliche Zusammenarbeit 1970 bis 1991 (München 1993).

[46] *Willy Brandt*, Begegnungen und Einsichten. Die Jahre 1960–1975 (Hamburg 1976) 538; *Arnulf Baring* in Zusammenarbeit mit *Manfred Görtemaker*, Machtwechsel. Die Ära Brandt-Scheel (Stuttgart 1982) 486f.

aus, daß die polnischen Behörden die hierfür 1972 bereitgestellten 100 Millionen DM größtenteils nicht an die Opfer weitergeleitet haben, was alles andere als ein günstiges Licht auf die Wertigkeit individueller Entschädigung im kommunistischen Polen wirft[47]. Wie gering diese war, offenbarte eine Offerte des Parteichefs Gomulka schon 1970: Ihm schwebe vor, „das Entschädigungsproblem als erledigt zu erklären", wenn die Bundesrepublik einen großen Kredit zu vorteilhaften Konditionen gewähre[48]. Auf dem Zenit der Entspannungspolitik – im Umkreis der Helsinkikonferenz 1975 – erhielt Polen einen solchen Kredit wie zuvor schon Jugoslawien. Darin kann man eine Art indirekter Entschädigung sehen, gewissermaßen die osteuropäische Variante der westeuropäischen Globalabkommen – mit dem großen Unterschied, daß es ganz dem Belieben der osteuropäischen Regierungen überlassen blieb, ob die individuellen Geschädigten davon einen Nutzen hatten. Zugleich wurden Rentenansprüche polnischer Zwangsarbeiter, die in die deutschen Rentenkassen Beiträge gezahlt hatten, pauschal abgegolten[49].

Schließlich ist in diesem Zusammenhang ein besonders trauriges Kapitel der polnischen Nachkriegsgeschichte zu erwähnen. 1980 vereinbarte die Bundesregierung mit der Claims Conference einen kleinen Härtefonds für jüdische Verfolgte, die seit Mitte der sechziger Jahre aus Osteuropa nach Westen ausgewandert waren. Das betraf auch die jüdische Gemeinschaft Polens; sie war 1968 unter dem Druck einer Vertreibungskampagne nahezu vollständig ausgewandert. Der Exodus bedeutete praktisch das Ende der jüdischen Geschichte in Polen[50].

Der Gang der Betrachtung hat nun die frühen achtziger Jahre erreicht. Um diese Zeit galt es in Expertenkreisen als ausgemacht, daß die Wiedergutmachung zum Abschluß gekommen sei. So sah es auch einer der besten Experten, der es verdient, daß ich ihn hier vorstelle und auch kurz zu Wort kommen lasse. Als Sohn jüdisch-polnischer Einwanderer 1906 in Berlin geboren, hatte er Jura studiert und war kurz vor dem Novemberpogrom 1938 nach Palästina emigriert. Dort, im britischen Mandatsland, wiederholte er sein Anwaltsexamen. Es folgten vier Weltkriegsjahre bei der Royal Air Force in Afrika. 1950 von der Jewish Agency

47 *Miszczak*, Deklarationen und Realitäten (Anm. 45) 90f.

48 *Brandt*, Begegnungen und Einsichten (Anm. 46) 538.

49 Zum deutsch-polnischen Vertragspaket von 1975 (Finanzkredit von 1 Mrd. DM, Rentenabkommen, Ausreise-Protokoll) vgl. *Pawlita*, ‚Wiedergutmachung' als Rechtsfrage (Anm. 39); *Misczcak*, Deklarationen und Realitäten (Anm. 45) 153–169.

50 *Beate Kosmala* (Hrsg.), Die Vertreibung der Juden aus Polen 1968. Antisemitismus und politisches Kalkül (Berlin 2000).

nach München berufen, schrieb er eine Dissertation über die Abgrenzung von Rückerstattung und Entschädigung, mit der er in Heidelberg promoviert wurde. Ab 1952 baute er in Westberlin eine Anwaltspraxis auf – eine vorbildliche auf dem Gebiet der Wiedergutmachung, dessen Verzweigungen bald nur noch wenige überblickten. Zu seinen Mandanten gehörten prominente Namen wie Max Reinhardt, Samuel Fischer und Ernst Bloch. Mehr und mehr galt er als führender Kopf, nicht nur als Anwalt, auch als Verfasser von Memoranden und rastlos tätiger Impulsgeber bei der Fortbildung des Rechts. Die Universitätsjuristen kümmerten sich nicht um dieses Gebiet, und so übernahm er es, eine Fachzeitschrift zu entwickeln und auf hohem Niveau zu halten[51]. Die Zeitschrift war gewissermaßen das Zentralorgan der Wiedergutmachung, ein bedeutendes Forum der Debatte, der Kritik und Dokumentation. Auch die Korrektur höchstrichterlicher Vorurteile – wie im Falle der Ernennung der Sinti und Roma zu Nichtverfolgten – ging nicht selten von hier aus[52]. Der Experte, von dem hier die Rede ist, war außerdem Initiator und Mitherausgeber des großen, halbamtlichen Reihenwerks über die Wiedergutmachung, dessen erster Band, von ihm selbst verfaßt, 1974 erschien. Daß seinen Namen, Walter Schwarz, wohl nur Eingeweihte kennen, mag bestätigen, was er im Rückblick mehrfach betonte: daß die Arbeit an der Wiedergutmachung sich über Jahrzehnte hinweg abseits vom öffentlichen Interesse abgespielt habe[53].

1981 beschloß Walter Schwarz, die Zeitschrift einzustellen – wegen Mangels an Material. Er schickte seine Handexemplare an die Universität Tel Aviv, die ihn darum gebeten hatte, und schrieb in einem Zeitungsartikel: „Die Werkleute verlassen den vollendeten Bau."[54] In der Tat war das Gebäude der Wiedergutmachung inzwischen recht stabil geworden, in vieler Hinsicht auch ansehnlich. Nach dem Schlußgesetz hatte es zwar keine Novelle mehr gegeben, aber noch deutliche Verbesserungen, vor

[51] Die Zeitschrift „Rechtsprechung zum Wiedergutmachungsrecht" (RzW) erschien ab November 1949 im Verlag C.H. Beck, zunächst nur als Urteilssammlung in Form einer Beilage der Neuen Juristischen Wochenschrift, seit 1957 mit Aufsatzteil, seit Juli 1961 als selbständige Zeitschrift.

[52] So leitete *Franz Calvelli-Adorno*, Die rassische Verfolgung der Zigeuner vor dem 1. März 1943, in: RzW 12 (1961) 529–537 die Wende in der verfehlten BGH-Rechtsprechung ein.

[53] Zur Biographie vgl. *Walter Schwarz*, Späte Frucht. Bericht aus unsteten Jahren (Hamburg 1981). Druckfassung der Dissertation: *Walter Schwarz*, Rückerstattung und Entschädigung. Eine Abgrenzung der Wiedergutmachungsformen (München 1952).

[54] *Walter Schwarz*, Zum letzten Kapitel der Wiedergutmachung, in: Aufbau vom 14. 1. 1983.

allem mit Hilfe der Sozialversicherung und verbesserter Grundsatzurteile. Außerdem waren einige Sonderfonds hinzugetreten, so zuletzt 1981 ein Fonds „zur Abgeltung von Härten in Einzelfällen", der vorwiegend ehemaligen republikanischen Spanienkämpfern und Sinti und Roma zugutekam. Wenn er eine Bilanz seines Lebens zöge, schrieb Walter Schwarz, inzwischen 78 Jahre alt, 1984 in der ‚Zeit', dann würde er meinen, „daß ein Deutscher das Recht hätte, auf das Werk der Wiedergutmachung *stolz* zu sein"[55].

Aber welch eine Konstellation! Während die Werkleute den vollendeten Bau verließen, traf eine neuer Trupp auf der Baustelle ein – und empfand das bisher Geleistete als skandalös mißraten. Ein Proteststurm schlug Schwarz entgegen, als er das Wort des Stolzes im April 1986 im Berliner Abgeordnetenhaus wiederholte, geladen als Sachverständiger bei den Beratungen über eine Initiative der Alternativen Liste[56]. Der Nestor seinerseits bewunderte allenfalls ironisch den ‚Schneid' junger Deutscher, die „weder Verfolgung noch Wiedergutmachung miterlebt" hätten, mit dem „juristischen Abc" nicht vertraut seien, aber nun um so selbstgerechter zu Gericht sitzen wollten[57].

Man sieht: Der generationelle Wandel, verbunden mit dem Wertewandel seit der Mitte der sechziger Jahre, erfaßte zu Anfang der achtziger die Wiedergutmachung. Die Kritiker kamen vorwiegend aus dem Umfeld der Grünen und erhoben vor allem in zweierlei Hinsicht schwere Vorwürfe. Zum einen erschien ihnen die Entschädigungspraxis als eine chronique scandaleuse. Redeweisen wie „Kleinkrieg gegen die Opfer", „Kehrseite der Wiedergutmachung" oder gar „zweite Verfolgung" bürgerten sich ein. In der Tat gibt es bestürzende Beispiele, besonders in der medizinischen Gutachterpraxis der fünfziger Jahre. Doch fehlt ein tragfähiges Netz von Implementationsstudien, so daß der Grad der Generalisierbarkeit in Fragen wie Personalauswahl, Auslegung, Umsetzung und Wirkung der Gesetze noch unklar ist[58].

[55] Leserbrief von *Walter Schwarz*, abgedruckt in „Die Zeit" vom 26. 10. 1984, 40.

[56] Vgl. *Christian Pross*, Wiedergutmachung. Der Kleinkrieg gegen die Opfer (Frankfurt a. Main 1988) 22.

[57] Wie Anm. 55.

[58] Durchaus abwägend heißt es bei *Helga* und *Hermann Fischer-Hübner* (Hrsg.), Die Kehrseite der „Wiedergutmachung". Das Leiden von NS-Verfolgten in den Entschädigungsverfahren. Mit einem Vorwort von Hans Koschnick (Gerlingen 1990) 24f.: Es sei „von den Berechtigten immer wieder mit Anerkennung von der Entschädigungspraxis gesprochen" worden, vor allem von solchen, die Leistungen in Form von Renten erhielten. „Es waren auch gerade Verfolgte, die bei aller Kritik die ‚Wiedergutmachung' als Ganzes gewertet sehen wollten und in diesem Sinne auch als eine bleibende deutsche Leistung an-

Zum anderen entdeckten die Kritiker die bald so bezeichneten „vergessenen Opfer" – Minoritäten, die nicht in den Verfolgungsbegriff des Entschädigungsrechts aufgenommen waren: nach dem Erbgesundheitsgesetz von 1933 Zwangssterilisierte, Homosexuelle, ferner diejenigen, die als ‚Asoziale' oder ‚Berufsverbrecher' in die Konzentrationslager eingeliefert worden waren, sowie Deserteure oder wegen ‚Wehrkraftzersetzung' Verurteilte[59]. Diese Gruppen waren nicht eigentlich ‚vergessen', sondern mit Bedacht nicht aufgenommen worden in ein Entschädigungsprogramm, das seit Anbeginn den politisch, rassisch oder religiös Verfolgten vorbehalten war. Es waren nicht zuletzt Repräsentanten der politischen Verfolgten gewesen, die in den frühen Jahren darauf bestanden hatten, daß über diese Dreiertypologie hinaus keine weiteren Gruppen in das Entschädigungsgesetz hereinkamen[60]. Anderes Unrecht wollten sie anderweitig geregelt sehen, und sie fanden damit ein offenes Ohr bei allen, die aus fiskalischen Gründen die Kosten des Entschädigungsrechts einzudämmen suchten. Daß die ‚Politischen' besonders gegenüber den früheren Häftlingsgruppen der ‚Asozialen' und ‚Kriminellen' eher auf Ausschluß als Einschluß bedacht waren, hing zum Teil mit schlechten Erfahrungen in der Häftlingsgesellschaft der NS-Lager zusammen. Außerdem glaubten die ‚Politischen', selbst noch um Anerkennung ringen zu müssen in einer Zeit, da viele erst noch lernen mußten, daß der Widerstand gegen den Nationalsozialismus kein Verrat gewesen war, sondern – wie die Präambel des Bundesentschädigungsgesetzes hervorhob – „ein Verdienst".

Wieder erweist sich die Geschichte der Wiedergutmachung als eine Geschichte des Unterscheidens – hier im Sinne der Notwendigkeit, typisches NS-Unrecht abzugrenzen. Bei den genannten Gruppen hat der Gesetzgeber die Alternative Ja oder Nein verworfen und eine Art Kompromiß konstruiert: Demzufolge waren diese Gruppen keine „Opfer

erkennend gewertet haben. Auf der anderen Seite war nicht zu übersehen, daß in nur allzuvielen Einzelfällen ungerechte und verständnislose Entscheidungen getroffen worden sind".

59 So konstituierte sich z. B. 1983 eine „Projektgruppe für die vergessenen Opfer des NS-Regimes in Hamburg e.V."; sie publizierte den Band: Verachtet – verfolgt – vernichtet. Zu den „vergessenen" Opfern des NS-Regimes (Hamburg 1986).

60 *Hans-Dieter Kreikamp,* Zur Entstehung des Entschädigungsgesetzes der amerikanischen Besatzungszone, in: *Herbst, Goschler* (Hrsg.), Wiedergutmachung in der Bundesrepublik Deutschland (Anm. 8) 61–75; *Goschler,* Wiedergutmachung (Anm. 4) 134 f.; *Rainer Hudemann,* Anfänge der Wiedergutmachung. Französische Besatzungszone 1945–50, in: Geschichte und Gesellschaft 13 (1987) 181–216; *Regina Hennig,* Entschädigung und Interessenvertretung der NS-Verfolgten in Niedersachsen 1945–49 (Bielefeld 1991) 36 f.

typischen NS-Unrechts“ im Sinne des Bundesentschädigungsgesetzes, weil auch unter rechtsstaatlichen Bedingungen Strafen möglich gewesen wären bzw. Eingriffe – wie im Falle der eugenischen Zwangssterilisierung –, die auch anderswo, so in Schweden und in einigen Staaten der USA, praktiziert worden waren[61]. Andererseits sah und anerkannte der Gesetzgeber, daß die brutalisierende Steigerung, der Terror, zweifellos Unrecht gewesen war. Daher ordnete er solche Gruppen der Sammelkategorie „sonstiges Staatsunrecht“ zu, für welche das Allgemeine Kriegsfolgengesetz von 1957 ein Auffangnetz bildete. Im Rahmen dieses Gesetzes konnten diese Gruppen Schadensersatz beanspruchen, aber die Hürden waren hoch, die Antragsfristen eng, und so hat das Kriegsfolgengesetz für sie kaum Bedeutung erlangt. Die Trennung von „NS-Unrecht“ und „sonstigem Staatsunrecht“ fand bis in die frühen achtziger Jahre hinein viel Konsens, dann aber wurde die Kritik heftig und erstmals auch resonanzfähig. In der Tat handelte es sich insofern um eine künstliche Trennung, als sie auseinanderriß, was im Verständnis des NS-Regimes zusammengehörte, nämlich die Sanierung des Volkskörpers mit Hilfe der Biologisierung des politischen und sozialen Denkens und mit den Mitteln des Krieges. Wie schon oben im Blick auf die Sinti und Roma, so zeigt sich auch hier im Blick auf die ‚Vergessenen‘: Die Geschichte der Wiedergutmachung spiegelt den „Prozeß der sich verändernden Wahrnehmung der Geschichte des Nationalsozialismus und seiner Verbrechen“[62] und ebenso die unterschiedliche Fähigkeit verschiedener Gruppen, eigene Interessen wirkungsvoll zu artikulieren.

So verbanden sich die erregten geschichtspolitischen Kontroversen der achtziger Jahre, die im ‚Historikerstreit‘ gipfelten[63], teilweise mit Debatten über einen erweiterten Verfolgungsbegriff. Die Rede des Bundespräsidenten von Weizsäcker am 8. Mai 1985 ist auch in diesem Zusammenhang zu sehen, da er einige, wenngleich nicht alle Gruppen der „vergessenen Opfer“ in das Gedenken einbezog. Die Grünen legten seit ihrem Einzug in den Bundestag 1983 einen Schwerpunkt ihrer parlamentarischen Initiativen auf Debatten und Gesetzentwürfe zur Ausweitung des Entschädigungsrechts auf diese Gruppen[64]. Das Parlament veran-

[61] *Stefan Kühl,* Die Internationale der Rassisten. Aufstieg und Niedergang der internationalen Bewegung für Eugenik und Rassenhygiene im 20. Jahrhundert (Frankfurt/M. 1997).

[62] *Herbert,* Nicht entschädigungsfähig? (Anm. 40) 294.

[63] *Ulrich von Hehl,* Nationalsozialistische Herrschaft (Enzyklopädie deutscher Geschichte 39, München 1996) 110–115.

[64] Die Grünen im Bundestag/Fraktion der Alternativen Liste Berlin (Hrsg.), Anerkennung aller Opfer nationalsozialistischer Verfolgung (Bonn 1986).

laßte die Bundesregierung zu einer großen Bestandsaufnahme und widmete eine öffentliche Anhörung vor allem der Lage der bisher im Schatten stehenden Opfergruppen[65]. Das materielle Ergebnis war am Ende der achtziger Jahre ein neuer Härtefonds im Rahmen des Kriegsfolgengesetzes und somit nicht die Aufnahme der genannten Gruppen in den Verfolgungsbegriff des Entschädigungsgesetzes.

II.

Das war – in einigen Umrissen – die westdeutsche Geschichte der Wiedergutmachung. Aber es gab auch die ostdeutsche, auch sie gehört zur Geschichte des vereinten Deutschlands. Fragt man nach charakteristischen Unterschieden, so springen deren fünf ins Auge[66].

Ein *erster* Unterschied, ja ein regelrechter Kontrast, ergibt sich aus der Spaltung der Sprache. In der DDR verstand man unter ‚Wiedergutmachung' so gut wie ausschließlich die Reparationen für die Sowjetunion – vor allem in Form von Demontagen, Entnahmen aus der laufenden Produktion und Besatzungskosten. Das war bis zu dem 1953 ausgesprochenen Verzicht auf weitere Reparationen eine sehr schwere Last. Versucht man abzuschätzen, was in allen vier Zonen für alle vier Besatzungsmächte an Demontagen, Entnahmen aus der laufenden Produktion und Besatzungskosten erbracht worden ist, so hat die Sowjetzone rund zwei Drittel getragen, während auf die drei westlichen Besatzungszonen zusammen nur ein Drittel entfällt[67]. Deshalb war und ist in der Bevölke-

[65] Bericht der Bundesregierung über Wiedergutmachung und Entschädigung für nationalsozialistisches Unrecht sowie über die Lage der Sinti und Roma und verwandter Gruppen. Deutscher Bundestag, Drucksache 10/6287 vom 31.Oktober 1986; Wiedergutmachung und Entschädigung für nationalsozialistisches Unrecht. Öffentliche Anhörung des Innenausschusses des Deutschen Bundestages am 24. Juni 1987. Hrsg. vom Deutschen Bundestag (Zur Sache; 87/3) (Bonn 1987).

[66] Zum Folgenden vgl. *Angelika Timm,* Jewish Claims against East Germany. Moral Obligations and Pragmatic Policy (Budapest 1997); *dies.*, Hammer, Zirkel, Davidstern. Das gestörte Verhältnis der DDR zu Zionismus und Staat Israel (Bonn 1997); *Lothar Mertens*, Davidstern unter Hammer und Zirkel. Die Jüdischen Gemeinden in der SBZ/DDR und ihre Behandlung durch Partei und Staat 1945–1990 (Hildesheim u. a. 1997); *Jeffrey Herf*, Zweierlei Erinnerung. Die NS-Vergangenheit im geteilten Deutschland (Berlin 1998); *Constantin Goschler,* Nicht bezahlt? Die Wiedergutmachung für Opfer der nationalsozialistischen Verfolgung in der SBZ/DDR, in: *Christoph Buchheim* (Hrsg.), Wirtschaftliche Folgelasten des Krieges in der SBZ/DDR (Baden-Baden 1995) 169–191.

[67] Zusammenfassend und ohne Illusion über den methodisch erreichbaren Genauigkeitsgrad des Mengen- und Wertgerüsts: *Christoph Buchheim*, Kriegsschäden, Demontagen und Reparationen. Deutschland nach dem Zweiten Weltkrieg, in: Materialien der Enquete-

rung östlich von Elbe und Werra die Meinung populär, die DDR habe die Wiedergutmachung praktisch allein bezahlt. Weitere Belastungen wie die Entnahme geistigen Eigentums, der Verlust des deutschen Auslandsvermögens und die Arbeitsleistung deutscher Kriegsgefangener lassen sich nicht eindeutig dem Westen oder Osten Deutschlands zurechnen. Aber die genannten Positionen erfassen allesamt das nicht, was der westdeutsche Wiedergutmachungsbegriff meint. Er umfaßt vor allem Rückerstattung, Entschädigung und Globalabkommen – somit Leistungen, denen sich die DDR sehr weitgehend entzogen hat, so daß in der westlichen Literatur zu lesen ist, die DDR habe praktisch keine Wiedergutmachung geleistet.

Hier zeigt der Vergleich also eine erste Differenz, wobei die gespaltene Sprache unterschiedliche Interessen spiegelt. Das Interesse der Bundesrepublik lag immer darin, Wiedergutmachung und Reparationen zu trennen, während das Interesse der DDR umgekehrt darin lag, diese Begriffe zu verschmelzen, um die sehr hohen Leistungen an die Sowjetunion auf das allgemeine Konto der Wiedergutmachung buchen zu können.

Ein *zweiter* Unterschied liegt darin, daß die DDR die individuelle Entschädigung für NS-Verfolgte strikt auf Bürger der DDR beschränkt hat. Dagegen sind rund 80 Prozent der westdeutschen Entschädigungsgelder ins Ausland geflossen, weil die meisten Verfolgten ihr Überleben der Emigration verdankten. Die restriktive Praxis der DDR betraf vor allem die verfolgten Juden, denn von ihnen ist nur ein kleiner Bruchteil in die sowjetische Zone zurückgekehrt, und von diesen wiederum wanderten die meisten aus, als zu Anfang der fünfziger Jahre eine antisemitische Welle durch Osteuropa ging und auch die DDR erfaßte. So blieben noch etwa ein- bis zweitausend, und im Verlauf der Jahrzehnte schrumpfte die jüdische Restgemeinde auf einige hundert Mitglieder. Die strikte Begrenzung der Entschädigung auf die Inlandsgesellschaft bedeutete de facto den Ausschluß des bei weitem größten Teils der jüdischen Verfolgten.

So führt *drittens* auch die Frage nach der Zusammensetzung des Kreises der hüben und drüben ‚anerkannten Verfolgten' zu einem starken Kontrastbild. Das westliche Deutschland hat der Verfolgung der Juden das größte Gewicht zugemessen, das östliche hingegen den verfolgten Kommunisten. Wie die Bundesrepublik es mit diesen hielt, habe ich bis-

Kommission „Aufarbeitung von Geschichte und Folgen der SED-Diktatur in Deutschland", hrsg. vom Deutschen Bundestag, Band II/2 (Baden-Baden 1995) 1030–1069.

her ausgespart, und hier ist der Ort, dies nachzutragen[68]. Seit 1953 hat das Bundesentschädigungsgesetz eine politische Klausel, demzufolge die Berechtigung verliert, wer die „freiheitlich demokratische Grundordnung bekämpft". Das zielte nicht zuletzt auf die KPD und die Westberliner SED. In der Hochkonfrontation der fünfziger Jahre haben die westdeutschen Behörden und Gerichte diese Klausel sehr restriktiv ausgelegt, so daß anscheinend kaum einer, der aus dem kommunistischen Widerstand kam, Entschädigung erhalten hat. Das Bundesverfassungsgericht hat die Ausschlußklausel 1961 für zulässig erklärt, aber die restriktive Praxis gestoppt, indem es festlegte, daß nur das Verhalten nach dem KPD-Verbot von 1956 für die Entscheidung erheblich sei, nicht das Verhalten in der Zeit davor. Das BEG-Schlußgesetz von 1965 hat zudem Zugänge zu Härtefonds eröffnet. Wie sich die Lockerung auf die Entschädigungspraxis ausgewirkt hat, läßt sich bisher noch nicht generalisierend sagen, doch ist ganz offensichtlich: Die Kommunisten befanden sich im Westen in einer prekären Randposition, während sie im Osten den Platz ganz oben erhielten.

Hier machten die aus der Arbeiterbewegung stammenden, jetzt der SED zugehörigen NS-Verfolgten den größten Teil der ‚anerkannten Verfolgten' aus. Das ergab sich aus dem Ausschluß der emigrierten Juden, aber auch aus einer 1950 einsetzenden Welle der Aberkennung des Verfolgtenstatus. Dabei wirkten politische und ideologische Auslesekriterien mit, die auch – besonders deutlich im Falle der Zeugen Jehovas – zu neuer Verfolgung führen konnten[69]. Seit Mitte der sechziger Jahren galt auch eine förmliche Rangordnung, da seither zwischen den heroisierten „Kämpfern gegen den Faschismus" und den bloß passiven „Opfern des Faschismus" unterschieden wurde. Die ‚Kämpfer', weitgehend identisch mit früher verfolgten Kommunisten, erhielten höhere Ehrenpensionen als die ‚Opfer'.

Der *vierte* Vergleichspunkt – wieder ein starker Kontrast – betrifft die Rückerstattung des Vermögens, das den Verfolgten, insbesondere den jüdischen, entzogen worden war. Im Westen Deutschlands ist in dieser Hinsicht unter westalliiertem Einfluß und im Einklang mit dem Recht

[68] *Gotthard Jasper*, Die disqualifizierten Opfer. Der Kalte Krieg und die Entschädigung für Kommunisten, in: *Herbst, Goschler* (Hrsg.), Wiedergutmachung in der Bundesrepublik Deutschland (Anm. 8) 361–384.

[69] *Ralf Kessler, Hartmut Rüdiger Peter,* Wiedergutmachung im Osten Deutschlands 1945–1953. Grundsätzliche Diskussionen und die Praxis in Sachsen-Anhalt (Frankfurt a. Main u.a. 1996) 203–209; *Gerald Hacke,* Zeugen Jehovas in der DDR. Verfolgung und Verhalten einer religiösen Minderheit (Dresden 2000).

der bürgerlichen Eigentumsordnung viel geschehen. Im Osten ist ein Teil des jüdischen Gemeindeeigentums zurückgegeben worden – einige Synagogen, Gemeindegebäude, Friedhöfe. Dagegen hat die DDR sich strikt und stets geweigert, das private jüdische Eigentum zurückzugeben oder dafür Schadensersatz zu zahlen. Der Grund lag anfangs in der Priorität der sowjetischen Reparationsansprüche, dann wurde die Versuchung übermächtig, mit dem arisierten jüdischen Vermögen das sozialistische Volkseigentum zu arrondieren. Das SED-Politbüro war sich darin einig, die Arisierung als Einstieg in die Sozialisierung zu nutzen, soweit es das „große Kapital" betraf. Aber das für den „Aufbau des Sozialismus" notwendige Ausmaß der Rückgabeverweigerung war umstritten. Paul Merker, der sich bereits im mexikanischen Exil für Wiedergutmachung an den Juden eingesetzt hatte, plädierte für ein flexibles Konzept, das die Rückgabe von Immobilien und mittelständischen Betrieben einschloß. Wie fast alle Westemigranten geriet indessen auch er in den frühen fünfziger Jahren in die Mühlen der Agentenhysterie, und dabei wurde ihm nicht zuletzt sein Einsatz für die Juden zum Verhängnis. Er sei, so hieß es 1952, als er verhaftet wurde, „ein Subjekt der USA-Finanz-Oligarchie, der die Entschädigung der jüdischen Vermögen nur forderte, um dem USA-Finanzkapital das Eindringen in Deutschland zu ermöglichen"[70].

Gemessen an der bürgerlichen Eigentumsordnung war die Behandlung des ‚arisierten' Vermögens durch die SED schreiendes Unrecht. Aber auch die Umwälzung der Eigentumsverhältnisse im „Aufbau des Sozialismus" schloß eine weniger rigide und auf gehässige Tiraden verzichtende Rückgabe- und Entschädigungssperre nicht aus, wie die von Paul Merker markierte Linie zeigt. Auch so gesehen lagerten also im Osten Deutschlands zwei historische Schichten des Unrechts übereinander, bis sie im Zuge der deutschen Vereinigung 1990 wieder aufgewirbelt wurden. Denn das „Gesetz zur Regelung offener Vermögensfragen", ein Bestandteil des Einigungsvertrages, sicherte nicht allein denen Rückerstattung zu, die vom SED-Staat seit 1949 enteignet worden sind, sondern auch denen, die ihr Vermögen bereits in der Zeit von 1933 bis 1945 unter Verfolgungsdruck verloren hatten[71]. Dieser Rückgriff in die Zeit vor

[70] Beschluß des ZK der SED vom 25. November 1952, zit. nach *Timm,* Hammer, Zirkel, Davidstern (Anm. 66) 117; zum Verhältnis Arisierung-Sozialisierung demnächst auch *Karen Hartewig,* Zurückgekehrt. Die Geschichte der jüdischen Kommunisten in der DDR (Köln 2000, im Druck).

[71] Zum einschlägigen § 1, Abs. 6 des Vermögensgesetzes, zur Novellierung 1992 sowie zum 1994 folgenden Entschädigungs- und Ausgleichsgesetz als Alternative zur Naturalrestitution vgl. *Christina Eck,* Die Wiedergutmachung zwischen 1945 und 1989 und die Regelung der Ansprüche von Verfolgten des Nationalsozialismus in § 1 Absatz 6 VermG

1945 war allerdings im Entwurf des Vermögensgesetzes noch nicht vorgesehen gewesen; er kam erst spät hinein, und es heißt, daß dabei ein (bisher nicht zugänglicher) Brief von Präsident Bush an Kanzler Kohl eine nicht unbedeutende Rolle gespielt hat[72].

Seither laufen mit einem halben Jahrhundert Verspätung mehrere zehntausend Rückerstattungsverfahren von Erben der Opfer des NS-Unrechts auf dem Boden der ehemaligen DDR[73]. Um der Geschichte ein Gesicht zu geben, sei auf die Industriellenfamilie Simson verwiesen. Deren Unternehmen mit Sitz in Suhl produzierte in den zwanziger Jahren Automobile und für die preußische Polizei Gewehre. 1935 wurde sie beraubt und verjagt, so daß Gauleiter Sauckel das Unternehmen in die „Wilhelm-Gustloff-Werke" umwandeln konnte. Nach 1945 gingen die Werke im volkseigenen Ernst-Thälmann-Kombinat auf, das Millionen Motorräder mit dem geraubten Markennamen Simson produzierte. 1993, am Ende einer sechzig Jahre dauernden deutschen Abwicklung, erhielten die rechtmäßigen Erben das Industriegelände in Suhl zurück[74].

Schließlich zeigt auch der *fünfte* Vergleichspunkt einen starken Kontrast. Dabei geht es um die Beziehungen zu Israel und der Claims-Conference, die ich hier nur unter dem Aspekt der Entschädigung pointieren kann. Diese Beziehungen stellen sich in der westdeutschen Geschichte als Annäherung, in der ostdeutschen weithin als Verweigerung dar. Als Israel und die Claims Conference 1952 mit der Bundesrepublik das Luxemburger Abkommen schlossen, wandten sie sich auch an die DDR: auch sie stehe in Haftung für die in Israel oder weltweit verstreut lebenden jüdischen NS-Opfer. Aber eingespannt in die anti-israelische und pro-arabische Politik des Sowjetimperiums hat die DDR diese Haftung

(Diss. München 1996); demnächst auch die Hamburger Dissertation von *Philipp Spannuth*, Rückerstattung Ost. Der Umgang der DDR mit dem „arisierten" Vermögen der Juden und die Gestaltung der Rückerstattung im wiedervereinten Deutschland.

72 Der Vorgang ist ausgespart in: Deutsche Einheit. Sonderedition aus den Akten des Bundeskanzleramtes 1989/90. Bearb. von *Hanns Jürgen Küsters* und *Daniel Hofmann* (München 1998); auf eine Initiative der Bush-Administration verweisen *Philip Zelikow, Condoleezza Rice*, Germany Unified and Europe Transformed. A Study in Statecraft (Cambrigde, MA u. a. 1995).

73 Das Bundesamt zur Regelung offener Vermögensfragen teilte mir mit, daß die Verfahren gemäß § 1 Abs. 6 Vermögensgesetz statistisch nicht gesondert erfaßt werden.

74 Vgl. *Fred David*, Die Krupps von Suhl, in: Die Woche vom 4. 3. 1993, 13. Zur Rückgabe des 1933 enteigneten und 1946 von der SED kassierten Vermögens der SPD sowie der sozialdemokratischen Arbeitersportvereine vgl. *Detlev Brunner*, 50 Jahre Konzentration GmbH. Die Geschichte eines sozialdemokratischen Unternehmens 1946–1996 (Berlin 1996) 120–122.

von sich gewiesen. Der schrille Ton verschwand im Laufe der Jahre, aber bis zuletzt verharrte die SED auf dem Standpunkt: die DDR sei eine völkerrechtliche Neuschöpfung aus dem Geist einer höheren Stufe der Geschichte und hafte daher nicht für die Verbrechen des Hitlerfaschismus.

Mitunter kam etwas Bewegung in die Dinge, das erste Mal in der Mitte der siebziger Jahre, als die DDR international Anerkennung fand und sich mit einer symbolischen Geste zusätzliche Reputation verschaffen wollte. Die Regie des Politbüros reichte jedoch nur für einen Akt von großer Peinlichkeit. Vom Politbüro beauftragt, bot das Komitee der Antifaschistischen Widerstandskämpfer der Claims Conference eine einmalige Spende von einer Million Dollar an. Die Claims Conference lehnte ab, was das Politbüro aber nicht daran hinderte, die Spende im Neuen Deutschland zu publizieren und das Geld nach New York zu überweisen, von wo es postwendend wieder nach Berlin zurückkam. Wie man sieht, trafen hier fremde Welten aufeinander. Die Claims Conference war einen diplomatischen Verhandlungsstil gewohnt und schätzte solche einseitigen Entscheidungen gar nicht; und eine Million Dollar war zwar für die notorisch devisenschwache DDR nicht wenig, reichte in Manhattan aber noch nicht einmal zum Kauf eines Hauses. Ein zweiter Anlauf folgte in den achtziger Jahren, als die DDR die Meistbegünstigungsklausel im Handelsverkehr mit den USA anstrebte und die Entschädigungsfrage damit zu einem Verhandlungspaket verband, was aber mißlang. Später, schon im Strudel des Untergangs, trat der SED-Staat an Israel und internationale jüdische Organisationen mit Offerten heran, die mit der Suche nach Rettungsringen für die Eigenstaatlichkeit der DDR motiviert waren[75].

Am Ende übernahm die Bundesrepublik im Zuge der Vereinigung die unabgetragene Hypothek der DDR gegenüber der Claims Conference. Eine Vereinbarung der beiden deutschen Staaten zur Durchführung des Einigungsvertrags hielt eine solche Verpflichtung im September 1990 eigens fest. Wie schon 1952 beim Luxemburger Abkommen, so vermischten sich auch diesmal Moral und außenpolitische Räson. Eine Woche vor der genannten Vereinbarung hatte ein Gesandter der amerikanischen Botschaft im Bundeskanzleramt vorgesprochen. Er ließ wissen, bei der

[75] *Timm*, Jewish Claims against East Germany (Anm. 66); *Patrick Moreau* u. a., Die Politik der letzten SED-Regierung und ihre Folgen, in: Deutscher Bundestag (Hrsg.), Materialien der Enquete-Kommission „Überwindung der Folgen der SED-Diktatur im Prozeß der deutschen Einheit", VIII/3 (Baden-Baden 1999) 2008–2173, hier 2147–2164.

Claims Conference bestehe wegen der ungeklärten Situation „erhebliche Unruhe“, und hier liege ein „Risikopotential“, wenn der Zwei-Plus-Vier-Vertrag dem Senat zur Zustimmung vorgelegt werde[76].

III.

Wie aus dem bisher Dargelegten schon deutlich wurde, bezeichnen das Ende des Ost-West-Konflikts und die Vereinigung Deutschlands auch auf dem Gebiet der Wiedergutmachung eine Epochenzäsur. Alte Problemfassungen wurden unter veränderten Bedingungen aktualisiert, neue traten hinzu.

Neu war zunächst, daß das vereinte Deutschland nun auch eine Verfolgungsgeschichte anderer Art aufzuarbeiten hatte: die der Opfer der SED-Diktatur. Es fällt auf, daß die Entschädigung für das in der DDR erlittene Unrecht nur sehr wenig öffentliche Aufmerksamkeit auf sich zieht. So haben z.B. die SED-Unrechtsbereinigungsgesetze, ihre Unzulänglichkeiten und ihr Novellierungsbedarf fast gar kein öffentliches Interesse gefunden.

Woran liegt die so starke Ungleichverteilung der Anteilnahme an den beiden Verfolgungsgeschichten? Das hat Gründe verschiedener Art, einer ist von besonderer Bedeutung: Die Massenverbrechen des Nationalsozialismus und die Menschenrechtsverletzungen der DDR haben andere Dimensionen. Zudem hat das NS-Regime die Wucht von Aggression und Terror vor allem gegen andere Völker gerichtet, während die SED-Diktatur mitsamt dem Mielcke-Imperium Menschenrechte der Inlandsgesellschaft verletzt haben[77]. Auch darum ist das internationale Interesse an der einen Verfolgungsgeschichte so stark, während es im Blick auf die andere gegen Null tendiert. Aber die Menschenrechte sind nicht teilbar, und in der Lebensgeschichte der Verfolgten, etwa der 200000 Personen, die in der DDR aus politischen Gründen verurteilt worden sind, hebt ein Unrecht ein anderes nicht auf. Daher wären die historische Forschung und die öffentliche Meinung der Republik gut beraten, mehr Aufmerksamkeit auf die Rehabilitation und Entschädigung der Opfer der SED-Diktatur zu lenken als bisher[78]. Welcher Kleinmut

[76] Vermerk des Ministerialdirigenten Duisberg vom 13. September 1990, in: Deutsche Einheit. Sonderedition (Anm. 72) 1539–1541.

[77] *Klaus Marxen, Gerhard Werle*, Die strafrechtliche Aufarbeitung von DDR-Unrecht. Eine Bilanz (Berlin, New York 1999).

[78] *Wilhelm Tappert,* Die Wiedergutmachung von Staatsunrecht der SBZ / DDR durch die

wäre es, würde man die NS-Opfer nur dann angemessen gewürdigt glauben, wenn andere Verfolgte verschwiegen oder bagatellisiert werden.

Aber auch für die Wiedergutmachung von NS-Unrecht begann 1990 eine neue Bewegungs- und Gestaltungsphase. Von einem der Bewegungsfaktoren war schon die Rede: Das vereinte Deutschland übernahm die Regelung der Rückerstattung, welche die DDR den NS-Verfolgten vorenthalten hatte, und ebenso die unabgetragene Hypothek der DDR gegenüber der Claims Conference. Bewegung kam indessen auch auf den westdeutschen Pfad der Wiedergutmachung, wobei der Zwei-Plus-Vier-Vertrag von September 1990 einen Haupt- und Wendepunkt bildet. Dieser Vertrag war kein Friedensvertrag im völkerrechtlichen Sinne. Die Regierung Kohl hat vielmehr mit amerikanischer Unterstützung alles daran gesetzt, einen Friedensvertrag zu vermeiden, und die Akten des Kanzleramtes benennen die beiden Beweggründe sehr genau[79]. Zum einen wäre eine Friedenskonferenz ein zeitraubendes Mammutunternehmen geworden. Sämtliche Staaten, die mit dem Deutschen Reich im Krieg gestanden hatten, hätten daran teilnehmen können. Zum anderen wollte Kohl vermeiden, daß eine Friedenskonferenz die mit dem Londoner Schuldenabkommen auf Eis gelegte Reparationsfrage wieder auftaute. Man könne „nicht 50 Jahre nach dem Krieg noch einmal mit Reparationen anfangen"; das sei „innenpolitisch nicht durchzuhalten". Ohne Abschluß eines formellen Friedensvertrags aber, so heißt es in den Kanzleramtsakten, sei die Reparationsfrage „de facto erledigt"[80].

Tatsächlich hat der Zwei-Plus-Vier-Vertrag die Reparationsfrage so behandelt, als ob sie nicht existent sei, und sie gilt seither im Verständnis der Bundesregierung als erledigt. Mit der Abwehr der Reparationsfrage wollte Kohl verhindern, daß andere Staaten sich auf völkerrechtlich fundierte Forderungen berufen. Statt dessen wünschte er eine Situation, in der die deutsche Seite freiwillig und somit in einer vorteilhafteren Verhandlungsposition Vereinbarungen treffen konnte. So kam es, daß nach

Bundesrepublik Deutschland nach der Wiedervereinigung (Berlin 1995); zur Konkurrenz der Opfergruppen und zu den wechselhaften Phasen ihrer öffentlichen Hochschätzung vgl. *Friedhelm Boll,* Beobachtungen aus lebensgeschichtlichen Interviews mit Verfolgten des Nationalsozialismus und mit Verfolgten der SBZ / DDR, in: *Klaus Dieter Müller, Annegret Stephan* (Hrsg.), Die Vergangenheit läßt uns nicht los (Berlin 1998) 153–172.

[79] Vgl. vor allem den Vermerk über das Gespräch des Bundeskanzlers mit Präsident Bush in Camp David am 24. Februar 1990, in: Deutsche Einheit. Sonderedition (Anm. 76) 860–874. Hieraus die folgenden Zitate.

[80] Vorlage des Ministerialdirektors Teltschik an Bundeskanzler Kohl, 15. März 1990, in: Deutsche Einheit. Sonderedition (Anm. 76) 955 f.

dem Ende des Ost-West-Konflikts in Richtung Ost ähnliche Globalabkommen geschlossen wurden, wie um 1960 in Richtung West: 1991 mit Polen, 1993 mit drei Nachfolgestaaten der Sowjetunion (Russische Föderation, Ukraine und Weißrußland) – mit einem Leistungsvolumen von insgesamt 1,5 Milliarden DM. Wegen der großen Zahl der NS-Verfolgten in diesen Regionen, dem Zentrum des deutschen Eroberungs- und Vernichtungskriegs, und wegen des entsprechend großen Divisors bei der Verteilung der Gelder, reichte eine Gesamtsumme dieser Größenordnung nur für das, was man eine humanitäre Geste zu nennen pflegt. Von 1995 bis 1998 kamen, jeweils bescheidener dimensioniert, Vereinbarungen mit den baltischen Staaten sowie der deutsch-tschechische Zukunftsfonds hinzu. Alle diese Vereinbarungen waren auch dazu angetan, für die Rechtsposition der Bundesregierung zu werben, daß die Reparationsfrage seit dem Zwei-Plus-Vier-Vertrag erledigt sei. Ganz gelegentlich, so unlängst von amerikanischer Seite, blinkt eine Warnlampe auf – aber bisher nur, um eine an anderer Stelle verhakte Verhandlung voranzubringen.

Die stärkste Bewegung aber, zugleich diejenige, die die Geschichte der Wiedergutmachung mit dem großen Politikum unserer Tage verbindet, betrifft das Hereinholen der deutschen Industrie in die bisher ganz vom Staat und mit staatlichen Geldern getragene Entschädigung. Seit den fünfziger Jahren war die deutsche Industrie wiederholt mit Forderungen ehemaliger Zwangsarbeiter konfrontiert. Sie hatte diese – mit wenigen Ausnahmen – stets abgewehrt und sich dabei in einer juristisch vorteilhaften Position befunden[81]. Denn solche Ansprüche galten als Reparationen und fielen somit unter die aufschiebende Wirkung des Londoner Schuldenabkommens. Dieses bezog sich zwar nur auf Ansprüche „gegen das Reich und im Auftrage des Reichs handelnde Stellen oder Personen", aber die Vorstellung fand Glauben, daß die deutsche Industrie bei der Beschäftigung der Zwangsarbeiter nur „im Auftrag des Reichs" gehandelt habe.

Seit 1990 ist die Fundierung dieser Abwehr erst schwächer geworden, dann weggebrochen. Vor allem vier Faktoren haben darauf eingewirkt, die man in aller Kürze so kennzeichnen kann: Erstens wurde die Sperrwirkung des Londoner Schuldenabkommens brüchig, weil die Rechtsprechung zum Teil dazu überging, den Zwei-Plus-Vier-Vertrag als Er-

[81] Vgl. im einzelnen *Benjamin B. Ferencz*, Lohn des Grauens. Die Entschädigung jüdischer Zwangsarbeiter. Ein offenes Kapitel deutscher Nachkriegsgeschichte (Frankfurt a. Main 1981); *Barwig, Saathoff, Weyde* (Hrsg.), Entschädigung für NS-Zwangsarbeit (Anm. 39).

füllung der Funktion eines Friedensvertrages zu bewerten. Zweitens hat die historische Forschung gezeigt, daß die Formulierung „im Auftrag des Reiches" den Handlungsspielraum, die Initiative und somit auch die Verantwortung der Unternehmen zwar im Einzelfall, aber keineswegs in der Breite und im Durchschnitt angemessen beschreibt. Drittens verwarf das Bundesverfassungsgericht im Jahre 1996 eine Traditionslinie des Völkerrechtes, wonach individuelle Forderungen nur als zwischenstaatliche Reparationsforderungen verhandelt werden können; vielmehr könne der Einzelne seinen Anspruch gegebenenfalls auch selbst verfechten[82]. Damit war das Feld der Klagemöglichkeiten ruckartig erweitert – oder anders und in übergreifender Perspektive gesagt: Damit zog die neuere Entwicklung eines erweiterten Schutzes der Menschenrechte in die Arena der Wiedergutmachung ein. Allerdings setzt der vom Verfassungsgericht geöffnete Weg voraus, daß sich die ausländischen Kläger auf innerdeutsch geltendes Recht beziehen können, und die deutschen Gesetze geben den früheren ausländischen Zwangsarbeitern keine klar kalkulierbaren Chancen.

Um so größer war die Schubwirkung des vierten Faktors, der eine der allgemeinen Tendenzen unserer Zeit mit dem besonderen Thema der Entschädigung verbindet: die Globalisierung, und zwar hier in dem Sinne, daß viele deutsche Unternehmen Niederlassungen in den USA haben und somit auch unter amerikanisches Recht fallen.

Bekanntlich setzte an diesem Punkt der Hebel der „class actions" an. Aber auch unabhängig von diesem Rechtsmittel reichen Image-Verluste oder Boykottdrohungen aus, um Geschäftsinteressen auf dem wichtigen amerikanischen Markt massiv zu gefährden. Man soll nicht über Gebühr pauschalisieren, insbesondere nicht im Blick auf Unternehmen, die schon früher im Stillen tätig geworden sind, aber im ganzen wird man doch sagen können: Die „class actions" in den USA bildeten den stärksten Bewegungsfaktor auf dem Weg, der 1998 zu der „Stiftungsinitiative der deutschen Wirtschaft" führte. Es folgten zwölf mühsame und dornige Verhandlungsrunden, in denen zunächst die Höhe der Stiftungssumme, dann der Verteilungsschlüssel, schließlich die Sicherung des Rechtsfriedens für deutsche Unternehmen auszuhandeln war, bis das Stiftungsgesetz im Juli 2000 mit der Unterzeichnung einer internationalen Abschlußerklärung in Kraft treten konnte[83].

[82] Der Beschluß des Bundesverfassungsgerichts vom 13. Mai 1996 ist abgedruckt bei *Barwig, Saathoff, Weyde* (Hrsg.), Entschädigung für NS-Zwangsarbeit (Anm. 39) 222–247.

[83] Der Deutsche Bundestag hat am 6. Juli 2000 mit breiter Mehrheit die Errichtung der Stiftung „Erinnerung, Verantwortung und Zukunft" beschlossen; demzufolge bringen der

So ist nach einem halben Jahrhundert der Zeitpunkt nahegerückt, da die materielle Wiedergutmachung die Sphäre des politischen Handelns und Entscheidens verläßt und in die Sphäre der Geschichte übergeht. Sie verwandelt sich in ein Arbeitsfeld der Historiker, auf dem noch viel zu tun ist; eine Reihe von Desideraten hat mein Vortrag hier und da angedeutet. Aber die Fachhistorie hat bekanntlich kein Monopol im Gebrauch der Geschichte. Ob und wie die Wiedergutmachung in das kollektive Gedächtnis der Deutschen eingeht, ist letztlich unser aller Entscheidung. Dabei wird es strittig zugehen, schon die Bezeichnung „Wiedergutmachung" ist umstritten. Und die wohlmeinenden Worte von Walter Schwarz, „daß ein Deutscher das Recht hätte, auf das Werk der Wiedergutmachung stolz zu sein", werden das Publikum in die übliche Trias spalten – zwischen freudiger Zustimmung, empörter Ablehnung und bedächtiger Abwägung. Und in der Tat: Im Gesamtgebäude der Wiedergutmachung wechseln Licht und Schatten, je nach dem Aspekt, den man wählt und dem Zeitpunkt, an dem man es betrachtet.

Insgesamt wäre es falsch, in Abrede zu stellen, daß die Bundesrepublik in den vergangenen Jahrzehnten viel für die Entschädigung geleistet hat, aber – blickt man auf die finanzielle Bilanz von rund. 103 Mrd. DM[84] – nicht mehr als für den Lastenausgleich, der ein Gesamtvolumen von etwa 140 Mrd. DM aufweist und weniger als für die Kriegsopferversorgung, die ein vierfach größeres Volumen hat – übrigens nicht, weil das Versorgungsrecht günstiger wäre, sondern weil die Zahl der Berechtigten viel größer ist. Und jeder Aspekt, auch der, der Geglücktes zeigt, hat Verweisungscharakter, denn er verweist auf einen Hintergrund, auf dem mit großen Buchstaben geschrieben steht:

Verfolgung, Angriffskrieg, Völkermord und Zusammenbruch der Zivilisation.

deutsche Staat und die deutsche Wirtschaft jeweils 5 Milliarden DM in den gesetzlich gebildeten Fonds ein. Das Stiftungsgesetz trat mit der Unterzeichnung des „Final Act" durch Vertreter der deutschen Wirtschaft, der Bundesregierung, der Regierungen der USA, Israels, Polens, der Tschechischen Republik, Weißrußlands, der Ukraine und der Russischen Föderation, der Claims Conference sowie einer Reihe von Klägeranwälten am 17. Juli 2000 in Kraft.

84 Auf heutige Preisverhältnisse umgerechnet ca. 212 Mrd. DM, wie Bundestagspräsident Thierse in einem Schreiben vom 2. 12. 1998 an die Redaktion der Blätter für deutsche und internationale Politik festhielt (abgedruckt ebenda Jg. 1999, 125).

Frank-Rutger Hausmann

„Auch im Krieg schweigen die Musen nicht“ Die ‚Deutschen Wissenschaftlichen Institute‘ (DWI) im Zweiten Weltkrieg (1940–1945)

Es hat fast ein halbes Jahrhundert gedauert, bis Forscher ganz unterschiedlicher Ausrichtung begonnen haben, sich mit der Rolle der Geisteswissenschaften im Dritten Reich zu beschäftigen. Diese Rekonstruktionsarbeit ist nicht ganz einfach, da es nur wenig zusammenhängende Quellenbestände gibt und Einzelheiten erst mühsam aus damaligen Zeitschriften und Tageszeitungen, Personalakten bzw. Privatbriefen und Memoiren erschlossen[1] oder von Zeitzeugen erfragt werden müs-

[1] Die Aktenlage ist für die DWI, verglichen mit der anderer NS-Einrichtungen, nicht einmal schlecht. Im Findbuch Kult Pol U des PA AA in Bonn (später Berlin) ist jetzt am Ende des 1. Bandes ein von *Lucia van der Linde* erstelltes eigenes Inventar zu den verschiedenen DWI zusätzlich aufgenommen, das die Bestände R 64287–64384 summarisch beschreibt. Die 97 Bände enthalten jedoch zumeist nur Abrechnungen von Personalkosten, Bücherankäufen und Raummieten und sind, sieht man von wenigen Stücken ab, nicht besonders aussagekräftig. Zu bedauern ist, daß keine eigentlichen Institutsakten erhalten sind oder bisher nicht aufgefunden werden konnten. Sie wurden meist im Lauf des Jahres 1944 nach Deutschland in unterschiedliche Depots gebracht, vor Aufgabe einzelner DWI vernichtet oder von den Gastländern den Alliierten übergeben. Daß es derartige Akten gegeben hat, belegen die Reste des Pariser DI bzw. der Hinweis des Leiters des Preßburger DWI, Wilhelm Saure, er habe drei Kisten mit Akten in das Auffangarchiv des AA nach Meisdorf/Harz gesandt. Einiges scheint auch in Krummhübel/Riesengebirge verloren gegangen zu sein, wohin das AA nach seiner Ausbombung im November 1943 verlagert worden war.

Interessante Hinweise für unseren Kontext finden sich in den erhaltenen Akten der ‚Deutschen Akademie‘ (DA), Berlin, BA (Dallwitz-Hoppegarten) R 51, vor allem Bd. 62–67. Es handelt sich um insgesamt 543 Bände, die meist relativ banale administrative Vorgänge dokumentieren, welche überwiegend die Arbeit der der DA unterstellten Lektoren und ihre Unterrichtstätigkeit betreffen, die in die DWI eingegliedert wurden. Vgl. Inventar archivalischer Quellen des NS-Staates. Die Überlieferung von Behörden und Einrichtungen des Reichs, der Länder und der NSDAP, Teil 1: Reichszentralbehörden, regionale Behörden und wissenschaftliche Hochschulen für die zehn westdeutschen Länder sowie Berlin. Im Auftrag des Instituts für Zeitgeschichte bearbeitet von *Heinz Boberach* (Texte und Materialien zur Zeitgeschichte 3/1, München, London, New York, Paris 1991) 314–315: Akten der Abt. Auslandslektorate ab 1938 (53 Bde., 1933–1944, dabei Handakten des Abteilungs-

sen[2]. Im folgenden soll es nicht um ein einzelnes Fach, eine einzelne Universität, ein einzelnes Institut oder eine einzelne Forscherpersönlichkeit und ihre Arbeiten gehen, sondern um die Gesamtheit aller ‚Deutschen Wissenschaftlichen Institute' (hinfort: DWI). Sie bildeten ein bisher kaum bekanntes Verbundsystem oder Netzwerk, eine wissenschaftliche Organisationsform, die der NS-Wissenschaftsbürokratie besonders wichtig war und vor allem im Krieg Hochkonjunktur hatte. Es handelte sich dabei um von staatlicher Seite angeordnete Zusammenschlüsse ansonsten selbständig arbeitender wissenschaftlicher Einzeleinrichtungen mit dem Ziel, den politischen Einfluß des Deutschen Reichs zu mehren. Bei regelmäßig stattfindenden Tagungen des Leitungspersonals wurde dieses auf eine expansionistische Zielsetzung eingeschworen. Derartige Netzwerke sind bisher vornehmlich aus dem Bereich der Wirtschaft, Technik, Medizin, der Naturwissenschaften und der Raumordnung bekannt, aber auch die *litterae* wollten und sollten im ‚Dritten Reich' nicht länger hinter den *arma* zurückstehen. Die geisteswissenschaftlichen Disziplinen wollten ‚kämpfende' Wissenschaften sein und zum Endsieg beitragen. Dies besagt auch das Zitat im Titel dieser Ausführungen, das in Abwandlung des ciceronianischen „silent leges inter arma" von dem Kieler Juristen und Rektor Paul Ritterbusch für den von ihm geleiteten ‚Kriegseinsatz der Geisteswissenschaften' geprägt wurde und zum Aus-

leiters Dr. Heinz Nitzschke, Tätigkeitsberichte, Unterlagen über die DWI in Belgrad, Budapest, Madrid, Paris, Preßburg, Sofia und Kopenhagen 1940–43); Länderberichte (18 Bde., davon 6 betr. Italien); Berichte über den deutschen Sprachunterricht durch die einzelnen Mittelstellen, Lektorate und Außenstellen (128 Bde. Akten, 80 Bde. Prospekte u. Broschüren, 170 Bde. Pressemeldungen) u. a. in Spanien, Portugal, Schweden, Italien, in Südosteuropa und besetzten Gebieten in West- und Nordeuropa; dazu kommen Sammelakten über das dort tätige Personal (200 Bde.); Manuskripte für Lehrmittel u. andere Veröffentlichungen (20 Bde., 1933–44); im Tonarchiv 91 Schallplatten für Sprachkurse von Dichterlesungen, schließlich Akten über Vortragsveranstaltungen (12 Bde., 1932–1945, dazu auch 2 Bde. über Vorträge ausländischer Gelehrter im Reich 1933–1936).
Das Geheime Staatsarchiv Preußischer Kulturbesitz (GStA) in Berlin bewahrt in seinem Bestand ‚Auslandsabteilung' neben Akten zu den Kulturabkommen in der I. Hauptabteilung Rep. 76/1281–1295 fünfzehn Faszikel mit Vorgängen, die einzelne DWI betreffen. Vermutlich handelt es sich um die Handakten von ORR Prof. Dr. Herbert Scurla. Sie datieren aus der Zeit nach dem 22.–23. November 1943, als große Teile der Bestände des AA in der Wilhelmstraße durch Bomben vernichtet wurden. Manchmal besteht ein Faszikel nur aus einem Blatt, manchmal, wie im Fall von Lissabon, wird die Gründung des Instituts dokumentiert. Leider fehlen in der Ablage die Tätigkeitsberichte der Präsidenten.

[2] So konnten die Arbeitsabläufe des DWI Athen vor allem Dank der Berichte von Dr. Rudolf Grimm (Hamburg) und Dr. Eberhard Zeller (Friedrichshafen), des DWI Madrid von Frau Gerda Miesner (Madrid), des DWI Bukarest von Frau Dr. Ingeborg Salek-Pflug (Rosenheim) rekonstruiert werden.

druck bringen sollte, daß das Deutsche Reich Künste und Wissenschaften gerade im Krieg verstärkt fördern wolle[3]. Warum, sagte er allerdings nicht!

Individuelle Forschung galt nationalsozialistischen Wissenschaftstheoretikern (Alfred Baeumler, Wilhelm Groh, Walter Groß, Hans Huber, Ernst Krieck u. a.) als überholt, den Prinzipien der rassisch definierten Volksgemeinschaft zuwiderlaufend und infolgedessen mit den Prinzipien des NS-Staates nicht wirklich kompatibel. Forschung sollte unter ihrer Ägide ,gemeinschaftlich' in Einsätzen, Lagern, Akademien, Instituten und anderen Forschungsverbundsystemen erfolgen, die ihre militärischen Vorbilder und ihren martialischen Ursprung – das Fronterlebnis des Weltkriegs – nicht verleugnen konnten und wollten. So entstanden interdisziplinäre Forschungsverbünde und -einrichtungen, wie sie noch heute in der Spitzenforschung bevorzugt werden, selbstverständlich ohne die ideologischen Vorgaben, die die Nazis machten. Aber es ist nicht müßig zu fragen, ob hier nicht bereits eine ,moderne' Form der Forschungsorganisation praktiziert wurde, die es vorher noch nicht gegeben hatte und die nach 1945 entweder weitergeführt oder doch wieder aufgegriffen wurde und auch heute noch in Rang und Ansehen steht. Im Bereich der ausländischen Institutsarbeit haben aber weder die Goetheinstitute noch die diversen wissenschaftlichen Institute die Befugnisse und Mittel der DWI wiedererlangt.

Nachdem Erich Siebert die Ostinstitute und ihre Arbeitsgemeinschaften[4], Ludwig Jäger den ,Totalen Kriegseinsatz der Wissenschaften' (TKW) der SS[5], Michael Fahlbusch das Verbundsystem der ,Volksdeutschen Forschungsgemeinschaften' (VFG)[6], Jörg Gutberger das Netz der Raumforscher[7] und ich selber die ,Aktion Ritterbusch', den sog. Kriegseinsatz der Geisteswissenschaften (Gemeinschaftswerk), beschrieben

[3] *Paul Ritterbusch*, Hochschule und Wissenschaft im Kriege, in: Kieler Blätter (1940) 1.

[4] *Erich Siebert*, Die Rolle der Kultur- und Wissenschaftspolitik bei der Expansion des deutschen Imperialismus nach Bulgarien, Jugoslawien, Rumänien und Ungarn in den Jahren 1938–1944. Mit einem Blick auf die vom westdeutschen Imperialismus wiederaufgenommene auswärtige Kulturpolitik (Hist. Diss. Berlin, maschinenschr., Humboldt-Universität 1971), zit. als: *Siebert*, Kultur- und Wissenschaftspolitik.

[5] *Ludwig Jäger*, Seitenwechsel. Der Fall Schneider/Schwerte und die Diskretion der Germanistik (München 1998) zit. als *Jäger*, Seitenwechsel.

[6] *Michael Fahlbusch*, Wissenschaft im Dienst der nationalsozialistischen Politik? Die „Volksdeutschen Forschungsgemeinschaften" von 1931–1945 (Baden-Baden 1999), zit. als: *Fahlbusch*, Die Volksdeutschen Forschungsgemeinschaften.

[7] *Jürg Gutberger*, Volk, Raum und Sozialstruktur. Sozialstruktur- und Sozialraumforschung im ,Dritten Reich' (Beiträge zur Geschichte der Soziologie 8, Münster [2]1999).

haben[8], gilt es im folgenden, ein weiteres ‚Netzwerk' vorzustellen, das bisher noch nicht als ein solches betrachtet wurde. Es gab insgesamt sechzehn DWI, rechnet man die autonomen Zweigstellen in Barcelona, Porto, Fünfkirchen, Hermannstadt, Marseille, Odessa und Sarajewo hinzu, dreiundzwanzig, in fast allen europäischen Hauptstädten[9]. Das erste wurde in Bukarest am 6. April 1940, das letzte noch am 20. Juni 1944 in Tirana errichtet, aber selbst am 18. Februar 1945 sollte in Mailand eine neue Zweigstelle des DWI Venedig eröffnet werden. Eckard Michels hat in einer breit angelegten Studie das Deutsche Institut (DI) in Paris[10], Manfred Jakubowski-Tiessen das DWI Kopenhagen[11], Ludwig Jäger hat einen Teil der Aktivitäten des Instituts in Brüssel[12], Teresa Seruya desjenigen in Lissabon[13] beschrieben, doch haben sich alle Autoren auf jeweils ein Institut beschränkt und seinen Platz im NS-Wissenschaftsgefüge, was erst seinen ‚Netzwerkcharakter' ausmacht, unberücksichtigt gelassen.

Aufschlußreich ist bereits die Feststellung, welche Länder kein DWI bekamen: Das waren die Niederlande und Norwegen, die zunächst ebenfalls bedacht werden sollten[14], deren kulturelle ‚Betreuung' sich Heinrich Himmler jedoch schon bald für sein ‚Ahnenerbe e.V.' der SS im Hinblick auf die Schaffung eines zukünftigen großgermanischen Rei-

8 *Frank-Rutger Hausmann*, „Deutsche Geisteswissenschaft" im Zweiten Weltkrieg. Die „Aktion Ritterbusch" (1940–1945) (Schriften zur Wissenschafts- und Universitätsgeschichte 1, Dresden, München 1998), zit. als: *Hausmann*, Deutsche Geisteswissenschaft.

9 „Verzeichnis der D.W.I.-Institute im Ausland" (Bonn [später Berlin], PA AA R 64286).

10 *Eckard Michels*, Das Deutsche Institut in Paris 1940–1944. Ein Beitrag zu den deutsch-französischen Kulturbeziehungen und zur auswärtigen Kulturpolitik des Dritten Reiches (Studien zur modernen Geschichte, 46, Stuttgart 1993), zit. als: *Michels*, Das Deutsche Institut. Vgl. auch *ders.*, Die deutschen Kulturinstitute im besetzten Europa, in: Kultur – Propaganda – Öffentlichkeit. Intentionen deutscher Besatzungspolitik und Reaktionen auf die Okkupation, hrsg. von *Wolfgang Benz, Gerhard Otto, Annabella Weismann* (Reihe Nationalsozialistische Besatzungspolitik in Europa 1939–1945 Bd. 5, Berlin 1998) 11–33.

11 *Manfred Jakubowski-Tiessen*, Kulturpolitik im besetzten Land. Das Deutsche Wissenschaftliche Institut in Kopenhagen 1941 bis 1945, in: Zeitschrift für Geschichtswissenschaft 42 (1994) 129–138.

12 *Jäger*, Seitenwechsel 209–220.

13 *Teresa Seruya*, Wolfgang Kayser in Portugal. Zu einem wichtigen Kapitel der portugiesischen Germanistik, in: *Frank Fürbeth* u.a. (Hrsg.), Zur Geschichte und Problematik der Nationalphilologien in Europa (Tübingen 1999) 715–725.

14 „Im Lauf des letzten Jahres sind vom Deutschen Reich in verschiedenen europäischen Hauptstädten deutsche wissenschaftliche Institute errichtet worden. [...] ähnliche Pläne sind in der letzten Zeit auch in Madrid durchgeführt worden und sollen für Oslo, Kopenhagen und Amsterdam beabsichtigt sein" (Vermerk von KVR Prof. Dr. Franz Petri, Brüssel, in: Münster, Westfälisches Archivamt Münster, Landschaftsverband Lippe [WAAM] U.III.76 [20.1.41]).

ches vorbehalten hatte, in das diese beiden Länder als gleichberechtigte Teile der germanischen Nation inkorporiert werden sollten, sodann das neutral gebliebene Irland und die neutrale Schweiz. Mit Irland war vermutlich die Kommunikation aufgrund der angloamerikanischen See- und Lufthoheit um Großbritannien herum zu schwierig, auch wollte die kleine Republik, die im April 1938 den ‚Anglo-Irish Agreement' geschlossen hatte, den Nachbarn und ehemaligen Kolonialherren Großbritannien nicht zu sehr durch die Genehmigung eines DWI provozieren; die Schweiz, ohne daß es dazu Hinweise gäbe, galt offensichtlich als Teil der deutschsprachigen Wissenschaftsgemeinschaft, die in einer identischen Tradition wurzelte, so daß eine Darstellung deutscher Wissenschaft und Forschung hier als überflüssig erscheinen mochte. Einen Sonderfall stellte das reichlich mit Forschungseinrichtungen versehene Italien dar, wo erst nach dem Frontwechsel 1943 und der Errichtung der ‚Repubblica Sociale Italiana' (di Salò) ein neues Kulturinstitut in Venedig geschaffen wurde, welches die etablierten Einrichtungen für Geschichte, Kunstgeschichte und Archäologie in Rom wegen ihrer allzu großen Nähe zum Kampfgebiet aufnehmen bzw. ersetzen sollte. Da Polen im Generalgouvernement, die Tschechei im Protektorat, die baltischen Staaten, die Ukraine und große Teile der Sowjetunion in sog. Reichskommissariaten aufgegangen waren, deren Bevölkerungen umgesiedelt, unterdrückt oder, so weit sie nicht ausgerottet wurden, für ein Sklavendasein bestimmt waren, kamen für diese Gebiete natürlich auch keine DWI in Frage. Die Versuche, in der Türkei ein DWI zu errichten, gingen auf den von Oktober 1943 bis Ende 1944 in Istanbul tätigen Frankfurter Gastprofessor Hennig Brinkmann zurück, der das dortige germanistische Seminar zu einem DWI ausbauen wollte. Diese Pläne zerschlugen sich jedoch, weil die starke Fraktion der meist jüdischen Emigranten auf Betreiben des Romanisten Erich Auerbach dagegen Widerstand leistete und Brinkmann, ein überzeugter Anhänger des NS-Regimes, von der türkischen Regierung verdächtigt wurde, pantürkischen turanistischen Kreisen nahezustehen. Da sich auf Druck der Alliierten im Sommer 1944 auch die türkisch-deutschen Beziehungen abkühlten, kehrte Brinkmann nicht mehr nach Istanbul zurück und übernahm neue Aufgaben in Kroatien, u.a. am DWI in Agram[15]. Offenkundig gab es auch Versuche, DWI in Übersee zu errichten, z.B. in Japan und in La-

15 *Christopher Hutton*, Linguistics and the Third Reich. Mother-tongue fascism, race and the science of language (Routledge Studies in the History of Linguistics 1, London, New York 1999) 74–76.

teinamerika. In Argentien, Chile und vermutlich noch in anderen lateinamerikanischen Ländern mit namhaften deutschen Kolonien gab es bereits vor 1933 sog. Austauschbüros. Das in Santiago de Chile bestehende ‚Deutsch-chilenische Kulturinstitut' (Instituto Cultural Germano-Chileno de Santiago) unter der Leitung von Rudolf Wilcke ist am besten erforscht. Es publizierte eine eigene Zeitschrift, „Academia Spiritus. Publicación del Instituto Cultural Germano-Chileno", der man gut seine mannigfaltigen Aktivitäten entnehmen kann. Sie ähnelten denen eines europäischen DWI, doch erschwerten die große Entfernung wie die See- und Luftüberlegenheit der Alliierten eine enge Anbindung an die deutsche Wissenschaft. In Zusammenarbeit mit dem Berliner ‚Iberoamerikanischen Institut' (IAI) wurden Austauschprogramme entwickelt, gemeinsame Projekte zur Erforschung Patagoniens und der Arktis aufgelegt und versucht, chilenische Kultur in Deutschland bekannt zu machen. Dabei kamen dem Pianisten Claudio Arrau und der Sängerin Rosita Serrano als Botschaftern der chilenischen Musik Schlüsselfunktionen zu. Deutsche Romanisten wirkten mit Ausnahme des Direktors des Hamburger Ibero-amerikanischen Instituts Rudolf Großmann an diesen Aktivitäten nicht mit[16].

Wenn man die anfallenden Kosten (Miete, Gehälter, Bücherkauf, Reisen, Gasthonorare) hochrechnet, waren pro DWI pro Jahr etwa 200000 RM in Anschlag zu bringen[17], nach heutigem Wert etwa 2 bis 3 Mill. DM. Dieser Betrag, der mit der Gesamtzahl der DWI zu multiplizieren ist, war in Zeiten der Kriegsrüstung nicht unerheblich, wenngleich angesichts der bei Kriegsende aufgehäuften Reichsgesamtschuld von 400 Milliarden RM nicht exorbitant. Doch ist zu bedenken, daß er zum Großteil in schwer zu beschaffenden Devisen aufgebracht werden mußte. Der Ausbau der DWI erfolgte kontinuierlich: 1940 waren es drei (Bukarest[18], Paris, Sofia[19]), 1941 fünf (Budapest[20], Belgrad[21], Kopen-

[16] Einzelheiten bei *Víctor Farías*, Los nazis en Chile (Barcelona: Seix Baral ^{2}2000) 345–359.

[17] Berechnet exemplarisch nach PA AA R 64317 (Geldangelegenheiten Budapest 1944–45). Für Vorträge wurden 35000, für das Haushaltsjahr insgesamt im Sächlichen 86000 RM angesetzt; R 64337 (Geldangelegenheiten Lissabon) gibt für 1944 44000 RM an. Die Gehälter wurden errechnet nach PA AA R 64294 (Vergütungen – Auszahlungsanordnungen Orte P-Z, 1943–44).

[18] *Günter Reichenkron*, Das deutsche wissenschaftliche Institut in Bukarest, in: Europäischer Wissenschafts-Dienst 3. Jg., Nr. 11 (1943) 27–28.

[19] *Herbert Duda*, Das Deutsche Wissenschaftliche Institut in Sofia, in: Bulgaria Jahrbuch (1942) 389–392.

[20] Die Eröffnung des Deutschen Wissenschaftlichen Institutes in Budapest, in: Ungarn. Monatsschrift für deutsch-ungarischen Kulturaustausch 2 (1941) 129–153.

hagen[22], Madrid[23], Athen), 1942 eins (Brüssel[24]), 1943 vier (Helsinki, Stockholm, Agram[25], Preßburg[26]) und 1944 drei (Lissabon, Venedig[27], Tirana) Institute. Alle DWI hatten eine oder mehrere Zweigstellen in der Provinz. 1944 betrug ihr Personalbestand insgesamt 293 Mitarbeiter. Es sollte sich um eine permanente Einrichtung handeln, deren Kosten im Lauf der Zeit eher höher als geringer wurden, da die wissenschaftlichen Aktivitäten steigen und auf eine immer breitere Basis gestellt werden sollten.

Im Augenblick der nationalsozialistischen Machtübernahme gab es weder ein einheitliches NS-Wissenschaftskonzept noch eine deutliche Planungsvorgabe für eine gezielte auswärtige Kulturpolitik. Dies änderte sich erst nach einer grundlegenden kulturpolitischen Rede Hitlers auf dem Nürnberger Reichsparteitag, dem sog. Parteitag der Arbeit, von 1937, in der er am 7. September auf die rege kulturpolitische Tätigkeit insbesondere der Franzosen[28] und Engländer hinwies und auch für Deutschland eine entsprechende Bündelung aller Kräfte forderte[29]: „Dieser Staat soll nicht eine Macht sein ohne Kultur und keine Kraft ohne Schönheit. Denn auch die Rüstung eines Volkes ist nur dann mora-

21 *Gerhard Gesemann*, Das Deutsche Wissenschaftliche Institut in Belgrad, in: Deutsche Kultur im Leben der Völker 15 (1940) 468–472.

22 Begründung des ‚Deutschen Wissenschaftlichen Instituts' in Kopenhagen, in: Jomsburg. Völker und Staaten im Osten und Norden Europas 5 (1941) 279–280.

23 Deutsch-spanische Begegnung. Ansprache des Staatssekretärs im Reichsministerium für Wissenschaft, Erziehung und Volksbildung, *W. Zschintzsch*, bei der feierlichen Eröffnung des Deutschen Wissenschaftlichen Instituts in Madrid am 27. Mai 1941, in: Geist der Zeit 19 (1941) 381–384.

24 *Walter Mönch*, Aus meinem Leben. Erfahrungen – Gestalten – Betrachtungen (Elztal-Dallau 1981) 90–113.

25 Ansprachen anläßlich der feierlichen Eröffnung des DWI in Zagreb am 25. September 1943 (Zagreb 1943).

26 Brücke von Volk zu Volk. Feierliche Eröffnung des Deutschen Wissenschaftlichen Instituts in Preßburg, in: Deutsche Stimmen. Wochenblatt für die Karpatenländer 9, Folge 47 (20.11.43) 3.

27 *Ernst Eduard Berger*, Das Deutsche Institut in der Abbazia S. Gregorio zu Venedig, in: Italien. Jahrbuch der Deutsch-Italienischen Gesellschaft 2. Jg., Heft 12 (Februar 1944) 305–306; *Alfred Block*, Die Schicksalsverbundenheit Deutschlands und Italiens. Zur Eröffnung des Deutschen Instituts in Venedig, in: Italien. Jahrbuch der Deutsch-Italienischen Gesellschaft 3. Jg., Heft 1 (März-April 1944) 1–3; Berlin, Rom, Tokio 6, Heft 2 (1944) 16.

28 Selbst das Vichy-Regime setzte nach der Niederlage im Sommer 1940 die Arbeit der französischen Kulturinstitute in den neutralen Ländern fort, was die deutsche Regierung nur schwer verhindern konnte. Vgl. die Berichte in PA AA R 60608 vom Jahr 1942.

29 *Adolf Hitler*, Reden des Führers am Parteitag der Arbeit 1937 (München 1938) 26–49; Auszüge bei *Max Domarus*, Hitler. Reden und Proklamationen 1932–1945. Kommentiert von einem deutschen Zeitgenossen, Bd. 1 (Triumph), 2. Halbband (1935–38) (Wiesbaden 1973) 718–719.

lisch berechtigt, wenn sie Schild und Schwert einer höheren Mission ist. Wir streben daher nicht nach der rohen Gewalt eines Dschingis Khan, sondern nach einem Reiche der Kraft in der Gestaltung einer starken sozialen und beschirmten Gemeinschaft als Träger und Wächter einer höheren Kultur!" (ebd. 49). Den Hauptteil dieser Rede, deren abschließende Botschaft durch die Zukunft als hohle Rhetorik erwiesen werden sollte, bildeten jedoch wieder einmal Hitlers Lieblingsideen über die sog. entartete Kunst bzw. die Präsentation seiner gigantischen Baupläne.

Nachdem die innere Konsolidierung der NS-Herrschaft gesichert war, wurde ab 1937 die Expansion nach außen unter dem Vorwand dieser ‚höheren Mission' Deutschlands vorbereitet. Sie beinhaltete auch die Vereinnahmung der von allem ‚Artfremden' gereinigten Literatur, Musik, Kunst, Philosophie und Wissenschaft für die außenpolitischen Ziele des NS-Regimes. Die in der Weimarer Republik gepflegte Trennung von Propaganda und Kulturpolitik wurde aufgegeben, was 1936 durch die Umbenennung der ‚Kulturabteilung' des Auswärtigen Amtes in ‚Kulturpolitische Abteilung' zum Ausdruck gebracht wurde. Doch erst Ribbentrop, der 1938 seinen Posten als Außenminister antrat, begann damit, die Kulturpolitik zu intensivieren und neue Konzepte entwickeln zu lassen. „Kulturpolitik bedeutet den bewußten Einsatz der Geisteskräfte des deutschen Volkes zur Beeinflussung der geistigen Schichten der anderen Völker und darüber hinaus zur Erringung der geistigen Führung in Europa", verkündete Gesandter Fritz von Twardowski, bis 1943 Leiter der ‚Kulturpolitischen Abteilung' des AA[30]. Dies schloß allerdings das Betreiben politischer Tagespropaganda aus. Die wissenschaftliche Leistung sollte die politische Propaganda ersetzen, wobei man sich in die Tradition der Humboldtschen Universität stellte, die weltweit immer noch Ansehen genoß (ebd., Bl. 3). Doch zunächst geschah nichts, bis der Kriegsausbruch die Erkenntnis reifen ließ, daß es mit einer kulturpolitischen Abteilung bei den einzelnen Gesandt- und Botschaften nicht getan sei, sondern daß man insbesondere in den neutralen Staaten zentrale Einrichtungen schaffen müsse, die die einheimischen Eliten als Multiplikatoren mit dem deutschen Standpunkt vertraut machen und sie so an Deutschland binden sollten. Eile schien geboten: „Während z.B. Frankreich seit Jahrzehnten in planvoller Wegbereitung vor allem in Südosteuropa und im Vorderen Orient durch die intensive Propaganda seiner Sprache und Kultur unter Einsatz grosszügigster Mittel seine ‚civilisa-

[30] „Bericht über die Tagung der Präsidenten der Kulturinstitute des Auswärtigen Amtes vom 28. und 29. September 1942" (Berlin, BA R 51/62, Bl. 1), zit. als: Bericht.

tion' zu verbreiten und vielfach gegenüber führenden Schichten anderer Nationen zum erstrebens- und nachahmenswerten Ideal zu erheben verstand, zeigte der erste Weltkrieg in erschreckendem Masse den Umfang der geistigen Vereinsamung und moralischen Verfemung des Reiches auf, der vor allem, wie man zu spät erkannte, darauf beruhte, dass es bis dahin nicht gelungen war, das Wesen der deutschen Sprache und Kultur den fremden Völkern auf wissenschaftlichem Wege in planvoller kulturpolitischer Arbeit zu erschliessen. Es unterliegt heute keinem Zweifel mehr, dass die rechtzeitige Bereitstellung von Mitteln für eine sinnvolle deutsche Kulturarbeit im Auslande vor dem ersten Weltkrieg, in dem die in aller Eile aufgezogene Gegenpropaganda sich in der Abwehr feindlicher Lügen erschöpfen musste und ohne feste Ansatzpunkte und ausreichende wissenschaftliche Vorarbeit schliesslich doch zum Misserfolg verurteilt war, sich reichlich bezahlt gemacht haben würde."[31] Der erste Schritt war der Abschluß von Kulturabkommen mit den meisten verbündeten Staaten (Italien, Japan, Ungarn, Bulgarien, Spanien, Slowakei), die die wechselseitigen Fragen von Bildung, Wissenschaft und Kunst regeln und dadurch eine bessere Verständigung der vertragschließenden Völker untereinander ermöglichen sollten[32].

Die Initiativen zur Schaffung der DWI gingen von Beamten des AA (von Twardowski, Stechow, Schäfer-Rümelin) bzw. des Reichsministeriums für Erziehung, Wissenschaft und Volksbildung (Zschintzsch, Mentzel, Scurla) aus, die über das notwendige Sachwissen verfügten und ihre Fachminister informierten, welche sich jedoch nie besonders für die wissenschaftlichen Institute interessierten. In diesem Zusammenhang verdient besonders die Schrift von Oberregierungsrat Professor Herbert Scurla, der im REM für Auslandsbeziehungen zuständig war, über die ‚Dritte Front' Beachtung. Scurla meinte damit eine geistige Front neben der militärischen und der wirtschaftlichen. An seiner Studie hatte er nach eigenem Zeugnis von 1933–40 gearbeitet[33]. Frankreich habe, so führte er aus, seit dem Frieden von Frankfurt (1871) nicht aufgehört, Deutschland geistig einzukreisen. „Am Tage des Beginnes der nationalsozialistischen Revolution sah Frankreich seinen Anspruch auf geistige Vorherr-

[31] *J. von Stechow*, „Die Deutschen Wissenschaftlichen Institute im Ausland" (PA AA R 67051, Bl. 1).

[32] *Jan-Pieter Barbian*, „Kulturwerte im Zeitkampf". Die Kulturabkommen des „Dritten Reiches" als Instrumente nationalsozialistischer Außenpolitik, in: Archiv für Kulturgeschichte 74 (1992) 415–459.

[33] *Herbert Scurla*, Die Dritte Front. Geistige Grundlagen des Propagandakrieges der Westmächte (Schriftenreihe des DAAD 4, Berlin 1940) 1.

schaft in gleichem Maße bedroht wie England sein vermeintliches Recht als auserwähltes Volk. Erneut trieb die gemeinsame Gesinnung die Westmächte im Kampf gegen das deutsche Prinzip zusammen. Die weltanschauliche Frontenbildung begann und mit ihr der Kampf an der Dritten Front. Das gesamte Arsenal an Waffen zur moralischen Verfemung und geistigen Isolierung Deutschlands wurde wieder in den Dienst der Einkreisung der deutschen Gefahr gestellt. Die Argumente und die Methoden der Propaganda des Weltkrieges tauchten wieder auf: die bedrohte Demokratie, das Selbstbestimmungsrecht der Völker – dieses aufgefrischt als Recht der kleinen Völker –, die Humanität, der Pangermanismus, das ,bessere' [= Weimar] und das ,schlechtere' [= Potsdam] Deutschland, der Militarismus, die Greuellegenden" (ebd., 81). Scurla, der die Funktionsweisen der den Universitäten unterstehenden ,Instituts Français' (und der ,British Councils')[34] genau studiert hatte, wußte um ihren Einfluß: „Das Schwergewicht der französischen Kulturpropaganda lag im Ausland selbst, nicht im Inland. Ihre wirksamsten Wegbereiter und erfolgreichsten Träger waren französische Gelehrte, ihre leistungsfähigsten und widerstandskräftigsten Bollwerke waren die Kulturinstitute im Ausland. Diese Tatsachen verlieren auch in dem Augenblick nicht ihre grundsätzliche Bedeutung, in dem Frankreichs geistige Vorherrschaft in Europa unwiderruflich der Vergangenheit angehört."[35] Immer wieder wurde von deutscher Seite indigniert die Wirksamkeit der französischen Kulturpropaganda festgestellt. So war das Institut Français in Prag bis zur Einverleibung der sog. Rest-Tschechei in das Großdeutsche Reich ein außerordentlich wirksames Zentrum propagandistischer Kulturarbeit[36].

Der Privatgelehrte Franz Thierfelder, von 1926–37 Generalsekretär der Deutschen Akademie (DA), unterstrich in einer seiner zahlreichen Arbeiten zu Balkanproblemen die Mittleraufgaben Deutschlands in diesem Raum, wo das Deutsche eine „organisch gewachsene Sprachgeltung" habe und somit einen Platz besitze, den sich Franzosen, Engländer und Italiener mit viel Aufwand erst noch erkämpfen müßten. Mit dem

[34] Es handelte sich dabei um eine im Jahr 1934 gegründete Einrichtung Großbritanniens zur Förderung und Verbreitung der englischen Sprache und Kultur im Ausland. Ihr vollständiger Name lautete ,British Committee for Relations with Other Countries'. Vgl. *Herbert Scurla*, Die britischen Kulturinstitute im Ausland, in: Zeitschrift für Politik 31 (1941) 499–505.

[35] *Herbert Scurla*, Die französischen Kulturinstitute im Ausland. Ein Beitrag zur französischen Kulturpropaganda, in: Zeitschrift für Politik 31 (1941) 139–159, hier 159.

[36] *Erhard Preissig*, Die französische Kulturpropaganda in der Tschechoslowakei 1918–1939 (Frankreich, sein Weltbild und Europa, Berlin, Stuttgart 1943).

Herbst 1939 sei eine neue Epoche in der abendländischen Entwicklung angebrochen, und die Balkanvölker wüßten, wohin sie seelisch gehörten[37]. Allerdings seien alle Versuche, „eine Verständigung der Völker auf der Grundlage ihrer zivilisatorischen Gemeinsamkeiten herbeizuführen", zum Scheitern verurteilt. „Die Unterschiede bejahen, heißt die natürliche Ordnung der Menschheit anerkennen; ihre Strahlen in einem Brennglas einzufangen und mit dem gesammelten Blitz ihrer vielfältigen Kräfte den Widerstand der stofflichen Welt zu verbrennen, ist die höchste Kunst geistiger Völkerführung" (107). Thierfelder, der 1937 auf Betreiben von Goebbels entmachtet wurde, dachte noch nicht an die Errichtung von DWI, sondern glaubte, daß die von der DA entsandten Lektoren alle kulturpolitischen Aufgaben im Interesse des Reichs durchführen könnten. Thierfelder galt auch nach seiner Entlassung als führender Balkanexperte. Seine Vorstellungen einer globalen Balkanpolitik wurden vom AA bis zum Kriegsende verfolgt und flossen in die Konzeption der DWI mit ein. Sehr früh hatte auch der Sondergesandte des AA in Bukarest, Johann Kirchholtes, der von 1927 bis 1934 an der dortigen Deutschen Gesandtschaft tätig war, in einem „Kulturbericht betr. Rumänien"[38] auf die Bedeutung des Landes hingewiesen und einen grundlegenden Wandel der kulturpolitischen Auslandsarbeit Deutschlands angeregt. Dem französischen Vorbild folgend, sollte eine noch zu errichtende DAAD-Zweigstelle die Keimzelle zu einer deutschen Kultur-Zentrale werden. Von Bukarest aus sollte das ganze Land sodann mit einem Netz von Zweigstellen überzogen werden, „die uns diesen großen – geographisch, kulturell, wirtschaftlich und politisch so wichtigen – Länderkomplex nicht nur selbst, sondern auch als Brücke zu dem Nahen Orient wahrscheinlich noch weit mehr erschließen könnten, als dies schon bis jetzt der Fall war" (ebd.). Diese Zentrale wurde 1938 errichtet und ging später im DWI auf.

International anerkannte Professoren unterschiedlicher Disziplinen sollten vor Ort eine ‚Deutsche' Wissenschafts- und Kulturpolitik vertreten und organisieren und auf diese Weise für Deutschland werben. Ihnen wurde bei der Amtsübernahme zugesagt, daß sie ihrer wissenschaftlichen Arbeit frei und ungehindert nachgehen könnten. Darauf haben sie sich nach Kriegsende immer wieder zu ihrer Entlastung berufen, doch die Versicherungen der diversen ministeriellen Stellen in Berlin, die für

37 *Franz Thierfelder*, Ursprung und Wirkung der französischen Kultureinflüsse in Südosteuropa (Frankreich in deutscher Sicht 1, Berlin 1943) 204–210.

38 Original: PA AA Kult Gen. (Akten betr. GeheimeVerschlußsachen des Referats Kult Gen, Bd. 1, 1937–1938), ausgewertet von *Barbian*, Die Kulturabkommen 435–440.

die DWI zuständig waren, müssen vor dem Hintergrund der allgemeinen Kultur- und Wissenschaftspolitik des ‚Dritten Reichs' gesehen werden. Man sprach zwar auch jetzt von der ‚Freiheit der Wissenschaft', meinte aber damit eine von jüdisch-westlichem Geist ‚befreite' ‚Deutsche' Wissenschaft auf völkisch-rassischer Grundlage. Der Verzicht auf NS-Propaganda war im Ausland allerdings unter strategischen Gesichtspunkten unabdingbar, sollte die kulturpolitische Arbeit nicht von vornherein zum Scheitern verurteilt sein, denn die Wissenschaft galt als objektiv, die Propaganda als parteilich und zweckgerichtet. Antiliberale, antimarxistische und antisemitische Überzeugungen kamen bei der Institutsarbeit daher nur insofern zum Tragen, als Gelehrte und Künstler jüdischer Herkunft oder solche, die sich expressis verbis zu Liberalismus und Sozialismus bekannten, nicht erwähnt werden durften und natürlich auch nicht eingeladen wurden. Dies stieß in den Gastländern so gut wie nie auf Widerstand, und nur nordische und niederländische Gelehrte[39] machten hier eine rühmliche Ausnahme. Die Repression auf dem Kultursektor, eine Folge der 1933–37 erlassenen Beamten- und Rassengesetze, wurde von deutscher Seite möglichst wenig thematisiert und hinter dem Renommee international anerkannter ‚deutscher' Kulturrepräsentanten versteckt.

Da es in den meisten europäischen Ländern bereits vor Kriegsausbruch, z.T. bereits vor 1933, deutsche Gastprofessuren, von Deutschland ins Leben gerufene und finanzierte Forschungsinstitute oder zumindest DAAD-Büros, Deutsche Häuser und Goethehäuser gegeben hatte, die z.T. noch bestanden[40], lag es nahe, diese in einen neuen Institutstyp zu integrieren. „Es ist der Grundsatz aufzustellen, daß alle deutschen wissenschaftlichen Bestrebungen in einem Lande über das Deutsche Wissenschaftliche Institut als Zentralstelle gehen müssen, wobei in keiner Form beabsichtigt ist, sich in die wissenschaftliche Arbeit selbst einzumischen" (Bericht, Bl. 2). Die jetzt nach und nach gegründeten DWI hatten alle mindestens drei Abteilungen (für *Wissenschaft und Organisa-*

[39] So wurde z.B. der von Helmut Berve als ausländischer Teilnehmer der großen altertumswissenschaftlichen Tagung des ‚Kriegseinsatzes der deutschen Geisteswissenschaften' (1.–3.4.41) in Berlin vorgesehene Altphilologe Hendrik Wagenvoort vom REM nicht eingeladen, weil die AO der NSDAP mitteilte, er müsse als deutschfeindlich bis -unfreundlich betrachtet werden. „In der letzten Zeit hat er sich besonders mit unseren Massnahmen gegen die Juden nicht einverstanden erklären können und sich auch dahingehend geäussert. Andererseits ist er nicht eine politisch in den Vordergrund tretende Persönlichkeit und hat nicht an einer direkten Hetze teilgenommen" (Berlin, BA R 4901/2752, Bl. 19).

[40] *Volkhard Laitenberger*, Akademischer Austausch und auswärtige Kulturpolitik. Der Deutsche Akademische Austauschdienst (DAAD) 1923–1945 (Quellensammlung zur Kulturgeschichte 21, Göttingen 1978).

tion [diese beiden Bereiche wurden häufig unter der Leitung eines Generalsekretärs oder Direktors zusammengelegt], für *Akademischen Austausch* und für *Sprachenfragen*). An ihrer Spitze stand im Normalfall ein deutscher Professor im Ordinarienrang als Präsident, der ein Fach vertrat, das für das Gastland besonders wichtig war. In die Romania wurden Romanisten entsandt, auf den Balkan Slawisten, nach Dänemark ein Historiker mit Schwerpunkt in der nordischen Geschichte, danach ein Altgermanist, nach Finnland ein Finno-Ugrist, nach Griechenland ein Germanist und Kenner der alt- wie der neugriechischen Literatur. Ausnahmen machten Budapest, wohin der Soziologe Hans Freyer abgeordnet wurde[41], der das Institut zusammen mit seinem Assistenten Helmut Schelsky aufbaute[42], weiterhin Zagreb und Preßburg, die Juristen und ehemalige Universitätsrektoren (Gustav Adolf Walz/Breslau und Wilhelm Saure/Prag) als Präsidenten bekamen, bzw. Stockholm, das von einem Bodenkundler und Spezialisten für Pflanzenernäherungslehre (Fritz Giesecke) geleitet wurde. Auch die Direktoren, die die Stellvertreter der Präsidenten und Leiter der Wissenschaftlichen Abteilungen waren, sollten möglichst Professoren, in jedem Falle habilitierte Dozenten sein. Sie waren meist Germanisten – die bekanntesten waren in Bukarest Hermann Schneider, Alt- und Neugermanist, nach dem Krieg der erste Tübinger Rektor, oder in Lissabon der Neugermanist Wolfgang Kayser, der dort für seine portugiesischen Studenten sein späteres Erfolgsbuch „Das sprachliche Kunstwerk" konzipierte, mit dem nachmals Generationen von deutschen Studenten der verschiedenen Literaturwissenschaften in ihre Disziplin eingeführt wurden. Doch es gab auch von diesem Prinzip wieder Ausnahmen, die durch die Rolle begründet wurden, die die einzelnen Länder im politischen Konzept der Nazis einnahmen. In Zagreb amtierte neben dem Staats- und Völkerrechtler Walz der Wiener Agrarökonom und Preispolitiker Max Stadler als Direktor, der für die wirtschaftliche Gleichschaltung Kroatiens verantwortlich war und engen Kontakt zur ‚Deutschen Handelskammer in Kroatien' (DHK) bzw. zur ‚Südosteuropa-Gesellschaft' (SOEG) in Wien unterhielt, einer auf Anregung Baldur von Schirachs gegründeten Einrichtung zur Koordination der Ostforschung mit dem Fernziel der wirtschaftlichen Ausbeutung der Balkanländer. Juristen sollten in Kroatien ein Rechtssystem aufbauen,

41 *Jerry Z. Muller*, The Other God That Failed. Hans Freyer and the Deradicalization of German Conservatism (Princeton, NJ 1987) 305–315.

42 *Helmut Schelsky*, Die verschiedenen Weisen, wie man Demokrat sein kann: Erinnerungen an Hans Freyer, Helmuth Plessner und andere, in: *ders.*, Rückblicke eines Anti-Soziologen (Opladen 1981) 148–153.

das dem deutschen ähnelte und vor allem einen ungeschmälerten Handelsverkehr ermöglichte. In Paris finden wir mit Karl Heinz Bremer als zweitem Mann hinter Karl Epting einen promovierten Historiker, Völkerrechtler und Romanisten, dessen hauptsächliche Funktion in der Überwachung der französischen Schriftsteller bestand, die entweder für die Kollaboration mit den Deutschen gewonnen, oder, wenn sie dies ablehnten, zum Verstummen gebracht werden sollten. In Stockholm wirkte hinter den Kulissen der Keltist und aktive SS-Mann Helmut Bauersfeld als zweiter Mann, der schon seit mehreren Jahren in der Auslandsarbeit der SS tätig war. In Brüssel amtierte mit Wolfgang Krönig ein angesehener Kunsthistoriker und Rubensspezialist, der wegen seiner präzisen Kenntnis der flämischen Kunst in Belgien hohes Ansehen genoß, aber auch bei der Beschlagnahme von Kunstwerken für den Einsatzstab Rosenberg (ERR) tätig wurde[43]. Bereits die personellen Besetzungen der DWI bezeugen ihre Heterogenität, doch waren sie Ausdruck einer meist zutreffenden politischen Einschätzung der Gastländer, nahmen jedoch nur vordergründig auf deren Interessen Rücksicht. Parteimitglieder der ersten Stunde oder der SS nahestehende Führungskader wurden dort eingesetzt, wo mit verstärktem Widerstand gegen deutsche Belange zu rechnen war, oder der deutsche Standpunkt ohne große Rücksichtnahme durchgesetzt werden sollte. Dies war in Kroatien, Schweden und der Slowakei der Fall. Es war eben ein Unterschied, ob ein DWI in einem besetzten, einem formal unabhängigen oder einem neutralen Land seine Tätigkeit entfaltete, ob es also der Anbahnung von Kollaboration, der Gleichschaltung zwecks Ausbeutung oder der Vertiefung einer Partnerschaft diente. Dabei spielte die geographische Nähe zu Deutschland und die allgemeine Kriegslage zum Zeitpunkt der Eröffnung eine gewisse Rolle, denn Portugal und Spanien, mit Einschränkung auch Schweden und Finnland, konnten sich vor der deutschen Kriegsmaschinerie relativ sicher fühlen und dementsprechend selbstbewußt auftreten, ja der deutschen Propaganda Beschränkungen auferlegen. In den besetzten Ländern (Belgien, Dänemark, Frankreich, Griechenland, Serbien) hielten sich Militärverwaltung und DWI angesichts des sich langsam, aber unübersehbar formierenden Widerstandes mit allzu massiver Indoktrination zurück. Am unverstelltesten trat die deutsche Kulturpropaganda in den faschistischen oder philofaschistischen Satellitenstaaten (Albanien, Italien, Kroatien, Serbien, Slowakei) auf, wobei dies für Albanien und

[43] *Willem de Vries*, Kunstraub im Westen 1940–1945. Alfred Rosenberg und der „Sonderstab Musik“ (Frankfurt a.M. 2000) 240.

Serbien erst für die Zeit nach dem Ausscheren Italiens aus der Achse gilt. Eine letzte Gruppe bilden die autoritär regierten Bündnispartner (Bulgarien, Rumänien, Ungarn), die ihre politische Zukunft bis 1944 mit der des Deutschen Reiches verquickt hatten. Ihre prodeutschen Eliten hatten z.T. in Deutschland studiert, bewunderten Land und Leute und hatten sich von den militärischen Anfangserfolgen blenden lassen. Der deutschen Kulturpropaganda kam hier die Aufgabe zu, mal zu locken, mal zu beschwören oder gar zu drohen, je nachdem, wohin sich das Zünglein an der Waage der pro- bzw. anti-deutschen Fraktionen neigte. Zum Präsidentenamt waren reine Philologen demnach ungeeignet, insbesondere auf dem Balkan. Wo sie dennoch Institute leiteten wie Alois Schmaus in Belgrad und Hans Duda in Sofia, spielten diese keine wirkliche Rolle im öffentlichen Leben der Gastländer. Wo aber Männer wie Rudolf Fahrner (Athen), Hans Freyer (Budapest), Ernst Gamillscheg (Bukarest) oder Karl Epting (Paris) amtierten, die Gelehrte, Kulturmanager und Diplomaten in einem waren, war die Anziehungskraft der von ihnen präsidierten Häuser groß. Insbesondere bei Konzerten, Vorträgen und Empfängen gaben sich die einheimischen Eliten in ihren Instituten ein Stelldichein.

Die wichtigste Abteilung der DWI, die *Wissenschaftliche*, war für den Austausch von Professoren, die Organisation von Vortragsreisen deutscher Gastredner, die Durchführung von Kunstausstellungen, Konzerten und Bücherschauen zuständig. Sie richtete die Geburtstagsfeiern deutscher Geistesheroen aus (Herder, Hölderlin, Nietzsche u.a.), die besonders festlich begangen wurden. Die zweite, die *Akademische Abteilung*, organisierte den Austausch von Studenten, Lehrern, Praktikanten, Schülern usw., was bisher die Aufgabe des DAAD und der Alexander-von-Humboldt-Stiftung, die später von Six in ‚Deutsches Studienwerk für Ausländer' umbenannt wurde, gewesen war. Die dritte, die *Sprach[en]abteilung,* betreute die über die einzelnen Länder verteilten Lektorate und erstellte vor allem geeignete Lehrbücher für den Sprachunterricht im Rundfunk, dessen mediale Möglichkeiten klar erkannt wurden. Ihr Leiter war fast immer ein Abgesandter der bereits in der Weimarer Republik (1925) gegründeten Deutschen Akademie (DA) in München, auch sie ein französisches Konkurrenzunternehmen und an der ‚Académie Française' orientiert. Die Sprach[en]abteilung galt bis zum Juni 1943 als ‚Mittelstelle' der DA[44], die dann ihre Zuständigkeit

[44] Der Ausdruck ‚Mittelstelle' wurde im Unterschied zur Zentrale in München, der ‚Hauptstelle', gewählt und bezeichnete im allgemeinen das Lektorat in der Hauptstadt, von

endgültig verlor. Den etwa 200 Auslandslektoren wurde eingeschärft, sich bei ihrem Unterricht nicht nur als Sachwalter der deutschen Kultur, sondern zugleich auch als Vorkämpfer einer neuen europäischen Großraumordnung zu verstehen[45]. Gelegentlich gab es eine eigenständige vierte Abteilung, die *Schrifttumssabteilung*, die für die Übersetzung wichtiger deutscher Bücher in die Sprache des Gastlandes und umgekehrt, vor allem aber auch für die Publikation der von jedem DWI herauszugebenden Zeitschrift und/oder Buchreihe, verantwortlich war. Meist wurde zugleich eine Bestandsaufnahme aller aus dem Deutschen in die Landessprache übersetzten Bücher in Angriff genommen. Diese Abteilung arbeitete eng mit der Institutsbibliothek zusammen. Diese konnte natürlich nicht den Gesamtbestand geisteswissenschaftlicher Publikationen in deutscher Sprache umfassen, sondern sollte solche Bücher anschaffen, die einheimische Gelehrte für die Durchführung einer bestimmten Forschungsarbeit benötigten. Darüber hinaus sollte sie deutschsprachige Zeitschriften, aber auch alle einschlägigen NS-Gesetze und -Bestimmungen bereithalten. Letztere wurden in sog. Informationsbibliotheken zusammengefaßt, deren Pflege sich das Propagandaministerium angelegen sein ließ. Schallplatten deutscher Musik in deutscher Einspielung, aber auch solche mit Klassikerlesungen sowie Sprechproben für den Sprachunterricht bzw. Fotos deutscher Universitätsstädte, Landschaften und Kunstwerke wurden ebenfalls von den Informationsbibliotheken gesammelt, deren Bestände von jedermann ausgeliehen werden konnten. In Einzelfällen sollten weitere Abteilungen geschaffen werden, wenn die Besonderheiten eines Landes dies als sinnvoll erschei-

wo die anderen ‚hauptamtlichen Zellen' [=Lektorate] und ‚nebenamtlichen Stellen' [=Zweigstellen] betreut wurden. Anfang 1944 gab es 100 Zellen mit 150 Stellen und 180 Lektoren. Für 1942 wird die Hörerzahl insgesamt mit 64000, 1943 noch mit 60000 angegeben, dabei entfielen 12000 auf Frankreich, 10000 auf Ungarn, 5000 auf Bulgarien und 3500 auf Griechenland („Niederschriften gefertigt auf der Mittelstellenleitertagung der Deutschen Akademie vom 11. 2.–16. 2. 1944", in: Berlin, BA R 51/26, Bl. 0211634, 0211637).

[45] *Walter Kunze*, Die Spracharbeit der Deutschen Akademie, in: Jahrbuch der deutschen Sprache 2 (1944) 135–142, umriß die Aufgaben der Lektoren wie folgt: „Von allen Mitarbeitern an der Spracharbeit der Deutschen Akademie muß ein hohes Verantwortungsgefühl und eine wahre Liebe zur deutschen Kultur und zum Deutschtum gefordert werden; denn nur ein unbeirrbarer Glaube an die Sendung der deutschen Sprache und die kulturelle Zukunft des deutschen Wesens gibt dem Lektor die Kraft, die ganze Schönheit der deutschen Sprache im Auslande lebendig werden zu lassen und sie tagtäglich weiter zu vermitteln. Die deutsche Sprache ist genau wie das deutsche Buch ein berufener Vorkämpfer für die neue Ordnung des europäischen Großraumes. Die Deutsche Akademie ist deshalb mit berechtigtem Stolz erfüllt, daß der Führer ihr so grundlegende Aufgaben auf dem Gebiete der Spracharbeit zugewiesen hat." (142)

nen ließen. Auf Druck von Rosenberg sollten den DWI auf dem Balkan und in Westeuropa Abteilungen für Juden- und Freimaurerfragen eingegliedert werden, was jedoch unterblieb. Je nach Situation wurde die Schaffung von Abteilungen für Kunstgeschichte, Archäologie, Landwirtschaft, Geologie usw. ins Auge gefaßt. Einmalig war die ‚Arktische Abteilung' des DWI Kopenhagen, deren Leiter Hans Frebold ein anerkannter Paläontologe, Geologe und Glaziologe war und mehrere erfolgreiche Expeditionen nach Spitzbergen und Grönland geleitet hatte. Am kuriosesten war der Plan, dem DI Bordeaux, einer Pariser Zweigstelle, eine önologische Abteilung anzugliedern, die von einem Vertreter des deutschen Weinhandels in Zusammenarbeit mit einem Lektor geleitet werden sollte.

Das DI in Paris besaß immer einen Sonderstatus, da sein Direktor Karl Epting ein besonderes Vertrauensverhältnis zu Botschafter Otto Abetz unterhielt und eine Zeitlang in Personalunion das DI und die Kulturabteilung der Botschaft leitete. Beide Männer kannten sich aus der deutsch-französischen Kulturarbeit der frühen dreißiger Jahre (sog. Sohlbergkreis) und waren noch von dem Verständigungswillen der späten Weimarer Republik geprägt, der jetzt unter anderen Vorzeichen und mit ganz anderen Möglichkeiten weitergeführt werden sollte. Deutschland sollte nicht länger die empfangende, sondern endlich die gebende und bestimmende Nation sein. Von gleichberechtigter Partnerschaft war nicht mehr die Rede. Epting wurde mit Finanzmitteln überreich bedacht und konnte außer der Grundausstattung von vier Abteilungen noch drei weitere für Kunstgeschichte, Archivwesen bzw. Forst- und Bodenkunde angliedern. Die vom Präsidenten des ‚Reichsinstituts für ältere deutsche Geschichte (MGH)', Theodor Mayer, entworfene historische Abteilung kam trotz entsprechender Berufungszusagen durch das Reichsministerium für Erziehung, Wissenschaft und Volksbildung bei Mayers Wechsel von Marburg nach Berlin nicht zustande[46]. Einzig Paris hatte eine Archivabteilung, die angeblich für alle DWI vorgesehen war. Es handelte sich dabei um eine den ‚Einsatzstäben Rosenberg' ähnelnde Einrichtung, die keine Kunstgüter, sondern Urkunden, Dokumente, Karten und seltene Bücher requirieren und unter dem Vorwand, sie hätten einmal Deutschland gehört oder seien Teil seines kulturellen Erbes, nach Deutschland verbringen sollte. Der ‚Pariser Archivstützpunkt', der unter der Leitung des

[46] *Conrad Grau*, Planungen für ein deutsches historisches Institut in Paris während des zweiten Weltkrieges, in: Francia 20/III (1992) 109–128.

niedersächsischen Archivdirektors Georg Schnath stand, präsentierte den Franzosen übrigens eine Liste mit insgesamt 20788 Stücken[47].

Abetz, Epting und Bremer wollten aus dem DI Paris eine Schaltstelle der Kollaboration und eine Drehscheibe für eine neue landeswissenschaftliche Orientierung der Geisteswissenschaften machen[48]. Die Anfangserfolge – jeweils 3 bis 400 Hörer bei den Vorträgen und über 5000 Anmeldungen für die Sprachkurse – schienen diesem Konzept recht zu geben. Doch Epting war mitnichten der Frankreichfreund, als der er sich vor, im und nach dem Krieg darzustellen versuchte. Als politischer Publizist war er janusköpfig, denn er bediente sich neben seines wirklichen noch eines sprechenden, gut süddeutschen Alias-Namens, Matthias Schwabe, unter dem er all das veröffentlichte, was deutlich frankreichkritische bis frankreichfeindliche Züge aufwies[49]. Kurz vor Kriegsausbruch publizierte er ein 60seitiges Pamphlet mit dem Titel „Die französische Auslandspropaganda"[50]. Diese könne in ihren Zielen niemals das Modell der deutschen sein, die ihren eigenen Weg gehen müsse, der „durch die geistige deutsche Tradition selbst und durch die völkische Haltung des Nationalsozialismus, die der Vorstellung eines Menschheitsgeistes, wie er von Frankreich vertreten wird, das lebendige Zusammenspiel völkischer und national gebundener Welten gegenüberstellt". Die deutsche Kulturpolitik habe nach dem Willen der deutschen Führung nicht die Aufgabe, den Nationalsozialismus in der Welt zu verbreiten, „sondern jenen freien schöpferischen und befruchtenden Austausch im Leben der Völker wieder herzustellen, der durch die Aufklärung und das Jahrhundert der französischen Revolution verloren gegangen ist". Denn die Kommandostellen der französischen auswärtigen Kulturpolitik seien mit Juden besetzt, und gegen diese ‚Verjudung' müsse sich Deutschland wehren. Der französische Judaismus liege auf einer Linie mit Humanis-

[47] *Karl Heinz Roth*, Eine höhere Form des Plünderns. Der Abschlußbericht der „Gruppe Archivwesen" der deutschen Militärverwaltung in Frankreich 1940–1944, in: 1999. Zeitschrift für Sozialgeschichte des 20. und 21. Jahrhunderts Jg. 4 (1989) 79–112.

[48] *Ernst Haiger*, Politikwissenschaft und Auslandswissenschaft im ‚Dritten Reich' – (Deutsche) Hochschule für Politik 1933–1939 und Auslandswissenschaftliche Fakultät der Berliner Universität 1940–1945, in: *Gerhard Göhler, Bodo Zeuner* (Hrsg.), Kontinuitäten und Brüche in der deutschen Politikwissenschaft (Baden-Baden 1991) 94–136.

[49] Zu denken ist vor allem an die von ihm publizierte Reihe, ‚Frankreich gegen die Zivilisation', die im Vorfeld des Westfeldzuges ersonnen wurde und 1940/41 erschien, vgl. *Hausmann*, Deutsche Geisteswissenschaft 314–316. Für den vorliegenden Zusammenhang ist die Schrift von *Eduard Halm*, Die Alliance Française, der Weltbund des französischen Kulturimperialismus (Berlin 1940) wichtig.

[50] *Matthias Schwabe*, Die französische Auslandspropaganda. Ihre Grundlagen und Voraussetzungen (Kulturpolitische Schriftenreihe des DAAD 2, Berlin 1939) 59f.

mus, Latinismus und Katholizismus. Alle Mittel der Verbreitung französischer Denk- und Lebensart seien den Franzosen recht, um die anderen Völker an sich zu binden, und Epting-Schwabe nennt in diesem Zusammenhang Sprache, Literatur, Musik, Tanz, Architektur und bildende Kunst, Film, Lebensstil, die Metropole Paris und die Wissenschaft. Wenn schon nicht die Ziele, so könne Deutschland die Mittel dieser Kulturpolitik imitieren.

Wenn Paris nicht als erstes, sondern erst als zweites Institut eröffnet wurde, so lag das an der ungeklärten Präsidentenfrage. Das Institut war ganz auf die Person Eptings zugeschnitten, der jedoch kein Ordinarius war und sich erst 1943 bei Franz Alfred Six an der Auslandswissenschaftlichen Fakultät (DAWF) in Berlin für französische Landeskunde habilitierte, ohne allerdings jemals auf eine romanistische Professur berufen zu werden. Er fungierte dementsprechend immer nur als vorläufiger Präsident, das Institut nicht als DWI, sondern nur als DI. Da Abetz kein Interesse an einem Leitungswechsel hatte, blieb Epting mit einer kurzen Unterbrechung im Jahr 1942/43 bis zum Kriegsende Leiter des Pariser Institutes. Michels hat in seiner Studie das Pariser Institut minutiös beschrieben, über das auch genügend einschlägiges Material erhalten ist. Will man jedoch wissen, welche Persönlichkeiten dort ein und aus gingen, muß man die Memoiren von Eptings Ehefrau Alice Kullmann-Epting lesen. Sie verklärt zwar diese Zeit, läßt aber ein plastisches Bild vom reichen kulturellen Leben des Pariser Instituts entstehen[51]. Insbesondere die von Arno Brekers Freund Karl Epting im Auftrag des Pariser DI organisierte Gesamtschau von dessen bildhauerischen Werken in der Orangerie in den Pariser Tuilerien im Mai 1942 verdeutlicht, welche Brückenfunktion die Kollaboration hätte haben können, wenn ihr Dauer beschieden gewesen wäre. Bei der Eröffnung war Ministerpräsident Pierre Laval zugegen, hielt Kultusminister Abel Bonnard die Eröffnungsrede, verzichteten Speer und Göring nur aus Sicherheitsgründen auf eine Teilnahme, ließen sich aber einen Tag später vom Bildhauer persönlich herumführen. Marschall Pétain bedankte sich für den von Flammarion verlegten Prachtkatalog mit einem Handschreiben. Breker hat im nachhinein die Unabhängigkeit des DI betont, das sich der Kontrolle und den Wünschen parteipolitischer Tendenzen zu entziehen verstanden habe. „Es wußte seine Souveränität zu verteidigen. Im entgegengesetz-

[51] *Alice Epting-Kullmann*, Pariser Begegnungen (Hänner über Säckingen 1972); *dies.*, Zwischen Paris und Fluorn. Erinnerungen aus den Jahren 1944–1945 (Burg Stettenfels bei Heilbronn a.N. 1958).

ten Fall wären Epting wie dem Institut auf dem sehr kritischen Boden von Paris nur wenige Monate des Bestehens beschieden gewesen."[52] Breker übersieht oder unterschlägt, daß die Ausstellung auf dem Höhepunkt der deutschen militärischen Erfolge stattfand, als die Armeen nach dem Stillstand vom Spätherbst 1941 wieder vorrückten und noch niemand an eine deutsche Niederlage glaubte. Ein halbes Jahr später war die Situation völlig verändert. Die Zeitungen deuteten seine Werke übrigens ganz im NS-Sinne. „Zu welchen künstlerischen Ergebnissen Breker durch die Begegnung mit dem Nationalsozialismus geführt worden ist, zeigt ein Rundgang durch die Ausstellung. Viele von seinen bekannten Plastiken zeigen jetzt ganz neue Schönheiten, so etwa der ‚Dionysos' oder die ‚Berufung' oder der ‚Prometheus', die Umrisse scheinen weicher geworden; schwellender und lebensvoller tritt das Spiel der Muskeln hervor. Wie sich gegenüber diesen statuarischen Gestalten Brekers künstlerisches Temperament im ungestümen Rhythmus der künstlerischen Bewegung offenbart, davon zeugt sein gewaltiges Relief ‚Kameraden', das die mythische Erinnerung an Achill heraufbeschwört, eines der zahlreichen Werke, die für ein Bauwerk der Berliner Ost-West-Achse bestimmt sind und Brekers Berufung für den Zusammenklang von plastischen und architektonischen [sic] Schaffen beweisen."[53]

Die Kriegswende vom Herbst/Winter 1942/43 (Landung und Gegenoffensive der Alliierten in Nordafrika, Stalingrad) machte den meisten Franzosen jedoch klar, daß die Achse dabei war, den Krieg zu verlieren. Damit erlahmte bei der Durchschnittsbevölkerung auch das Interesse an der Kollaboration. An den Veranstaltungen des DI nahmen immer weniger Leute teil, vorzugsweise unbeugsame Kollaborateure, denen Alice Epting-Kullmann in ihren „Pariser Begegnungen" ein Denkmal gesetzt hat (Sacha Guitry, Jean-Louis Barrault und Madeleine Renaud, Serge Lifar, Robert Brasillach, Jean Cocteau, Lucien Daudet, Alphonse de Châteaubriant, Drieu la Rochelle, Abel Bonnard, Céline, Alexis Carrel). Für sie alle war das DI, wie Brasillach es beschrieb, ein wichtiges Begegnungszentrum gewesen. Er habe dort den Verleger Gallimard sowie die Schriftsteller Georges Duhamel und Jean Giraudoux getroffen, die nie der Kollaboration verdächtigt worden seien. „Je crois qu'à l'Institut Allemand, on pouvait y aller exactement comme un ambassadeur va dans un pays étranger. Je crois qu'on pouvait avoir avec l'Institut Alle-

[52] *Arno Breker*, Im Strahlungsfeld der Ereignisse. Leben und Wirken eines Künstlers. Porträts, Begegnungen, Schicksale (Preußisch Oldendorf 1972) 208f., hier 216.

[53] *Gerhard Bohlmann*, Arno Breker in Paris. Ausstellung in der Orangerie, in: Donauzeitung 2. Jg., Nr. 123 (29.5.42) 8.

mand les rapports qu'on a avec un pays qui, certes, est un pays occupant, un pays malheureusement occupant, mais il est là: il faut malheureusement avoir des rapports avec lui, et il faut savoir ce qu'est l'Allemagne."[54]

Die anderen DWI, deren Quellenlage wesentlich schlechter ist als die von Paris[55], funktionierten im Prinzip zwar ähnlich wie Paris, dennoch muß jedes in seinem ganz spezifischen nationalen Umfeld und im Hinblick auf sein Führungspersonal betrachtet werden. Die Institute erhielten stets repräsentative Gebäude, vorzugsweise die aufgelassenen Botschaften der eroberten Länder, die ihre Unabhängigkeit verloren hatten. In Paris, Brüssel und Bukarest waren dies die polnischen Botschaften, in Athen die jugoslawische, in Madrid anfangs die tschechische, in Paris das Haus der tschechischen Kolonie für die kunsthistorische Abteilung. Ansonsten wurden repräsentative Mietobjekte gesucht und, wie in Madrid[56], im Stil faschistischer Repräsentativbauten umgestaltet. Von der Ausführung reichseigener Neubauten mußte mit Rücksicht auf die kriegsbedingte Devisenlage Abstand genommen werden. Neben Büro- und Bibliotheksräumen gab es einen Festsaal für Vorträge, Konzerte und Empfänge, der mindestens 150–200 Personen fassen konnte.

Die DWI fielen, dem damals herrschenden polykratischen Prinzip gemäß, in die Zuständigkeit mehrerer Ministerien und Behörden. Die abgeordneten Wissenschaftler und die Austauschabteilung hingen vom REM ab. Professoren wurden von ihrer Stammuniversität beurlaubt und als Reichsprofessoren dem REM unmittelbar unterstellt. Die Lektoren unterstanden der DA, die gemäß einem Führererlaß vom 15. November 1941 vom Auswärtigen Amt und dem Propagandaministerium als Aufsichtsbehörden gemeinsam betreut wurde[57]. Das AA beanspruchte jedoch bis zum Ende des ‚Dritten Reiches' die Federführung über die DWI und verwaltete seine Finanzmittel. Diese Konstruktion zielte auf eine Entmachtung der allzu selbständigen DA ab, deren Generalsekretär, der

[54] *Jacques Isorni*, Le Procès de Robert Brasillach (19 Janvier 1945) (Paris 1946) 35, 38, 79, 86f., 185f. (über die Reise zu den Weimarer Dichtertagen bzw. die Gäste im DI, wobei Brasillach pikanterweise Georges Duhamel, Gaston Gallimard und Jean Giraudoux nannte, die sich bei Kriegsende dem Widerstand zurechneten).

[55] Vgl. demnächst dazu meine Studie in den ‚Veröffentlichungen des Max-Planck-Instituts für Geschichte' (Göttingen), die vom Verlag Vandenhoeck & Ruprecht herausgegeben wird. Sie trägt den gleichen Titel wie der vorliegende Aufsatz.

[56] *Antonio Truyol Serra*, El nuevo Instituto Alemán de Cultura, in: Investigaciones y Progreso 6 (1941) 225–230 (mit zahlr. Abb.).

[57] *Wolfgang Schlicker*, Die ‚Deutsche Akademie', in: Jahrbuch für Volkskunde und Kulturgeschichte 20 (1977) 43–66.

Bayerische Ministerpräsident Ludwig Siebert, sich mit aller Kraft gegen die Eingliederung der Lektorate in die DWI und ihre Unterstellung unter das AA wehrte. Er versuchte dem dadurch entgegenzuwirken, daß er alle DWI-Präsidenten in passende wissenschaftliche Abteilungen oder Länderausschüsse der DA berufen ließ, um ihnen zu schmeicheln und sie den Anliegen der DA besonders gewogen zu machen. Zugleich wurden ihnen Forschungsgelder in Aussicht gestellt. Für die romanistischen DWI-Präsidenten wurde 1942 eigens eine ‚Abteilung für Deutsch-romanische Studien' unter der Leitung des Münchner Romanisten Gerhard Rohlfs gegründet. Er war zwar kein DWI-Präsident, lehrte aber in München, dem Sitz der DA, und konnte als Neutraler die Abteilung im Sinne der DA dirigieren. Auf die Dauer war Sieberts Widerstand jedoch zwecklos, denn die DWI genossen die Rückendeckung mächtiger Minister wie Goebbels, Ribbentrop und Himmler und waren dazu auserkoren, langfristig die kulturellen Beziehungen mit den Ländern ihres Sitzes zu beherrschen. Der DA blieben nur die Orte im Hinterland, wo die Sprach- und Kulturarbeit mühselig und glanzlos und ein wirklich interessiertes Publikum die Ausnahme war. Als Siebert 1941 verstarb, wurde Arthur Seyß-Inquart, der Reichskommissar für die besetzten Niederlande, neuer Präsident der DA. Er konnte sich wegen seiner Ämterfülle jedoch kaum um die Akademie kümmern und überließ die Arbeit seinem Vizepräsidenten, dem Münchner Rektor Walther Wüst, der zugleich Kurator des ‚Ahnenerbes e.V.' der SS war. Zu nennenswerten Kompetenzstreitigkeiten zwischen AA, REM und Propagandaministerium ist es offenbar nicht gekommen. Nur einmal hat ein deutscher Minister an den Eröffnungsfeierlichkeiten eines DWI teilgenommen, und zwar Erziehungsminister Bernhard Rust in Sofia im Oktober 1940. Danach überließ man die gebotene Repräsentanz der nachgeordneten Ebene der Staatssekretäre oder Ministerialdirigenten. So wichtig war die Kulturpolitik nun auch wieder nicht. Ribbentrop selber betrachtete es überhaupt als unter seiner Würde, einem solchen Festakt beizuwohnen; ihm reichte es, wenn er die Genehmigung für die Errichtung der einzelnen Institute aussprach.

Im Zuge des personellen Revirements im AA nach dem Sturz Staatssekretär Luthers im Februar 1943 übernahm der schneidige SS-Standarten-, gegen Kriegsende Brigadeführer Franz Alfred Six im Range eines Gesandten die Leitung der Kulturabteilung[58]. Er war zugleich Dekan

[58] *Hans-Jürgen Döscher*, Das Auswärtige Amt im Dritten Reich. Diplomatie im Schatten der „Endlösung" (Berlin 1987) 257–261, 193f.; *Lutz Hachmeister*, Der Gegnerforscher. Die Karriere des SS-Führers Franz Alfred Six (München 1998).

der ‚Auslandswissenschaftlichen Fakultät‘ (DAWF) der Friedrich-Wilhelms-Universität in Berlin und Direktor des dort angebundenen ‚Deutschen Auslandswissenschaftlichen Instituts‘ (DAWI). Der ‚Gegnerforscher‘ Six entfaltete eine rege Reise- und Visitationstätigkeit. Vor allem betrieb er die Errichtung von Instituten in den europäischen Ländern, die noch kein DWI hatten. Bei den Eröffnungsfeierlichkeiten der DWI in Zagreb (Agram) am 23. 9. 43, Bratislava (Preßburg) am 18. 11. 43, Lissabon am 21. 1. 44 und Venedig am 17. 2. 44 war er persönlich anwesend; die Gründungen in Helsinki, Stockholm, Tirana, Venedig und Mailand gehen ebenfalls auf seine Initiative zurück, die meisten anderen Institute hat er ‚visitiert‘. Durch Six gerieten die DWI unaufhaltsam in den Bannkreis der SS und verloren spätestens jetzt ihre Harmlosigkeit. Otto Höfler, der 1943 Otto Scheel in Kopenhagen ablöste, war der Wunschkandidat des ‚Ahnenerbes e.V.‘ der SS, für das er Gutachten erstellte und in dessen Schulungsstätten er Vorträge hielt. Die Sprachkurse des DWI in Kopenhagen galten als Treffpunkt dänischer Gestapoagenten. Der Stellvertreter von Präsident Giesecke in Stockholm, der bereits erwähnte Helmut Bauersfeld, wurde 1944 als Gestapo-Agent ausgewiesen; Giesecke selber war Schulungsleiter im Rasse- und Siedlungshauptamt der SS. Im Mai 1944 diente das DWI Budapest dem RSHA VI G (SS-Untersturmführer Reinhold Krallert) als Schaltstelle. Nach dem Überfall auf die Sowjetunion verhandelte Freyer mit den Vertretern der deutschen Volksgruppe in Ungarn über die Aufstellung von SS-Freiwilligenverbänden und ordnete Institutsmitarbeiter für raumplanerische Erfassungsarbeiten ab. In Venedig, an dessen Spitze der Six-Kollege und Duzfreund Albert Prinzing stand, ein SS-Mann im Range eines Hauptsturmführers, ging SS-Obergruppenführer Karl Wolff ein und aus, der seit dem 26. 7. 44 als Bevollmächtigter General der Wehrmacht die Regierung Mussolinis in Salò kontrollierte. Der Preßburger Präsident Saure war zugleich SS-Oberführer im Rasse- und Siedlungshauptamt. Von allen DWI wurden jüdische Gelehrte ausgespäht und dem REM in Berlin gemeldet, um Einladungen an sie zu vermeiden.

Somit stellt sich spätestens an dieser Stelle die Frage nach der wissenschaftlichen Qualität und Dignität der DWI, nach ihrer Wirkung auf die Gastländer und nach der Rolle der in ihnen im weitesten Sinne tätigen Gelehrten. Zunächst ist festzuhalten, daß, kriegsbedingt, nur etwa die Hälfte aller DWI wirklich funktioniert hat. Wenn wir die auswärtige Kulturpolitik während des Krieges in ihre wichtigsten Phasen unterteilen, so erhalten wir eine Anfangsphase der Bestandsaufnahme und Schuldzuweisung am Kriegsausbruch (1939–40), eine Siegerphase

(1940–42) bzw. eine Rückzugsphase (1942–45). Die DWI entstanden im zweiten bzw. im dritten Abschnitt. Während im zweiten das AA dominierte und mit Hilfe von Wissenschaft, Kunst und Kultur den deutschen Einfluß bei den fremden Eliten sichern wollte, die angesichts der französischen Niederlage und der Anfangssiege der Wehrmacht im Osten jeden Gedanken an Revanche aufgegeben hatten oder, wenn schon nicht aus Überzeugung, so doch aus Klugheit gewillt waren, sich mit Deutschland zu arrangieren, herrschten in der dritten Phase, als sich die deutsche Niederlage abzeichnete, Appelle zur Rettung des Abendlandes vor. Das Großdeutsche Reich kämpfe, so ließ sich vor allem Six vernehmen, an allen Fronten für die europäische Kultur und Zivilisation und gegen die ‚angloamerikanischen Plutokraten' bzw. die ‚bolschewistischen Untermenschen'. Statt Großraum sprach Six von einem Neuen Europa, aber diese Europaideologie konnte die deutschen Hegemoniepläne nur mühsam kaschieren[59]. Die in der Endphase des Dritten Reiches erfolgten DWI-Gründungen in Preßburg, Tirana, Venedig und Mailand kamen wegen der sich abzeichnenden militärischen Niederlage jedoch so gut wie nicht mehr zum Zuge. Die ephemeren Regierungen, bei denen sie akkreditiert waren, hatten entweder keinen Rückhalt in der Bevölkerung, so daß kein Publikum in die Institute strömte, oder die lokalen Verwaltungen waren infolge von Kampfhandlungen und Partisanenaktivitäten bereits in Auflösung begriffen. Als die von Bukarest verwaltete Zweigstelle für das rumänisch annektierte Transnistrien in Odessa eröffnet wurde (10. 3. 44), war die Offensive der Truppen der 3. Ukrainischen Front zur Befreiung der Südukraine bereits in vollem Gange. Sie erreichte am 10. April ihr Ziel. Das Institut, das vor allem der Bekämpfung des Bolschewismus dienen sollte, wurde von einer Bombe zerstört, und sein Direktor Günther Reichenkron mußte Hals über Kopf nach Bukarest fliehen. In Finnland gab es nur einen Zweimannbetrieb in wechselnden angemieteten Räumen. Hier war die Arbeit besonders schwer, weil die Finnen sich jegliche Form ausländischer Propaganda grundsätzlich verbaten. Hans Grellmann, ein angesehener Finno-Ugrist, stand auf verlorenem Posten, zumal es nur in Turku ein Deutschlektorat gab. Madrid war als Institut nicht besonders effektiv, weil der erste Präsident, der Romanist Theodor Heinermann, meist in Münster blieb und Anfang 1944 aus Krankheitsgründen demissionierte. Sein Nachfolger, der bekannte

[59] *Franz Alfred Six* (Hrsg.), Europa und die Welt. Gesammelte Beiträge (Berlin 1944); *H.W.*, Die Deutschen Wissenschaftlichen Institute, in: Volkstum im Südosten (1943) 236–239, hier 237.

Münchner Romanist Karl Vossler, scheute als Herzkranker den wegen der permanenten Angriffe feindlicher Jagdflugzeuge unumgänglichen Stratosphärenflug nach Spanien und trat sein Amt erst gar nicht mehr an. Die übrigen Institute hatten maximal vier, meist jedoch nur zwei Jahre zur Verfügung, um sich zu etablieren und ihren Arbeitsrhythmus zu finden. Gemessen daran können sich vor allem ihre Publikationen sehen lassen. Die von Belgrad, Brüssel, Bukarest, Kopenhagen, Lissabon, Paris, Sofia und Stockholm herausgegebenen Reihenwerke – insgesamt 53 Bände – decken alle wichtigen Bereiche der Geistes- wie der Naturwissenschaften ab, wobei das Pariser und das Stockholmer DWI das breiteste Spektrum aufweisen. Die Unterschiede sind jedoch augenfällig: Stockholm legte insgesamt vier Reihen auf: ‚Geisteswissenschaften und Theologie', ‚Rechts- und Staatswissenschaften', ‚Naturwissenschaften' sowie ‚Medizin und Veterinärmedizin'. Die beiden ersten Reihen umfassen nur jeweils einen Titel, einmal von Bauersfeld, einmal von dem schwedischen Bevölkerungswissenschaftler Höijer. Ansonsten kommen nur Naturwissenschaftler und Mediziner zu Wort, denn nach Aussage von Six' Freund Mahnke besuchten 1943 und 1944 nur etwa zehn Gastprofessoren aus den Bereichen Medizin und Naturwissenschaften Stockholm, „as the Swedes would have been suspicious and the Germans would not have expected success, if there had been German guest professors in such fields as history, social sciences and journalism"[60]. Epting ließ am Pariser DI in der Reihe der ‚Cahiers de l'Institut Allemand' in sieben Bänden in französischer Sprache ausgewählte Vorträge seiner zahlreichen Gäste erscheinen und mischte naturwissenschaftliche Spitzenforschung mit eindeutiger politischer Propaganda. So wurden insbesondere das neue NS-Recht, das sich in einem nie fertiggestellten, von der Akademie für Deutsches Recht zu erstellenden ‚Deutschen Volks-Gesetzbuch' niederschlagen sollte, das NS-Sozialsystem und die neue NS-Literatur in eigenen Aufsatzreihen vorgestellt. Die zwölf von Frebold herausgegebenen Bände der Kopenhagener Arktis-Reihe leisteten hingegen Grundlagenforschung und werden z.T. heute noch benutzt; Analoges gilt für die vier von Alois Schmaus publizierten Arbeiten zu den sprachlichen Beziehungen zwischen dem Serbischen und dem Deutschen, darunter ein mehrfach aufgelegtes Lehrbuch der serbischen Sprache, bzw. für die von Herbert Duda betreute Sofioter Reihe, in der mit der Publikation aller Bulgarien betreffenden osmanischen Urkunden be-

60 Befragung von Six' Sekretärin Gerda Scholz, Six und Mahnke, vgl. München, IfZ MA 1300/3.

gonnen wurde. Mehrere Institute gaben eigene Zeitschriften heraus (Agram-Zagreb, Lissabon, Madrid, Paris mit der Außenstelle Besançon, Venedig), in denen die am Institut gehaltenen Gastvorträge in der jeweiligen Landessprache bzw. Beiträge einheimischer Wissenschaftler auf Deutsch abgedruckt wurden. Hinzu traten Rezensionen und bibliographische Informationen. Sieht man von der in Paris verlegten „Vierteljahresschrift des Deutschen Instituts Deutschland-Frankreich" einmal ab, sind alle diese Zeitschriften weitgehend frei von NS-Propaganda. Aber das kann auch daran liegen, daß sie, wie in Lissabon, nur mit einer Nummer erschienen oder, wie in Madrid, ausschließlich aus bibliographischen Angaben bestanden.

Alle DWI luden bekannte deutsche Künstler, Schauspieler, Dichter und Gelehrte ein, doch der Umfang dieses intensiven Wissenschaftstourismus ist im einzelnen kaum noch zu rekonstruieren, da jährlich Hunderte von Personen an ihm beteiligt waren[61]. Die Eingeladenen hielten nicht nur in den Instituten Vorträge, veranstalteten Lesungen und gaben Konzerte, sondern taten dies auch außerhalb an Universitäten, Akademien und zentralen Forschungseinrichtungen der jeweiligen Gastländer. Am spektakulärsten war, wie wir einem Theaterstück des New Yorker Autors Michael Frayn entnehmen können, das gerade in den USA für Furore sorgt, Werner Heisenbergs Besuch beim DWI Kopenhagen im Mai 1941. Er traf mit Niels Bohr zusammen und unterhielt sich angeblich mit ihm über den Bau einer deutschen Atombombe, der dann glücklicherweise unterblieb. „Bauen oder nicht bauen, war die Frage, und Frayn lässt es unmissverständlich, dass das Schicksal der Welt damals weder von Soldaten noch Politikern, sondern von diesen beiden Theoretikern abhing."[62] Neben Heisenberg konnten auch Max Planck, Otto Hahn und Carl Friedrich von Weizsäcker der ungeteilten Aufmerksamkeit ihrer ausländischen Kollegen sicher sein, wie wir aus Budapest, Lissabon und Venedig wissen. Sie sprachen über die Bedeutung der Atomphysik, und selbst Nicht-Spezialisten schienen deren Bedeutung für den Ausgang des Krieges zu ahnen.

Diese umfangreiche Reisetätigkeit wurde im Verlauf des Krieges keineswegs reduziert, sondern sogar forciert und als wesentlicher Bestandteil der Kollaboration begriffen. Im akademischen Jahr 1940/41 kamen, wenn wir Herbert Scurlas Angaben trauen dürfen, angeblich 400 auslän-

[61] *Herbert Scurla*, Hochschule und Wissenschaft im nationalsozialistischen Deutschland, in: Geist der Zeit 19 (1941) 617–634.

[62] Welt am Sonntag Nr. 22 (28. Mai 2000) 45 („Danas Woche").

dische Gelehrte nach Deutschland, dazu auf Vermittlung des ‚Deutschen Studienwerks für Ausländer', das in Einzelfällen Stipendien vergab, 5000 Studenten, wohingegen 700 deutsche Wissenschaftler zu Vorträgen, Vorlesungsreihen oder Gastprofessuren vor allem nach Rom, Sofia, Budapest, Bukarest, Preßburg usw. vermittelt wurden. Im akademischen Jahr 1942/43 hielten 900 deutsche Gelehrte im Ausland Vorträge, kamen 700 ausländische Gelehrte nach Deutschland[63]. Vom REM wurde argumentiert, man wolle den besiegten Ländern nicht ihre Ausgrenzungspolitik deutscher Wissenschaftler nach 1918 mit gleicher Münze heimzahlen. Für Deutschland gebe es im Wettstreit der Völker nur eine entscheidende Waffe, die sachliche Leistung. Im kulturellen Sektor wurden international anerkannte Künstler und Schriftsteller, im wissenschaftlichen vorzugsweise sog. Spitzenforscher entsandt, die über neue Forschungen ihrer Disziplin berichteten. Die Programme des Pariser DI von Oktober 1940 bis Juli 1943 sind erhalten[64] und führen 109 für die französische Öffentlichkeit bestimmte Vorträge auf. Fast die gesamte (damalige) intellektuelle Elite Deutschlands trat in Paris an: Die Schriftsteller Hans Carossa, Erwin Guido Kolbenheyer, Bruno Brehm, Rudolf G. Binding, Gertrud von Le Fort, Ludwig Friedrich Barthel, Paul Alverdes, Gerhard Schumann, Ina Seidel, Ernst Wiechert, Friedrich Sieburg, Anton Zischka, Erich Edwin Dwinger, Georg Britting, die Komponisten und Dirigenten Clemens Krauss, Eugen Jochum, Hans von Benda, Werner Egk, Hans Pfitzner, Walter Gieseking, Wilhelm Kempff, Elly Ney, die Gelehrten Heinrich Ritter von Srbik, Otmar von Verschuer, Carl Schmitt, Leonardo Conti, Eugen Fischer, Hans-Georg Gadamer, Erich Rothacker, Ludwig Klages, Wilhelm Pinder, Alfred Baeumler u.v.a. mehr.

Diese Aufstellung ist auch für andere Länder repräsentativ, wenngleich dort weniger Vorträge stattfanden. Sie läßt sich um die Namen von prominenten Naturwissenschaftlern ergänzen, z. B. des Vitamin- und Hormonforschers Wilhelm Stepp (München), des Tropenmediziners Ernst Georg Nauck (Hamburg), des Ganzheitsmediziners Werner Zabel u. a., deren Namen auch heute noch einen guten Klang haben. Beliebte Redner waren die Germanisten Herbert Cysarz, Gerhard Fricke, Heinz Kindermann und Franz Koch, die an fast allen DWI Vorträge gehalten haben. Wenn sich die Naturwissenschaftler mit Ausnahme der Rassenforscher immer für unpolitisch hielten und wegen dieser Reisen kein Un-

63 Donauzeitung 3. Jg., Nr. 276 (23.11.43) 6.

64 *Michels*, Das Deutsche Institut 248–253.

rechtsbewußtsein entwickelten, galt dies bereits damals schon nicht für die Geisteswissenschaftler.

Der Leipziger Philosoph Hans-Georg Gadamer, der vom 12. März bis zum 4. April 1944 auf Einladung seines Leipziger Kollegen Harri Meier Portugal bereiste und in Lissabon und Coimbra Vorträge in deutscher und französischer Sprache hielt[65], hat über diese Reise ausführlich berichtet[66]. Er machte sich keinerlei Illusionen, daß er dem NS-Staat als Aushängeschild diente, aber er rechtfertigte sich wie folgt: „Ich verkannte nicht, daß man damit zur Auslandspropaganda mißbraucht wurde, für die manchmal ein politisch Unbescholtener gerade recht sein konnte. Es war denn auch in solchen Fällen ein Entweichen mit gemischten Gefühlen. Das erste Unternehmen war ein Herdervortrag in Paris 1941, also im besetzten Ausland. Der Vortrag ist bei Klostermann als Monographie erschienen und nach dem Krieg lange Zeit weiter dort erhältlich gewesen. Es war eine rein wissenschaftliche Studie. Natürlich bedeutete auch dergleichen seitens der Veranstalter einen Mißbrauch der Wissenschaft, aber ich meine, man konnte mit Recht annehmen, daß unter den Zuhörern auch Leute waren, die von den Umständen und allen Hinterabsichten zu abstrahieren wußten und selber die Wissenschaft meinten. Die res publica literarum gibt es, was man auch sage."[67]

Noch auffälliger verhielt es sich mit Karl Vossler, der als Münchner Rektor 1927 mutig wie kaum ein anderer Professor gegen den Antisemitismus an den deutschen Universitäten protestiert hatte und daraufhin mehrfach von Alfred Rosenberg im „Völkischen Beobachter" attackiert worden war. Obwohl er bis 1940 hätte lehren dürfen, wurde er 1937 vorzeitig pensioniert und auf diese Weise aus dem aktiven Universitätsleben eliminiert. Aber aufgrund seines weltweiten Renommees wurde er immer wieder von ausländischen Universitäten und wissenschaftlichen Gesellschaften eingeladen, lehnte jedoch im Krieg zunächst alle Einladungen ab, weil die AO der NSDAP 1941 eine bereits bis ins Detail geplante und genehmigte Italientournee torpediert hatte. Doch Ende 1943 erklärte sich Vossler plötzlich damit einverstanden, eine Rundreise durch Spa-

[65] „Goethe und die Philosophie"; „Das Problem der Geschichte in der neueren deutschen Philosophie"; „Prometheus und die Tragödie der Kultur".

[66] Auszugsweise abgedruckt bei *Teresa Orozco*, Platonische Gewalt. Gadamers politische Hermeneutik der NS-Zeit (Ideologische Mächte im deutschen Faschismus 7 – AS 240, Hamburg, Berlin 1995) 240–243. Das Original dieses dem REM eingereichten Berichts befindet sich in Leipzig, UA PA 488 (Gadamer), Bl. 123–125, mit dem Vermerk: „Eingegangen: 10. Mai 1944".

[67] *Hans-Georg Gadamer*, Philosophische Lehrjahre. Eine Rückschau (Frankfurt a.M. 1977) 69.

nien und Portugal anzutreten, die von den DWI organisiert wurde und ihre wichtigsten Institute und Außenstellen berührte. Diese Reise wurde zum Triumphzug. Vossler landete am 20. Januar 1944 mit einer Lufthansamaschine in Barcelona, reiste am folgenden Tag nach Lissabon weiter, wo er bis zum 12. Februar blieb. Bei der feierlichen Eröffnung des dortigen DWI am 21. Januar, über die selbst der „Völkische Beobachter" ausführlich berichtete[68], hielt er als offizieller Vertreter der deutschen Wissenschaft einen Festvortrag. Danach (14. 2.–14. 3.) ging es nach Madrid, Sevilla, Granada, Salamanca, abermals Madrid, Valencia und noch einmal nach Barcelona, wo die Reise begonnen hatte. Vossler hielt überall Vorträge, nahm an Vorlesungen und Seminaren von Kollegen teil, sprach im Rundfunk und wurde selber ausgezeichnet: „Den zuerst in Portugal gehaltenen Vortrag über die romanischen Kulturen und den deutschen Geist wiederholte ich auf besonderen Wunsch und mit Hervorhebung der spanischen Mitarbeit an den europäischen Kulturaufgaben der romanischen und germanischen Völker, am 11. März im deutschen Kulturinstitut in Valencia, und am 16. März vor Mitgliedern und Gästen des Ateneo in Barcelona. – Die sehr aufmerksame und freundliche Aufnahme dieser Vorträge zu schildern steht mir nicht zu. Unsere deutschen Kulturämter und die portugiesische und spanische Presse berichten darüber. Wohl aber muß ich mit aufrichtigem Dank die hilfreiche, umsichtige, sachkundige Beratung und die gütige, gastliche Betreuung hervorheben, die mir durch die deutsche Gesandtschaft in Lissabon, durch die deutsche Botschaft in Madrid, durch unsere Konsulate und Kulturämter bei jeder Gelegenheit und an allen von mir besuchten Orten erwiesen wurde. – Von den vielen gesellschaftlichen und amtlichen Ehrungen, die mir von Seiten der Portugiesen und Spanier zuteil wurden, erwähne ich nur meine feierliche Einkleidung als Doctor honoris causa der Universität Madrid am 23. 3. und die Überreichung des Großkreuzes von Alfonso el Sabio durch den Staatsminister der Falange im Namen des Caudillo am 24. März."[69] Viele, die Vossler bewunderten, stellten sich die Frage, was ihn bewogen haben könnte, in offizieller Mission nach Spanien zu reisen und dort als Repräsentant des NS-Staates aufzutreten. Thomas Mann, der Vossler seit 1924 kannte und wegen seiner Zivilcourage schätzte, erfuhr im fernen Pacific Palisades von dieser Reise und empörte sich: „Klaus schickte mir aus Italien eine kleine Collection deutscher Zeitungsausschnitte – ein Gespenster Reigen. Wie sie es alle so weiter trei-

[68] *Irene Seligo*, in: Völkischer Beobachter Nr. 60 (29.2.44) 3.
[69] Vgl. Vosslers Bericht in: München, BSB NL Vossler, Ana 350, Varia.

ben. Ernst Bertram hat den rheinischen Dichterpreis bekommen. Man muß sich das Rheinland vorstellen. Preetorius hält Vorträge im okkupierten Ungarn, wo man gerade Ghetto's errichtet. Carl Vossler geht nach Franco-Madrid und läßt sich von der dortigen Universität zum Ehrendoktor ernennen. Kurzum das deutsch-europäische Kulturleben nimmt seinen Fortgang."[70] Vossler, der im August 1944 noch zum Direktor des DWI Madrid ernannt wurde, ohne dieses Amt anzutreten, dachte vermutlich wie Gadamer, es sei besser, ein Regimegegner übernehme eine ihm angetragene Leitungsaufgabe als ein Parteigenosse, aber für Außenstehende war diese Entscheidung nicht ganz leicht nachzuvollziehen.

Die wichtigsten Besucher der DWI waren jedoch solche Wissenschaftler, deren Forschungen vom nationalsozialistisch geprägten Großdeutschland politisch umgesetzt werden konnten, indem sie seine Neuordnungspläne vorbereiteten oder begleiteten. Dies war z. B. der Fall bei dem Staats- und Völkerrechtler Carl Schmitt (Berlin) oder dem Wirtschaftsgeographen und Raumplaner Hugo Hassinger (Wien). Von beiden Gelehrten sind Reiseberichte erhalten. Schmitt besuchte Paris, Budapest, Bukarest, Madrid und Lissabon, wobei diese Reisen stets vom DWI/DI vorbereitet wurden, weshalb er dort mindestens einen seiner zentralen Vorträge über den Großraum, die Unterscheidung zwischen See- und Landmächten (USA und England einerseits, Deutschland im Verein mit Italien andererseits), die Rolle des Zivilrechts in Frankreich oder den Wandel des neuen deutschen Verwaltungs- und Polizeirechts hielt[71]. Bei seinen Ausführungen, die, je nachdem, auf Deutsch, Französisch oder Spanisch vorgetragen wurden, waren außer einer ansehnlichen Zahl von Studenten auch zahlreiche prodeutsch gesonnene Persönlichkeiten aus Politik, Diplomatie, Verwaltung, Wissenschaft, Kultur und Kunst anwesend. Der ‚Kronjurist' des Dritten Reichs, wie Schmitt sich gerne selber titulierte, der auf seinen Reisestationen von den Kultusministern oder den stellvertretenden Ministerpräsidenten der Gastländer empfangen wurde, gewann den Eindruck, daß seine Gesprächspartner, die als Juristen meist in Paris, Genf oder Lausanne ausgebildet worden waren, jetzt in Deutschland den einzig möglichen Bundesgenossen im Kampf gegen

[70] Thomas Mann an Agnes E. Meyer, Pacific Palisades, CA 29. Mai 44. Zit. nach: Thomas Mann – Agnes E. Meyer Briefwechsel 1937–1955. Hrsg. von *Hans Rudolf Vaget* (Frankfurt a.M. 1992) 561. Der Graphiker und Bühnenbildner Emil Preetorius (1883–1973) gehörte zu Manns Münchner Freundeskreis und war der Illustrator mehrerer Bücher; Ernst Bertram (1884–1957), der Kölner (nicht wie es in der zit. Briefausgabe heißt Bonner) Germanist, zählte eine Zeitlang zu Thomas Manns engsten Vertrauten (1006 Anm.).

[71] *Christian Tilitzki*, Die Vortragsreisen Carl Schmitts während des Zweiten Weltkrieges, in: Schmittiana 6 (1998) 191–270.

den allseits verhaßten Bolschewismus sähen, und natürlich auch den potentesten Wirtschaftspartner. Schmitts Ausführungen übten auf viele seiner Gesprächspartner eine große Faszination aus, doch er überschätzte seine Wirkung, denn 1943/44, als die wichtigsten Reisen stattfanden, hatten die einflußreichen ausländischen Zuhörer bereits verstanden, daß Deutschland den Krieg nicht mehr gewinnen würde.

Hugo Hassinger unternahm im April/Mai 1942 im Auftrag der soeben gegründeten ‚Deutschen Geographischen Gesellschaft' eine Orientierungsreise nach Südosteuropa, die ihn nach Griechenland, Kroatien, Bulgarien, Rumänien, Ungarn und der Slowakei führte. Der Geographentag sollte nach Absprache mit verschiedenen Reichsbehörden im Zeitraum 1941/42 drei internationale Kongresse ausrichten, die sich mit Nord-, Südwest- und Südosteuropa beschäftigten und zu denen Gelehrte aus den betroffenen nordischen Ländern, aus Spanien und Italien bzw. dem Balkan eingeladen werden sollten. Nachdem Südosteuropa, dem Hassingers Interesse vornehmlich galt, jetzt endlich, wie er schrieb, fremden störenden Einflüssen entzogen sei, müsse sich dort eine neue Raumordnung unter Mithilfe des Deutschen Reiches vollziehen. Das könne Bevölkerungsaustausch und müsse gefestigten Minderheitenschutz beinhalten. Ökonomisch sollten diese Länder dem Deutschen Reich landwirtschaftliche Produkte, Bodenschätze und andere Rohstoffe liefern und dafür Industriegüter erhalten. Hassinger traf sich mit Geographen, Geologen, Raum- und Landschaftsplanern, Statistikern, Demographen und Verwaltungsfachleuten der jeweiligen Länder, die als deutschfreundlich galten und bei der Vorbereitung und späteren Durchsetzung dieser Großraumordnung behilflich sein konnten, indem sie die notwendigen Informationen beisteuerten, die nur vor Ort zu erhalten waren. Er unterhielt sich aber auch heimlich mit führenden Vertretern der deutschen Minderheiten Ungarns und Kroatiens. In seinem Bericht wird der Gegenstand dieser Gespräche klar benannt: „Es handelt sich um den von mir vorgetragenen Plan einer wissenschaftlichen Vorarbeit für eine ev. Volksraumplanung des deutschen Siedlungsgebietes im Donauraum, um, falls die politischen Kräfte dazu reichen, für die Durchführung solcher Arbeiten wissenschaftlich gerüstet zu sein. Voraussetzung ist eine genaue Standesaufnahme der Volksgruppe einschliesslich der ihr blutsmässig, aber nicht mehr sprachlich Zugehörigen, ihrer biologischen, wirtschaftlichen und sozialen Verhältnisse, ferner der räumlichen Anordnung des Siedlungsgebietes und seiner verkehrsgeographischen Erschliessung. Das ideale Ziel wäre, die Marktgebiete der deutschen Siedlungsmittelpunkte auch zu deutschen Volkstumsgebieten durch Umsiedlung von versprengten und in ihrer Isolierung bedrohten, nach fremdsprachigen zentralen Orten wirtschaftlich gerichteten deutschen Siedlungen, neu zu formen."[72] Auf seiner Reise traf er in Athen mit Rudolf Fahrner, in Sofia mit Hans Duda, in Bukarest mit Ernst Gamillscheg, in Budapest mit Hans Freyer und Ernst Häckel, in Agram mit Max Stadler und Gustav Adolf Walz von den jeweiligen DWI zusammen, die seinen Aufenthalt vorbereitet hatten und ihn mit seinen Ansprechpartnern aus Universitäten und Ministerien zusammenbrachten.

Wie wir der erhaltenen Korrespondenz Hassingers[73] mit Legationsrat Helmuth Triska vom AA, Volksgruppenführer Dr. Franz Basch (Budapest), Volksgruppenführer Altgayer (Agram) und Doz. Dr. M. Stadler vom DWI Agram entnehmen können[74], dienten die wissenschaftlichen Einrichtungen nur als Deckmantel für die neokolonialistischen ,Umvolkungsabsichten' im Osten, deren Fäden bei SS-Standartenführer Luig (Berlin) und Felix Kraus (Wien) von der ,Volksdeutschen Mittelstelle' (VoMi)[75], Landesrat Niemeyer von der ,Deutschen Akademie für Städtebau, Reichs- und Landesplanung' sowie Dr. Walter Boyens von der ,Reichsarbeitsgemeinschaft für Raumforschung' (RAG) zusammenliefen. Hassinger war der zentrale Leiter der ,Arbeitsgemeinschaft für Raumforschung an der Universität Wien' (AfR), zu der die Universität

[72] *Hugo Hassinger*, „Bericht über die in der Zeit vom 10.–27. April 1942 nach Griechenland, Bulgarien, Serbien, Ungarn, Kroatien und vom 7.–9. Mai 1942 nach der Slowakei ausgeführten [sic] Studienreise" (Berlin, BA R 4901/2819, Bl. 257–281) Bl. 263.

[73] Wien, UA NL Hassinger Inv. 131, Kasten 15.

[74] Brief Hassinger an Basch (28. 5. 42), Basch an Hassinger (6. 6. 42), Hassinger an Triska (7. 5. 42, 1. 7. 42), Hassinger gleichlautend an Basch und Altgayer (2. 7. 42), Stadler an Hassinger (1. 8. 42), Hassinger an Stadler (9. 9. 42; 11. 11. 42), Luig an Hassinger (8. 10. 42), Boyens an Hassinger (23. 10. 42), Hassinger an Felix Kraus (9. 11. 42).

[75] Kraus war zugleich Mitglied der Geschäftsführung der SOEG und leitete als Geschäftsführer deren Abt. Kulturpolitischer Arbeitskreis, dem Hugo Hassinger, Kurt Knoll, Wilfried Krallert, Hans Würdinger u. a. angehörten. Das Protokoll der Gründungsversammlung (23. 6. 41) ist erhalten und belegt deutlich die ,fremdvölkischen Volkstumsaufgaben' (ÖStA ARW Reichsstatthalterei Kasten 56). Auf einen dort ebenfalls erhaltenen Protest Himmlers (12. 3. 41), der sich alle entsprechenden Aufgaben reserviert hatte, wurde SS-Obergruppenführer Lorenz, Präsident der Vereinigung zwischenstaatlicher Verbände und Einrichtungen, ins Präsidium der SOEG aufgenommen. Kraus wurde am 24. 4. 41 zum Leiter des neuen Gaugrenzlandamtes befördert, das für SS-Gruppenführer Kaltenbrunner die von Himmler als dem Reichsbeauftragten für die Festigung des deutschen Volkstums angeordneten Organisationsarbeiten koordinieren sollte, und zwar 1. die gesamte Umsiedlung, 2. die Bildung eines neuen Wehrbauerntums, das an der südostdeutschen Volksgrenze angesetzt werden soll, 3. die Bereinigung des deutschen Volkstums von fremd-völkischen Elementen, 4. die Schaffung einer neuen Wirtschaftsstruktur (Vermerk vom 24. 1. 41 von Günter Kaufmann für Baldur von Schirach, ÖStA ARW Statthalterei Kasten 57). Das Gaugrenzlandamt war zuvor von Triska geleitet worden, der jetzt ins AA überwechselte.

(Hassinger), die Technische Hochschule (Erwin Ilz), die Hochschule für Bodenkultur (Ludwig Löhr) und die Hochschule für Welthandel (Kurt Knoll bzw. Bruno Dietrich) zusammengeschlossen waren. Die Erfassungsarbeiten der deutschen Volksgruppen liefen mit Rückendeckung der beiden letztgenannten Organisationen im Sommer 1942 an und wurden zunächst in Ungarn und Kroatien begonnen. Für die Bezahlung von Hilfskräften wurden von der RAG zunächst je 10000 RM für beide Länder zur Verfügung gestellt. Um dort kein Aufsehen zu erregen, wurden die Summen im Etat der DWI versteckt, bei denen auch die Bearbeiter als Stipendiaten oder wissenschaftliche Mitarbeiter geführt wurden. Hassinger erstellte Fragebögen, die den Bearbeitern ausgehändigt wurden. Diese wurden über das Ziel ihrer Tätigkeit weitgehend im unklaren gelassen. Beim Ausfüllen halfen ihnen die wissenschaftlichen Abteilungen der Volksgruppen, die sich aus Tarnungsgründen ebenfalls im Hintergrund hielten, um nicht das Mißtrauen ihrer Gastländer zu erwekken[76]. Hassinger schrieb an Triska, die durchgeführten Untersuchungen seien natürlich rein theoretisch, wenn auch ihre Anwendungsfähigkeit hochpolitisch sei. „Abgesehen davon, ob einmal die politischen Kräfte vorhanden sind, eine Neuformung des Deutschen Siedlungsgebietes im mittleren Donauraum vorzunehmen oder wenigstens Teile desselben, wo jetzt schon an ein Aussiedeln der serbischen Elemente gedacht wird, wie in Syrmien, zu einer festeren Gemeinschaft zusammenzuschließen, ist eine solche Untersuchung notwendig, damit nicht wieder einmal die Wissenschaft zu spät kommt, wenn politische Taten zu setzen sind."[77]

Wenn die soeben genannten Wissenschaftler, die hier exemplarisch aufgeführt wurden, nur zu Einzelvorträgen anreisten und sich als Aushängeschilder der offiziellen NS-Kulturpolitik mißbrauchen ließen, muß die Frage nach der Verantwortlichkeit erst recht bei den Instituts-Präsidenten und -Direktoren gestellt werden. Das Präsidentenamt war gut dotiert, aus den sonstigen akademischen Tätigkeiten herausgehoben, bot vorzügliche Arbeitsbedingungen, war interessant und abwechslungsreich und bewahrte seinen Inhaber vor dem grauen und meist lebensbedrohenden Militärdienst. Jeder Präsident war zugleich Gastprofessor an der Universität, wo sein Institut seinen Sitz hatte. Da er quasi Diploma-

[76] Vgl. den Briefwechsel von Hassingers Doktorandin Else Uhlmann, die zugleich Sportlehrerin war und in Prag, Breslau und Wien unterrichtete (17. 8. 43; 1. 10. 43; 12. 11. 43). Frau Uhlmann wurde für mehrere Monate als Stipendiatin an das DWI Budapest abgeordnet und führte zusammen mit Dr. Irma Steinsch die Befragung von Ungarndeutschen durch. Leider sind die Fragebögen nicht erhalten.

[77] Wien, UA NL Hassinger (Brief vom 7. 5. 42).

tenstatus besaß und als Vertreter des Deutschen Reichs angesehen wurde, konnte er sich entsprechenden Verlautbarungen nicht entziehen und wurde, ob Parteimitglied oder nicht, zum NS-Funktionsträger. Es sei denn, er hätte den Weg des Widerstandes gewählt, wie es vom Athener DWI-Präsidenten Rudolf Fahrner bezeugt ist, der als Jünger von Stefan George zum Freundeskreis von Claus Graf Schenk von Stauffenberg gehörte, ihn beriet und ihm bei der Formulierung seiner Memoranden half[78]. Auch Alois Schmaus in Belgrad, der mit einer Serbin verheiratet war und mit den besiegten und unterdrückten Serben sympathisierte, konnte für sich reklamieren, die serbischen Interessen mindestens genauso stark wie die deutschen vertreten zu haben. Alle anderen Präsidenten trugen mehr oder weniger zur unkonditionierten Mehrung des deutschen Ansehens und damit zur Verlängerung des Unrechtssystems bei. Über ihre Verstrickungen konnten sie eigentlich selber keinen Zweifel haben, da sie mindestens einmal pro Jahr nach Berlin ins AA zu einer Tagung bestellt wurden, wo ihnen die neuesten Richtlinien der NS-Kultur- und Wissenschaftspolitik nachdrücklich vermittelt wurden[79]. Auch unterlagen sie einer regelmäßigen Berichtspflicht, die sie zur Quantifizierung und Selbstevaluation ihrer Arbeit zwang.

Alle im Osten gelegenen DWI (Agram, Athen, Belgrad, Budapest, Bukarest und Sofia) gehörten zu einem Verbund deutscher wissenschaftlicher Ost- und Südostinstitute, der kurz nach dem Überfall auf die Sowjetunion gebildet und der Federführung des von dem Nationalökonomen und Siedlungswissenschaftler Hans-Jürgen Seraphim geleiteten Osteuropa-Instituts in Breslau unterstellt wurde. Insgesamt 36 verschiedene Einrichtungen in Berlin, Breslau, Danzig, Kiel, Königsberg, Krakau, Leipzig, Leoben, München, Prag und Wien sollten sich gemeinsam auf die großen Ziele ausrichten, „die durch die militärische, politische und wirtschaftliche Entwicklung im gesamten Ostraum auch der deutschen Wissenschaft gesteckt sind"[80]. Arbeitsgegenstände sollten im einzelnen sein: Volk, Staat und Wirtschaft in Europa, Großdeutschland und

[78] *Eberhard Zeller*, Geist der Freiheit. Der zwanzigste Juli (Berlin, Darmstadt, Wien 1965) 239ff., 267f., 327f., 362f., 518f. u.ö.; Oberst Claus Graf Stauffenberg. Ein Lebensbild. Mit einer Einführung von *Peter Steinbach* (Paderborn usw. 1994) 53f.

[79] Vgl. „Aufzeichnung über die Tagung der Präsidenten der DWI in Berlin 29. 9.–1. 10. 1941" (Bonn, PA AA DBP 1382) bzw. „Bericht über die Tagung der Präsidenten der Kulturinstitute des Auswärtigen Amtes vom 28. und 29. September 1942 in Berlin" (Berlin, BA R 51/62).

[80] Tagung deutscher wissenschaftlicher Ost- und Südostinstitute Breslau 25. bis 27. September 1941 (Breslau: Schlesischer R.N.-Druck R. Nischkowsky: Streng vertraulich! Nur für den Dienstgebrauch, 1942) 3.

Osteuropa, die rechtlichen Beziehungen von Staatsvolk, Volksgruppen und Minderheiten seit Versailles, wirtschaftlicher Nationalitätenkampf, Struktur und Gegenwartslage der deutschen Volksgruppen, deutsches Volksgruppenrecht, die jüdische Frage, Probleme der Arisierung, staatsrechtliche Probleme des Generalgouvernements und Protektorats Böhmen und Mähren sowie der mittelsüdosteuropäische Großwirtschaftsraum (ebd., 11). Die DWI-Präsidenten Freyer, Duda, Gamillscheg, Reichenkron und Schmaus haben nachweislich an der dieser Ausrichtung dienenden Gründungssitzung aller Ost- und Südostinstitute in Breslau vom 25.–27. September 1941 teilgenommen und mußten wissen, was von ihnen als Leitern eines DWI erwartet wurde. Der Ablauf dieser Tagung wurde von ORR Scurla vom REM festgelegt, womit der politische Primat eindeutig war. Geheimrat Albert Brackmann, ein führender Kopf der Volkstumsforschung und ansonsten kein Mann von Skrupeln, wenn es um die Ostforschung ging[81], hat in seinem Schlußwort auf diese Besonderheit eigens hingewiesen: „Es ist ein Novum, daß ein Vertreter der Regierung den Vorsitz auf einer wissenschaftlichen Tagung führt, aber diese Neuerung hat durchaus ihre innere Berechtigung und hat, wie wir wohl alle glauben, sich bestens bewährt. Die politisch ausgerichtete Wissenschaft, die wir zu vertreten haben, ist nun einmal mit einer gewissen inneren Zwangsläufigkeit auf die Hilfe der Behörden angewiesen" (Tagung, 132). Von der Verbindung der DWI mit den ‚Volksdeutschen Arbeitsgemeinschaften' war bereits kurz gesprochen worden. Die Anschlußtagung im Frühjahr 1942 in Wien fand unter der Ägide von Rektor Kurt Knoll von der Hochschule für Welthandel statt. Nachdem in Breslau eine Bestandsaufnahme der wissenschaftlichen Einrichtungen und Arbeitsmöglichkeiten gemacht worden war, sollte das Wiener Treffen eine wirtschafts- bzw. eine rechtswissenschaftliche Sondertagung vorbereiten, „um Planungsvorhaben einzelner [wirtschaftlicher, FRH] Unternehmen oder Unternehmergruppen im Hinblick auf die europäische Großraumwirtschaft bzw. praktische Fragen der Rechtsangleichung im Handels- und Wirtschaftsrecht zu besprechen". Auf der Einladungsliste standen auch diesmal wieder die DWI-Präsidenten von Athen, Belgrad, Budapest, Bukarest, Preßburg und Zagreb[82].

Die in Westeuropa gelegenen DWI gehörten einem solchen Verbund offenkundig nicht an, aber auch hier gab es überregionale und z.T. überfachliche Zusammenschlüsse. Die romanistischen Präsidenten und Di-

[81] *Fahlbusch*, Die volksdeutschen Forschungsgemeinschaften 68–74 u. passim.
[82] Wien, UA NL Hassinger Inv. 131, Kasten 18.

rektoren Epting, Bremer, Heinermann und Mönch, aber auch Gamillscheg und Reichenkron, dazu der Germanist Höfler, später Präsident in Kopenhagen, und Schmaus aus Belgrad wirkten am sog. Kriegseinsatz der Geisteswissenschaften mit, dessen Aufgabe es sein sollte, durch eine gigantische Publikationsreihe unter dem Label ‚Deutsche Geisteswissenschaft' insbesondere Frankreichs intellektuelle Vorherrschaft zu brechen. Eptings Stellvertreter Bremer war als ehemaliger Assistent des REM-Beauftragten Paul Ritterbusch sogar eine Zeitlang Generalsekretär dieses ‚Einsatzes' und versuchte, ihm seinen Stempel aufzudrücken. So sollten die Romanisten in ihrer Schriftenreihe zum ‚Kriegseinsatz' beweisen, daß auch die romanischen Kulturleistungen letztlich auf germanischen Einfluß zurückgingen. Der Kampf gegen das französische Zivilisationsprinzip und die englische Humanitätsideologie gehörte ausdrücklich zu den Aufgaben der DWI[83]. Von den Länderausschüssen der DA war bereits gesprochen worden.

Zusammenfassend läßt sich sagen, daß die DWI insbesondere in den neutralen Ländern bis zum Kriegsende das Deutschlandbild nachhaltig prägten. In den besetzten Ländern hatten sie nur so lange Einfluß, wie ein deutscher Sieg und damit eine langandauernde deutsche Vormachtstellung in Europa wahrscheinlich schienen. Länder mit einer erprobten demokratischen Tradition ertrugen die deutsche Besatzung besonders schlecht, z. B. die Dänen, die mit wenigen Ausnahmen vom Nationalsozialismus nichts wissen wollten. Die dänischen Historiker, die die öffentliche Meinung steuerten, solidarisierten sich völlig mit ihren verhafteten und zur Umerziehung in das SS-Lager Senheim bei Straßburg deportierten norwegischen Kollegen, verhielten sich dem deutschen Besatzer gegenüber ablehnend und bezeichneten die deutsche Wissenschaft als ‚Teufelei'. Weitgehend resistent gegen deutsche Kultur und Wissenschaft waren auch die Franzosen. Die relativ hohen Besucherzahlen im DI Paris und seinen Außenstellen dürfen nicht darüber hinwegtäuschen, daß es nach anfänglicher Kollaborationsbereitschaft nicht glückte, langfristig für Deutschland zu werben.

Hermann Schneider, später Vizepräsident in Bukarest, resümierte seine Parisreise im Mai 1942 wie folgt: „Dieselbe Politesse nun aber, diese alles einebnende und überdeckende höflich-verbindliche Form ist der Panzer, mit dem sich der Franzose gegen alles Deutsche wappnet. Es ist ihm nicht beizukommen und man wird bei jeder erhofften spontanen

[83] Rede des Staatssekretärs *Werner Zschintzsch* bei der Eröffnung des DWI Budapest, in: Ungarn 2 (1941) 139.

Äußerung des Eindrucks und der Gesinnung immer nur auf glatte Liebenswürdigkeit und verbindliche Redensarten treffen. Urteile, auch ganz privat geäußerte, sagen wir über die Brekerausstellung oder über ein deutsches Konzert, pflegen ohne objektiven Wert zu sein [...]. Der Franzose weiß von vornherein, daß seine Kultur der deutschen und der ganzen Welt weit überlegen ist, und er hat von der deutschen nichts zu lernen und nichts anzunehmen, sie interessiert ihn auch nicht. Es bleibt aufgrund der gegenwärtigen Machtverhältnisse bei einer Geste des Entgegenkommens.“[84]

Schneider artikulierte aber nur eine lokale Aversion, die ganz allgemein die deutsche Kulturarbeit erschwerte. Aus den jährlichen Berichten der Präsidenten geht hervor, daß in vielen Ländern die bisher international ausgerichtete Wissenschaft durch national und regional orientierte kulturelle Tendenzen wie Skandinavismus, Latinität, Hispanität, Panslawismus, Balkanismus, Hungarismus usw. abgelöst wurde. Diese kulturellen Selbständigkeitsbestrebungen müssen als eine Reaktion auf die weit verbreitete Furcht vor einer Germanisierung gedeutet werden. Zschintzsch hatte bei der Eröffnung des DWI in Budapest zwar gesagt: „Das Recht, das wir als höchstes völkisches Recht für uns in Anspruch nehmen, gestehen wir jedem anderen Volk zu; wir sind der Meinung, dass jedes selbstbewusste Volk, das sich nicht der geistigen Überfremdung durch ein anderes Volk unterwerfen will, das Recht und vor seiner Geschichte die Pflicht hat, seine eigene, nur für es selbst verbindliche politische und geistige Gestalt zur Darstellung zu bringen.“ Doch das änderte nichts daran, daß das stärkste Volk, eben das deutsche, in dem soeben skizzierten Großraum dominieren sollte. Angesichts dieser Tatsache blieb für die nationalen Wissenschaftssysteme nur wenig Eigenständigkeit. Auch sie hatten sich unterzuordnen und von Deutschland zu lernen. Für Hitler war die Kollaboration ohnehin nur Mittel zum Zweck. Goebbels, die getreue Stimme seines Herrn, machte dies im Hinblick auf das besiegte Frankreich deutlich (26. 4. 42): „Wenn die Franzosen wüßten, was der Führer einmal von ihnen verlangen wird, so würden ihnen wahrscheinlich die Augen übergehen. Es ist deshalb gut, daß man vorläufig mit diesen Dingen hinter dem Berge hält und aus dem Attentismus der Franzosen so viel herauszuholen versucht als überhaupt herausgeholt werden kann [...]. Das Gerede von Kollaboration ist nur für den Augenblick gedacht.“[85] Was hier über Frankreich gesagt wurde, galt für alle an-

84 Original Bonn, AA PA DBP 1115c; zit. nach *Michels*, Das Deutsche Institut 253.
85 Zit. aus den Goebbels-Tagebüchern nach *Lothar Gruchmann*, Nationalsozialistische

deren Länder gleichermaßen, denen Hitler nur so lange ein gewisses Maß an Eigenständigkeit ließ, wie es in seine Eroberungspläne paßte. Die Arroganz des ‚Führers', der bereits deutsche Intellektuelle für Kretins hielt, die man am besten ausrotten sollte, machte natürlich auch vor den Vertretern fremder Wissenschaftssysteme nicht halt. Sie hatten sich unterzuordnen und von Deutschland zu lernen, wo inzwischen eine ‚Deutsche Wissenschaft' auf rassisch-völkischer Basis entstanden war, die sich dem westlichen Geist überlegen dünkte. Die DWI-Präsidenten sollten in diesem Sinne tätig werden. Das wurde von dem vielfach noch von liberalen Beamten geführten REM bei der Bestallung zwar nicht so deutlich gesagt, war aber bei den diversen Berliner Präsidententreffen unüberhörbar.

Die DWI waren nur kleine Spielfiguren im großen Mächtespiel Hitlers. Kurz vor dem Krieg ersonnen, aber erst im Krieg realisiert, sollten sie zwar einen kriegsentscheidenden Beitrag leisten, doch die Führungsebene des Nationalsozialismus befaßte sich nicht mit derart peripheren Einrichtungen, sondern konzentrierte sich auf ‚Haupt- und Staatsaktionen'. Ministerialbeamte der höheren und mittleren Ebene waren jedoch von der Notwendigkeit und dem Erfolg auswärtiger Kulturarbeit überzeugt und förderten die DWI auf jede Weise. Die Anfangserfolge der Jahre 1940–42 schienen ihnen Recht zu geben. Als das militärische Blatt sich wendete, wurde auch die materielle Versorgung der DWI schlechter. Gravierender war jedoch das sinkende Interesse der Gastländer, die immer weniger von einem deutschen Sieg und damit von der Notwendigkeit der Kollaboration überzeugt waren. Das Ende der DWI zeichnete sich spätestens zu Beginn des Jahres 1944 ab. Nur die Institute in den neutralen Ländern (Portugal, Spanien, Schweden) arbeiteten bis zur Kapitulation und wurden erst am Tag danach geschlossen. Die in Italien, Kroatien, der Slowakei und Ungarn gelegenen konnten bis Anfang 1945 ihre Arbeit fortsetzen, wohingegen die in Belgrad, Brüssel, Bukarest, Helsinki, Paris, Sofia und Tirana im Spätsommer 1944 infolge des Vorrückens der alliierten bzw. der sowjetischen Armeen aufgegeben werden mußten. Franz Alfred Six, getrieben von einer Werwolfmentalität, die nicht an Aufgeben dachte, hielt die Fiktion aufrecht, daß es sich nur um eine vorübergehende Unterbrechung der Arbeit handele und zitierte noch am 18. Dezember 1944 alle Präsidenten nach Berlin, um ihnen

Großraumordnung. Die Konstruktion einer deutschen„Monroe Doktrin" (Stuttgart 1962) 79.

neue Aufgaben zuzuweisen[86]. Sieben von ihnen waren erschienen (Epting, Fahrner, Gamillscheg, Höfler, Mönch, Saure und Schmaus). Sie mußten sich anhören, daß ihre Arbeit nur temporär unterbrochen sei und man sie schon bald mit neuen Ideen und neuem Elan fortsetzen werde. Mönch-Brüssel sollte sich in der Zwischenzeit um flämische und wallonische Kollaborateure im Raum Göttingen kümmern, Epting-Paris um etwa zehntausend französische Intellektuelle, die sich im Reich verstreut als Kriegsgefangene, Fremdarbeiter und Flüchtlinge aufhielten, Gamillscheg-Bukarest in Wien und Berlin um die rumänische ‚Nationalregierung' Horia Simas, die die Überreste der faschistischen Eisernen Garde vereinte. Im gleichen Wiener Hotel Imperial, wo Gamillscheg seine Arbeit aufgenommen hatte, residierte auch Schmaus, um eine kleine Gruppe deutschfreundlicher Serben und Albaner zu betreuen.

Da dem ‚Feind' keine Akten und Karteien in die Hände fallen sollten, wurden sie vor der Schließung entweder verbrannt oder auf Reichsgebiet ausgelagert. Alle DWI besaßen zusammen etwa 300000 Bücher, 20000 Schallplatten, und noch einmal die gleiche Zahl von Photos deutscher Landschaften, Städte und Monumente, um von kostbaren Möbeln, Gemälden und anderen Ausstattungsstücken zu schweigen. In den nordischen und iberischen Ländern wurden Bücher, Dokumente und andere Unterlagen den Alliierten ausgehändigt. Die Bibliothek des DWI Madrid ging zur Kompensation an die wieder eröffnete Université de Strasbourg, nachdem das Institut zuvor von einem amerikanischen Sequester abgewickelt worden war. Die Bibliothek in Barcelona wurde von den Franzosen auf dem Antiquariatsmarkt verramscht. Die Bücher anderer Institute wurden, soweit sie nicht Opfer von Kriegseinwirkungen wurden, in nationale Bibliotheken übergeführt. Das meiste ging jedoch in den Wirren des Kriegsendes unwiederbringlich verloren. Die Finnen versenkten das parteiamtliche Schrifttum der Informationsbibliothek Helsinki in den Fluten der Ostsee, die 30000 Bände und 6000 Fotos des Pariser Instituts wurden von dem englischen Dichter Stephen Spender noch im Juni 1945 im Hof der Kölner Universität gesehen[87], wo sich ihre Spuren verlieren. Die Bücher aus Preßburg wurden nach Göttingen ausgelagert, dort aber mit den Institutsakten von den einrückenden Engländern verbrannt.

[86] „Niederschrift über die Tagung der Präsidenten der Deutschen Wissenschaftlichen Institute im Ausland am 18. Dezember 1944" (Bonn, PA AA R 64302, 8 S.), Berlin, den 2. Januar 1944 [recte: 1945].

[87] *Stephen Spender*, Deutschland in Ruinen. Ein Bericht (Frankfurt a.M. 1998) 63.

So kann man die Geschichte der DWI als Parabel der deutschen Wissenschaft im NS-Staat insgesamt deuten[88]. Angesehene Professoren ließen sich vor den Karren einer Kulturpolitik spannen, deren schnöde Absichten sie vielleicht nicht durchschauten, deren Ziele ihnen jedoch kaum verborgen bleiben konnten. Mit großem materiellem und ideellem Aufwand sollten die Eliten der unterworfenen wie der neutralen Länder Europas von der Überlegenheit deutscher Wissenschaft, Kunst und Kultur überzeugt und dadurch politisch an die Europa beherrschende Großmacht Deutschland gebunden werden. Alle, die ein Leitungsamt in einem DWI als Präsident, Direktor oder Abteilungsleiter übernahmen, ließen sich von einer Mischung aus Pflichtgefühl, Idealismus, Eitelkeit und Überzeugung leiten. Die in den Jahren 1941–44 erzielten Erfolge konnten sich sehen lassen. Neben Ausstellungen, Konzerten und Vorträgen ist an eigene Schriftenreihen und Institutszeitschriften zu erinnern, die fast alle Wissensgebiete behandelten und meist von Propaganda frei blieben. Viele DWI-Mitarbeiter waren von einer lauteren Absicht zur Völkerverständigung motiviert, doch war diese für die politischen Verantwortlichen nur ein Deckmantel, um die deutsche Vorherrschaft zu festigen und die deutschen Nachbarn entweder abhängig zu halten oder erst noch abhängig zu machen. Ihr Ideenpotential und ihre materiellen Ressourcen sollten unter dem Vorwand der Partnerschaft der deutschen Wissenschaft bzw. der deutschen Volkswirtschaft zugeführt und für den deutschen Endsieg nutzbar gemacht werden. Die Präsidenten, die sich im nachhinein über ihre Tätigkeit äußerten, haben sie bagatellisiert und ihren streng wissenschaftlichen Charakter unterstrichen. Andere haben geschwiegen, weil ‚Beschweigen' nicht nur leichter ist als ‚Besprechen', sondern weil erst eine gewisse Zeit vergehen mußte, um Abstand zu gewinnen. Karl Epting hat in einem Brief an Rudolf Stadelmann, der 1941 im Pariser DI einen Vortrag hielt und auch einen Beitrag zur Institutszeitschrift beisteuerte, das Ende in Berlin, die Rückkehr nach Stuttgart und Tübingen und die Entnazifizierung knapp kommentiert und ironisiert. „Ich hatte die letzten Kämpfe als Volkssturmmann an der Oder und in Berlin noch mitgemacht. Die Monate Mai bis August verbrachte ich in Berlin. Es war sehr interessant, die Anfänge des europäischen Shanghai zu beobachten. [...] Ich würde viel darum geben, mich mit Ihnen über die Zeit unterhalten zu können. Vorläufig will ich aber nicht nach Tübin-

88 Nach dem Abschluß des vorliegenden Manuskripts erschien *Frank-Rutger Hausmann,* „Vom Strudel der Ereignisse verschlungen". Deutsche Romanistik im „Dritten Reich" (Analecta Romanica 61, Frankfurt a.M. 2000). Dort werden auf S. 419–616 die DWI in Venedig, Madrid, Lissabon, Paris, Brüssel, Bukarest und Tirana behandelt.

gen kommen. Vielleicht ist es auch ganz gut, zuerst in ländlicher Zurückgezogenheit etwas Abstand zu gewinnen. Das ‚Aussprechen' kann ja dann immer noch nachfolgen. [...] Wie ich höre, haben Sie die Bürde des Dekanats der Philosophischen Fakultät übernommen. Eine nicht leichte Aufgabe in unseren Zeiten der épuration. Ob wohl die Prairie unsere schwäbische Wald- und Obstlandschaft besiegt? Oder verkarstet und versteppt sie sehr?"[89] Stadelmanns früher Tod (1949) hat die Aussprache mit Epting leider verhindert.

[89] Koblenz, BA NL 183/16,2 (Stuttgart, 3. 10. 45).

Ulrike Freitag

Scheich oder Sultan – Stamm oder Staat? Staatsbildung im Hadramaut (Jemen) im 19. und 20. Jahrhundert

Im Jahre eins der jemenitischen Vereinigung, die zum großen Stolz der Jemeniten der deutschen einige Monate vorauseilte, kamen mehrere Delegationen zu dem Lokalhistoriker 'Abd al-Rahman al-Millahi. al-Millahi lebt in al-Shihr, einer am Indischen Ozean gelegenen Küstenstadt in der heutigen jemenitischen Provinz Hadramaut. Die Besucher erklärten, sie seien früher ein Stamm gewesen, hätten aber mittlerweile alle diesbezüglichen Traditionen abgelegt. Sie baten ihren Gastgeber deshalb, ihnen zu erklären, wie sie sich am besten als Stamm (re)konstituieren könnten. Dies sei, so ihre Begründung, in der politischen Konstellation des vereinigten jemenitischen Staates zum Bestehen notwendig, und als Historiker sei al-Millahi besonders geeignet, sie dabei zu beraten. Er entwarf ihnen, so berichtet er weiter, eine Art internes Statut als Grundlage für ihre (Re)tribalisierung[1]. Dies wurde laut al-Millahi später von einer ganzen Reihe von derart (re)konstituierten Stämmen übernommen.

Hadramaut ist eine Region auf der südlichen Arabischen Halbinsel, die im engeren Sinne ein ca. 120 km von der Küste des Indischen Ozeans entferntes Wadisystem bezeichnet, historisch jedoch die Küstenstädte am Indischen Ozean, vor allem al-Shihr und al-Mukalla, einbezieht. Die Bevölkerung im Wadi lebte überwiegend von Landwirtschaft, die auf Flutbewässerung nach Regenfällen während der Monsunsaison basierte. Da Wadi Hadramaut am äußersten Rand der Monsunzone liegt und die Regenfälle daher nicht vorhersehbar sind, gab es Bewässerungssysteme, welche die Sturzfluten auffingen und verteilten. Diese waren allerdings im späten 18. Jahrhundert zu erheblichen Teilen zerstört, was im Zusammenspiel mit einer Anzahl von Dürrejahren und anderen Naturkatastro-

[1] Interview mit *'Abd al-Rahman al-Millahi*, al-Shihr, 14. 10. 1996.

phen sowie den politischen Unruhen einen erheblichen Emigrationsschub in die Anrainerstaaten des Indischen Ozeans auslöste[2]. Die Bevölkerung der drei größten städtischen Siedlungen des Wadi, Shibam, Sai'un und Tarim (um 1900 jeweils ca. 6000 Einwohner) lebte von Landwirtschaft, Handwerk und Handel, während an der Küste Fischfang eine erhebliche Rolle spielte. Die Städte nahmen zusätzlich zu ihrer ökonomischen Rolle religiöse Funktionen wahr. Sie sind zudem im Gegensatz zu den dörflichen Siedlungen dadurch gekennzeichnet, daß in ihnen Angehörige verschiedener Statusgruppen zusammenlebten[3]. Die Hochplateaus zwischen Wadi und Küste bzw. nördlich des Wadi wurden von Beduinen kontrolliert, die Viehzucht sowie den Karawanentransport betrieben.

Die Bevölkerung des Hadramaut unterlag einer so strengen Gliederung in Schichten, daß gelegentlich von einem Kastensystem gesprochen wird[4]. Für die Zwecke unseres Themas sind – trotz aller lokalen Variationen – vor allem drei Gruppen von Bedeutung, nämlich diejenigen, die ihre Abstammung auf den Propheten Muhammad zurückführen (Arab. *sayyid*), die Angehörigen der Stämme (Arab. *qaba'il*) und die sogenannten ‚Schwachen' (Arab. *maskin*). Erstere und letztere hatten gemeinsam, daß sie keine Waffen trugen. Erstere kompensierten diesen Nachteil allerdings durch ihre Abstammung, die ihnen hohe Wertschätzung sicherte, sowie die Tatsache, daß sie oft als Religionsgelehrte und Mystiker auftraten. Teilweise wurden sie sogar von den Stämmen als Schlichter in Streitigkeiten angerufen. Obwohl es, wie bereits angedeutet, gewisse berufliche Präferenzen gab und bestimmte, als unrein geltende Berufsfelder, etwa diejenigen der Metzger und Barbiere, gewissen Statusgruppen versagt bzw. vorbehalten waren, darf man die Statusgruppen nicht mit festen sozio-ökonomischen Kategorien verwechseln. So gab es in allen Schichten Händler und Landwirte, und ein erfolgreicher ‚Schwacher' Händler konnte durchaus Angehörige aller anderen Statusgruppen an Reichtum übertreffen. Ferner lassen sich die einzelnen Statusgruppen nicht ohne weiteres dem städtischen oder ländlichen Lebensraum zuwei-

2 Für eine Liste der Naturkatastrophen vgl. *Friedhelm Hartwig*, Hadramaut und das indische Fürstentum von Hyderabad, Diss. phil. (Bamberg 1997) 228, im folgenden zitiert: *Hartwig*, Hadramaut.

3 *Abdalla S. Bujra*, The Politics of Stratification. A Study of Political Change in a South Arabian Town (London 1971) 5–8; im folgenden zitiert: *Bujra*, Politics.

4 *Bujra* Politics, 190f.; für eine Diskussion der Literatur über hadramische Stratifikation *Sylvaine Camelin*, Reflections on the System of Social Stratification in Hadramaut, in: *Ulrike Freitag, William G. Clarence-Smith*, Hadhrami Traders, Scholars, and Statesmen in the Indian Ocean, 1750s-1960s (Leiden 1997) 147–156; im folgenden zitiert als *Freitag, Clarence-Smith*, Hadhrami Traders.

sen. Viele der Stammesangehörigen waren in der Landwirtschaft tätig, nur eine Minderzahl hing der beduinischen Lebensweise an.

Wenn man von politischer Organisation im Hadramaut spricht, so muß man genau darauf achten, welche Ebene man betrachtet. So hatten die einzelnen Statusgruppen (einschließlich der Stämme), die sich voneinander durch Heiratsrestriktionen, Kleidung und spezielle Traditionen abhoben, ihre interne politische Organisation und ihre eigenen gewohnheitsrechtlichen Mechanismen, die Kontroll- und Schlichtungsfunktionen wahrnahmen. In einigen Fällen gab es ferner Gilden sowie Stadtviertelorganisationen, denen vergleichbare Funktionen zukamen. Waren Konflikte auf diese Weise nicht intern lösbar, etwa weil sie zu schwerwiegend waren oder Angehörige unterschiedlicher Gruppierungen betrafen, wurden übergeordnete Instanzen angerufen, etwa herausragende Persönlichkeiten aus der Gruppe der *sayyid*s oder der Sultan oder islamische Richter. In Angelegenheiten, welche die Städte insgesamt betrafen, gibt es in den Quellen Hinweise auf das Abhalten von Versammlungen der Repräsentanten der verschiedenen sozialen Gruppen, ohne daß klar wird, inwieweit dies formell institutionalisiert war[5]. Die folgende Diskussion beschränkt sich auf die Makroebene, in der es um das Verhältnis verschiedener Gruppen und Lokalitäten zueinander und um den Versuch der Etablierung translokaler Herrschaft geht.

Scheich und Sultan, Stamm und Staat

‚Staat' im heutigen Sinne, so Wolfgang Reinhard, entspreche idealtypischerweise dem modernen europäischen Staat, der „in Europa erst im ‚langen' 19. Jahrhundert seine volle Ausbildung erreicht hat und allem Anschein nach in dieser Gestalt freiwillig oder unfreiwillig, erfolgreich oder erfolglos vom Rest der Welt übernommen wurde"[6]. Ein derartiger Staat, führte Reinhard unter Berufung auf Max Weber und Georg Jellinek aus, besäße folgende Merkmale: Ein Staatsgebiet als ausschließlichen Herrschaftsbereich, ein seßhaftes Staatsvolk und eine souveräne Staatsgewalt sowohl im Sinne eines nach innen wirksamen Gewalt-

[5] *Salim Muhammad b. Hamid*, Ta'rikh Hadramaut, Bd. 2 (San'a 1991) 123f.; im folgenden zitiert als *Ibn Hamid*, Ta'rikh.

[6] *Wolfgang Reinhard*, Einführung: Moderne Staatsbildung – eine ansteckende Krankheit?, in: *Wolfgang Reinhard* (Hrsg.), Verstaatlichung der Welt? Europäische Staatsmodelle und außereuropäische Machtprozesse (München 1999) vii–xiv, hier viii; im folgenden zitiert: *Reinhard*, Verstaatlichung.

monopols als auch im Umgang mit auswärtigen Mächten. Dieses Modell schließt explizit ein direktes, also nicht durch Familien oder Stämme vermitteltes Verhältnis zwischen Staat und Bürger ein[7]. Die Frage, inwieweit sich dieser idealisierte okzidentale Staatstypus für eine allgemeine Diskussion über Staat in der Neuzeit eignet, ist nicht neu[8]. Sie ist weniger Ausdruck des postmodernen Verzichts auf allgemeine Kategorien als vielmehr eine Folge des Bemühens um eine Begriffsbildung, die außereuropäische Entwicklungen nicht von vornherein zu mehr oder minder adäquaten Derivaten des europäischen Idealtypus relegiert[9]. In diesem Zusammenhang erscheint der Hinweis Osterhammels, den Staat in seinen gesellschaftlichen Bezügen und vor allem im Hinblick auf die gesellschaftlichen Bedürfnisse sowie die staatliche Integrationspolitik zu untersuchen, als geeigneter Ansatzpunkt[10]. Aus dieser Perspektive soll im folgenden überblicksartig der hadramische Weg vom Stamm zum Staat und zurück zum Stamm skizziert werden.

Woran dachten südjemenitische Gelehrte, wenn sie im ausgehenden 18. und frühen 19. Jahrhundert das Fehlen einer *daula* (arab. Staat, Herrschaft) beklagten? *Daula* kann in ihrem Kontext – und dies bezeichnet ein wichtiges Charakteristikum der konkreten Organisation von Staatsgewalt – auch einfach mit Dynastie oder sogar Herrscher übersetzt werden. Derjenige, der an der Spitze dieser Dynastie stand, wurde als *daula*, oft aber auch als Sultan angesprochen (wörtl. derjenige, der Macht oder Herrschaft ausübt). Es wird gesagt, daß jedes arabische Wort eine eigentliche Bedeutung habe, meist aber auch deren Gegenteil bezeichne und oft für ‚Kamel' steht. Es überrascht deshalb nicht, daß mit *daula* auch ‚Alternierung', ‚Rotation', ‚Wandel' und ‚sich wandelndes Glück' gemeint sein kann[11]. Nun hatte sich in der Tat das Glück der hadramischen Dynastien im 18. und bis zur Mitte des 19. Jahrhunderts dahingehend gewandelt, daß diese Periode in der lokalen Geschichtsschreibung als „die

[7] *Wolfgang Reinhard*, „Staat machen". Verfassungsgeschichte als Kulturgeschichte, in: Jahrbuch des Historischen Kollegs 1998, 104f.; im folgenden zitiert: *Reinhard*, „Staat machen".

[8] Dazu die Anmerkungen von Tobler, Riekenberg, Abun-Nasr, von Trotha, Marx und Tapscott in *Harald Haury*, Protokoll der Stellungnahmen zu Kolloquium und Abschlußvortrag, in: *Reinhard*, Verstaatlichung 357–366, im folgenden zitiert: *Haury*, Protokoll.

[9] *Dipesh Chakrabarty*, The Difference-Deferral of a Colonial Modernity: Public Debates on Domesticity in British Bengal, in: *David Arnold, David Hardiman*, Subaltern Studies 8 (Delhi etc. 1994) 50–88, hier 88.

[10] *Haury*, Protokoll 361f.

[11] *F. Rosenthal*, Dawla, in: Encyclopaedia of Islam (CD-Rom ed.); im folgenden zitiert: EI.

Periode der Stämme" (*al-daur al-qabali*) charakterisiert wird, in welcher Chaos (*fauda*) herrschte[12]. Diese „chaotische Stammesperiode", in der die Scheichs als Stammesführer eine wichtige Rolle spielten, wird bei den hadramischen Historikern als Gegensatz zur dynastisch-staatlichen Herrschaft dargestellt, bzw. eben als deren Abwesenheit.

Was ist gemeint, wenn hadramische Historiker von der „Periode der Stämme" sprechen? Der Anthropologe Richard Tapper hat vorgeschlagen, Stamm als einen „state of mind" zu betrachten, als „a construction of reality, a model for organization and action"[13]. Damit möchte Tapper nicht nur darauf hinweisen, daß die gemeinsame Abstammung von Stammesmitgliedern, aus der Sicht der Stämme ein zentraler Bestandteil der Identität, in den Bereich der Ideologie fällt und Stämme in ihrem konkreten Handeln wesentlich flexibler sind, als es diese Ideologie vermuten läßt. Zur Konstruktion der tribalen Realität gehört auch eine bestimmte Ideologie der Gleichheit aller Stammesangehörigen, die den Scheich als einen *primus inter pares* betrachtet, auch wenn die Position *de facto* oft erblich ist. Mit der Definition als ‚Stamm' ist ferner eine bestimmte Ethik verbunden, welche Tapferkeit und Ehre betont und die in kämpferischen Auseinandersetzungen der bewaffneten Männer ein geeignetes Mittel sieht, diese Tugenden zu demonstrieren[14]. Die ideologische Qualität dieser Ethik zeigt sich bei Untersuchungen von Stammesauseinandersetzungen, die meist überraschend wortreich, aber verhältnismäßig unblutig verlaufen. Die Ethik beeinflußt in vielerlei Hinsicht jedoch auch das konkrete historische Handeln von Einheiten, die sich als Stämme verstehen.

Über die ideologische und Handlungs-Ebene hinaus ist Stamm auch eine Organisationsform. Gewohnheitsrecht, *'urf*, bildet die rechtliche Grundlage, auf der die freien Stämme ihre internen und externen Beziehungen regeln und Konflikte austragen. Auf dieser Basis beanspruchten hadramische Stämme bestimmte Territorien. Von einigen Exklaven abgesehen, die unter der Herrschaft besonders herausragender *sayyids* standen und als *hauta* (Zufluchtsorte) respektiert wurden, kann man

[12] *Muhammad Ahmad al-Shatiri*, Adwar al-ta'rikh al-hadrami (^{3}1984) 337; zur Sichtweise tribaler Herrschaft als Quelle des Chaos s.a. *Muhammad b. Hashim*, Ta'rikh al-daula al-kathiriyya (Kairo 1948) 112; im folgenden zitiert: *Ibn Hashim*, Ta'rikh.

[13] *Richard Tapper*, Anthropologists, Historians, and Tribespeople on Tribe and State Formation in the Middle East, in: *Philip Khoury, Joseph Kostiner*, Tribe and State Formation in the Middle East (London, New York 1991) 50–74, hier 56, im folgenden zitiert: *Tapper*, Anthropologists.

[14] *'Abd al-Qadir al-Sabban*, 'Adat wa-taqalid bi-l-Ahqaf (Sai'un 1980) 40; *Muhammad 'Abd al-Qadir Ba Matraf*, al-Mu'allim 'Abd al-Haqq (Aden ^{2}1983) 120f., 204.

praktisch das gesamte Gebiet Hadramauts in tribale Territorien unterteilen. Liest man die städtischen Historiker, so kann durchaus der Eindruck entstehen, daß die Stammesangehörigen keine Muslime seien, was weder mit der Realität und noch ihrer Selbstsicht übereinstimmt. Die Stammesperiode bezeichnet also einen Zeitabschnitt, während dessen das tribale Ethos dominierte.

Folgt man dem Gegensatzpaar, das von den hadramischen Historikern entwickelt wird, gehörte der Staat, an dessen Spitze ein Sultan stand, einer anderen Ordnungskategorie an. Loyalität zu einem Staat ergab sich nicht aus tribalem *esprit de corps*, sondern resultierte aus dem Anspruch des Sultans, ein auf islamischem Recht (Scharia) basierendes Gemeinwesen zu errichten, das sich von dem durch Gewohnheitsrecht geordneten Stamm abhebt. Ein derart verstandener Staat ist die Gemeinschaft (mehr oder minder gleichberechtigter) Muslime, er sprengt die Grenzen tribaler oder lokaler Loyalitäten. Der Sultan muß sich am Ideal der Scharia messen lassen, er gilt dann als ein gerechter Herrscher, wenn er sie möglichst umfassend verwirklichen kann, d.h. vor allem auch Recht und Ordnung sichert. Auch wenn im Verlauf des 19. Jahrhunderts weitere Bereiche hinzukamen, die als Ausdruck eines typisch islamischen Staates verstanden wurden, so lassen sich Grundzüge dieser Sichtweise in die islamische Frühzeit zurückverfolgen[15].

Nun handelt es sich bei dieser Staatskonzeption, wie Tapper zu Recht angemerkt hat, ebensosehr um ein Modell oder ein ‚Wirklichkeitskonstrukt' wie bei der zuvor diskutierten Konzeption eines Stammes. Ebenso wie beim Stamm könnte man die Ebenen der Ideologie, Organisation und Handlung unterscheiden und anhand eines systematischen Vergleichs die verschiedenartigen Konzeptionen, die mit den Begriffen verbunden sind, verdeutlichen. Ein Beispiel der Organisationsebene mag dies illustrieren: Stammesmitglieder betrachten oft Parteien und Staatsapparate als von Menschen geschaffene, oft deren Ehrgeiz dienende Institutionen, während Stämme und damit auch die Zugehörigkeit zu ihnen als gottgegeben betrachtet werden: „tribal membership is something everyone has."[16] Tapper hat deshalb vorgeschlagen, Stamm und Staat als zwei entgegengesetzte Organisationsmodelle zu verstehen, die **gemeinsam** ein einziges

[15] *Albrecht Noth*, Früher Islam, in *Ulrich Haarmann*, Geschichte der arabischen Welt (München 1987) 11–100; *Jürgen Paul*, Herrschaft und Gesellschaft, in *Albrecht Noth*, *Jürgen Paul*, Der islamische Orient. Grundzüge seiner Geschichte (Würzburg 1998) 173–183; im folgenden zitiert: *Paul*, Herrschaft.

[16] *Paul Dresch*, The Tribal Factor in the Yemeni Crisis, in: *Jamal S. al-Suwaidi*, The Yemeni War of 1994 (London 1995) 33–55, hier 55.

System bilden[17]. Den Historikern als meistens der städtischen Gelehrtenschicht entstammenden Autoren lag jedoch der Denkmodus „dynastischer Staat" näher. Dies bedeutet für die Historiographie, daß die Staatsgeschichtsschreibung in einer Weise bevorzugt wurde, die der Anthropologe Paul Dresch für den nördlichen Jemen folgendermaßen erläutert hat: Die Idee eines zaiditischen Staates (so genannt nach der im Norden vorherrschenden Richtung des Islam) existierte unabhängig von den Realitäten, „the program rolling on intact through times when the output is thin or almost nonexistent"[18]. Im Hadramaut findet man ein ähnliches Phänomen: Sultane erscheinen sogar während der „Periode der Stämme", und ab den 1850er Jahren schreiben alle Historiker Staatsgeschichte, auch wenn sich die Autorität der hadramischen Dynastien bis in die 1930er Jahre oft nicht über Stadt- und Ortsgrenzen hinaus erstreckte. Folgt man Tapper und Dresch, so besteht der Unterschied zwischen ‚Stammes'- oder ‚Staats'herrschaft im wesentlichen in der Dominanz unterschiedlicher Ideologien und Ordnungsmuster, die praktischen Konsequenzen für die Bevölkerung waren jedoch in der Regel nicht sehr erheblich.

Interessant ist, daß die Dynamik, welche die Historiker ab den 1850er Jahren beschreiben, in der Tat in einem äußerst langwierigen Prozeß zu einer auch realhistorischen Dominanz des Inhalts dessen führte, was wir unter ‚Staat' verstehen, nicht allerdings zur konsequenten Umsetzung der Staatsidee. Dieser Prozeß soll im folgenden kurz skizziert werden, wobei es weniger auf Details der historischen Entwicklung ankommt als auf die Frage nach den jeweiligen Trägern der Staatsidee und deren Inhalt.

Scheichs, Rechtsgelehrte und Söldnerführer: Die Entstehung der Kathiri und Qu'aiti Sultanate im Hadramaut

Um 1800 bestand Hadramaut aus einer Unzahl kleiner und kleinster territorialer Einheiten[19]. An der Küste hatten sich seit dem 18. Jahrhundert zwei Dynastien etabliert, die aus dem Stamm der Yafi'i hervorgegangen waren. Durch eine geschickte Politik von Allianzen mit benachbarten

17 *Tapper*, Anthropologists 68.

18 *Paul Dresch*, Imams and Tribes: The Writing and Acting of History in Upper Yemen, in: *Khoury*, *Kostiner*, Tribe and State Formation (wie Anm. 13) 252–287, hier: 264; im folgenden zitiert: *Dresch*, Imams.

19 Für einen deutschsprachigen Überblick über die hadramische Geschichte bis 1888 vgl. *Hartwig*, Hadramaut.

Stämmen sowie vermutlich durch die Zolleinnahmen u. a. aus dem lukrativen Sklavenhandel gelang es ihnen, al-Shihr und al-Mukalla bis in die zweite Hälfte des 19. Jahrhunderts zu kontrollieren. Im Gegensatz dazu kam es im Wadi wiederholt zu Kämpfen, insbesondere zwischen Angehörigen des mächtigen Stammes der Kathiris und Yafi'is, die miteinander um die Kontrolle über die Städte rivalisierten. Von den unbewaffneten Stadtbewohnern konnten sie – dies machte die Attraktivität aus – Steuern erheben und so von dem Einkommen aus Handel, Handwerk und Landwirtschaft profitieren. Die Lage stellte sich für die Bewohner der wichtigsten Handelsstadt des Inneren, Shibam, nach Aussagen eines zeitgenössischen Historikers folgendermaßen dar:

> „Der Sultan von Shibam war im Jahre 1247 der islamischen Zeitrechnung [1831–32 AD] Sultan 'Umar b. Ja'far b. 'Ali. In diesem Jahr hatte er große Schwierigkeiten. Er holte deshalb eine Reihe von Angehörigen der Shanafir [einer tribalen Konföderation] sowie den Clan der 'Abd al-Aziz, Nachfahren der Al 'Amir, zu seiner Unterstützung. Seine [finanziellen] Forderungen schadeten den Händlern sehr. Diese ernannten zuerst tribale Wachen für sich selbst und für ihre Häuser. Am Ende gerieten sie so unter Druck, daß sie die Stadt verließen und sich in die Zufluchtsorte [die oben erwähnten *hauta*s, in diesem Fall außerhalb der Stadt Shibam] zurückzogen [...]. Dort blieben sie eine ganze Weile. Dann schickte Sultan 'Umar den 'Abdallah b. Muhammad b. Mar'i b. Talib zu ihnen, um auf diese Weise von ihnen Abgaben zu erhalten, aber sie gaben ihm nichts."[20]

Die Bewohner der Stadt Tarim, die das wichtigste religiöse Zentrum im Wadi war, hatten das Problem, daß zwischen den 1830ern und 1847 ihre Stadt zwischen drei verschiedenen, miteinander rivalisierenden Anführern der Yafi'is aufgeteilt war, so daß sie noch nicht einmal zum Freitagsgebet in einer Moschee zusammenkommen konnten[21]. Aber nicht nur von den unmittelbaren militärischen Herrschern wurden sie ausgeraubt. Ihr Land außerhalb der Städte wurde zumeist von Stämmen kontrolliert, mit denen gewohnheitsrechtliche Abmachungen über Dienstleistungen und Abgaben bestanden. Darüber kam es so regelmäßig zu Konflikten, daß *Ibn Hamid*, unsere wichtigste Quelle für das 19. Jahrhundert, es für erwähnenswert hielt, daß die Dattelernte in einem Jahr ohne Konflikte vonstatten ging[22]. Die allgemeine Unsicherheit bedrohte auch den Karawanenverkehr zwischen Küste und Wadi. Kein Lokalherrscher war stark

20 *Ibn Hamid*, Ta'rikh, Bd. 1, 321 f.

21 *Ibn Hashim*, Ta'rikh, 116–118.

22 *Ibn Hamid,* Ta'rikh, Bd. 2, 161. Für ein Beispiel von Konflikten, s. *Ibn Hashim*, Ta'rikh 144 f.

genug, die Beduinen gewaltsam zum Einhalten von Abkommen zu zwingen, in denen sie sich gegen entsprechende Zahlungen verpflichteten, Karawanen unbehelligt durch ihr Gebiet ziehen zu lassen.

Interessant ist nun, wie die städtische Bevölkerung, insbesondere die Elite der Notabeln, darauf reagierte. Unter Notabeln versteht man eine Gruppe politisch einflußreicher Mittler zwischen Herrscher und Bevölkerung, deren Einfluß sich einerseits aus ihrem religiösen, wirtschaftlichen etc. Rang innerhalb der Lokalbevölkerung ableitet, andererseits aus ihrem Zugang zu dem Herrscher, der sie zur Ausübung bestimmter Funktionen benötigt[23]. Im Wadi Hadramaut handelte es sich dabei um eine Gruppe einflußreicher Gelehrter überwiegend aus der Schicht der *sayyids*, die über das ganze Wadi Hadramaut verteilt lebten, aber in engem brieflichen und persönlichen Kontakt miteinander standen. Über ihre religiöse Bildung hinaus teilten sie eine Reihe von Merkmalen: Sie standen direkt oder indirekt in Verbindung mit Wiedererweckungsbewegungen in anderen Teilen der islamischen Welt, hatten bei den gleichen Lehrern im Hadramaut, in Sana'a und Mekka studiert, gehörten alle zum Netzwerk des Mystikerordens *Tariqa Alawiyya*, und sie standen in engem Kontakt mit der hadramischen Diaspora in den Randbereichen des Indischen Ozeans. Eine ganze Reihe von ihnen gehörten zur ökonomischen Elite des Wadis. Ein Beispiel dafür ist Ahmad b. 'Ali al-Junaid (1783–1858), der über erhebliche Ländereien in der Region um Tarim verfügte und dort im Tuchhandel sowie vermutlich im Geldverleih tätig war. Ferner erhielt Ahmad al-Junaid, wie ein Großteil seiner Kollegen, jährliche Geldüberweisungen von seinen Brüdern in Sana'a und Singapore[24]. Der Singaporer Bruder wird heute im dortigen Museum als einer der Pioniere der Stadt gefeiert, was einen Eindruck von seiner hohen wirtschaftlichen und gesellschaftlichen Position in den Gründerjahren der Stadt vermittelt. Ihren Einfluß leitete diese Elite zum einen aus ihrem religiösen Prestige und ihrer Tätigkeit als Religionsgelehrte ab, zum anderen aus ihrer wirtschaftlichen Position.

[23] *Albert Hourani*, Ottoman Reform and the Politics of Notables, in: *Albert Hourani, Philip Khoury, Mary Wilson*, The Modern Middle East: A Reader (Berkeley, Los Angeles 1993) 83–109.

[24] Die Informationen über 'Ali Ahmad al-Junaid stammen überwiegend aus *'Abd al-Qadir al-Junaid*, al-'Uqud al-asjadiyya fi nashr manaqib ba'd afrad al-usra al-junaidiyya (Singapore 1994) 16–162; für eine Diskussion der hadramischen Elite im frühen 19. Jahrhundert siehe mein „Migration and Reform in the Indian Ocean, the Case of Hadhramaut c. 1800–1967" (in Vorbereitung), Kapitel 2.

Diese Gruppe sah sich selbst als „die Leute des Lösens und Bindens" (*ahl al-hall wa-l-'aqd*)[25]. Damit sind die Repräsentanten der islamischen Gemeinschaft bezeichnet, welche gemäß der islamischen Staatstheorie die Kalifen oder andere Herrscher ernannten oder absetzten. Auch wenn aus den Quellen ersichtlich wird, daß andere Bevölkerungsgruppen ebenfalls ihre eigenen Repräsentanten hatten, die in Krisensituationen in den Entscheidungsprozeß einbezogen wurden, so scheint es doch, als habe diese Elite im Zentrum der Bemühungen gestanden, eine auf islamischem Recht basierende Staatlichkeit in Hadramaut zu etablieren. Wie wurde diese begrifflich gefaßt?

Die umfassendsten Vorstellungen finden sich bei einem Shibamer Gelehrten namens Ahmad b. 'Umar b. Zain b. Sumait (1769–1841)[26]. Seine Forderung nach einem gerechten Herrscher, der sich auf das islamische Recht stützt, ist nicht sonderlich originell. Interessant ist jedoch, daß Ibn Sumait über diese Standardfloskel hinausdachte, vermutlich vor dem Hintergrund der oben geschilderten Erfahrungen der Bewohner Shibams. Er betonte, daß ein Herrscher mit ausreichenden Finanzmitteln ausgestattet sein müsse. Bereits die Einschränkung des übermäßigen Zuckerkonsums – für ihn ein Symbol verschwenderischer Lebensweise, die durch die Rücküberweisungen von Migranten ermöglicht wurde – würde es einem Herrscher erlauben, sich durchzusetzen[27].

Während Ibn Sumait über die Durchsetzung von Recht und Ordnung hinaus wenig Forderungen an den Herrscher, und damit an den Staat, zu stellen schien, hatte er doch konkrete Vorstellungen, was sonst noch in einem islamischen Gemeinwesen zu geschehen habe. Es entspricht dem religiösen Selbstverständnis von Anhängern der islamischen Wiedererweckungsbewegung, daß er als Prediger über Land zog, das öffentliche Predigen von Minaretten ermutigte, Koranschulen einrichtete und islamische Studienzirkel für Männer und Frauen organisierte. Ungewöhnlicher sind schon seine wirtschaftlichen Maßnahmen. Ibn Sumait war, wie bereits angedeutet, der weitverbreiteten hadramischen Emigration gegenüber kritisch eingestellt und vertrat die Auffassung, daß die heimische Wirtschaft gestärkt werden müsse. Ein Problem in Shibam war das

25 Zu diesem Begriff vgl. Artikel Ahl al-Hall wa-l-Akd, in: *EI* (CD-Rom ed.).

26 Viele von *Ahmad b. Sumaits* Predigten und Reden wurden von seinem Schüler *Dahman b. 'Abdallah b. 'Umar Ba Dhib La'jam* in Majmu' kalam sayyidina al-imam … al-habib Ahmad b. 'Umar b. Sumait gesammelt. Das Manuskript wurde 'Abd al-Qadir b. Muhammad b. Sumait 1348/1929–30 kopiert. Zu Ibn Sumait vgl. ferner *Anne K. Bang*, Sufis and Scholars of the Sea (unveröffentl. Dissertation Bergen 2000) 67–72.

27 Khawatir saniha, wa-ara' nasiha, in: Majallat al-Rabita al-'Alawiyya II; 7, rabi' al-thani 1349/Sept. 1929, 252–275, hier 256.

Fehlen von Geldverleihern, so daß Händler oft gezwungen waren, ihre Waren zu niedrigen Preisen zu verkaufen, um ihre Schulden zu begleichen. Da er gemäß dem islamischen Zinsverbot Wucher ablehnte, sann Ibn Sumait auf eine islamische Lösung und scheint eine Art öffentliche Bank organisiert zu haben. Wohlhabende Privatleute stellten Startkapital für Kredite zur Verfügung. Die Gebühren (oder Zinsen) für die Geldverleihung gingen an eine Stiftung, deren Aufgabe es war, mittelfristig selbst Kredite vergeben zu können und die ursprünglich privaten Geldgeber so allmählich abzulösen[28].

Auch wenn solche wirtschaftspolitischen Vorstellungen insofern interessant sind, als sie sich ein halbes Jahrhundert später teilweise im Katalog dessen wiederfinden, was unter Staatsaufgaben verstanden wurde, interessieren hier zunächst einmal die Taten der Notabeln. Das für Shibam bereits erwähnte Verlassen der Städte, das im oben angeführten Beispiel übrigens von Ibn Sumait angeführt wurde, war keine kopflose Flucht. Die Herrscher verloren nicht nur bitter benötigte Steuerzahler, der demonstrativ zur Schau gestellte Vertrauensverlust hatte auch große symbolische Wirkung unter den Bewohnern des Umlandes, darunter auch den mächtigen Stämmen. Da diese Maßnahme jedoch mit offensichtlichen Risiken wie der drohenden Plünderung der zurückgelassenen Habseligkeiten verbunden war, blieb sie die *ultima ratio*. Welche anderen Möglichkeiten hatten die Notabeln? Direkt zu Beginn des 19. Jahrhunderts machten sie den bemerkenswerten Versuch, selbst ein Staatswesen zu organisieren. Im Jahre 1811 beschlossen eine Reihe von ihnen, Sayyid Tahir b. al-Husain b. Tahir zu ihrem Führer zu ernennen. Als Ausdruck seiner religiösen Motivation ließ er sich als *Imam* (Vorbeter, Leiter der Gemeinde) anreden. Einige der normalerweise unbewaffneten Städter bewaffneten sich unter seiner Führung, aber Schlagkraft erlangte die Bewegung erst, als Verträge mit mehreren einflußreichen Stämmen geschlossen wurden, die Sayyid Tahir anerkannten[29]. Das Hauptproblem wurde jedoch schnell sichtbar: Es war immer leicht möglich, Anhänger für die Idee eines allen zuträglichen friedlichen Gemeinwesens zu finden. Problematisch wurde es, wenn die zugrundeliegenden Spielregeln verletzt wurden und die Mittel fehlten, sie nötigenfalls gewaltsam durchzusetzen. Während die Notabeln im besten Fall das Prestige besaßen, die Idee erfolgreich zu vertreten, so verfügten sie als städtische *sayyids* nicht

28 Ibid. 257 f., *'Abd al-Rahman al-Mashhur*, Shams al-zahira fi nasab ahl al-bait (Jidda 1984) 578.

29 *Ibn Hashim*, Ta'rikh 127–150.

über das nötige militärische Potential, um sie gegen Widerstände zu verteidigen.

Für den europäischen Staatsbildungsprozeß hat Charles Tilly einmal betont, daß er dem organisierten Verbrechen ähnelte, bei dem selbstsüchtige Unternehmer Zwang einsetzen. Vorstellungen von einem Sozialvertrag oder gemeinsamen Normen und Erwartungen, die in bestimmten Staatsformen resultierten, seien dagegen als Grundlage der Staatsbildung eher zu verwerfen[30]. Dies mag sowohl bezüglich der Motivation von Politikern und Militärs als auch im Hinblick auf die Konsequenzen von Staatsbildung eine etwas überzogene Sichtweise sein[31]. Der Fall von Sayyid Tahir scheint Tilly jedoch Recht zu geben: Staatsähnliche Herrschaft (*daula*) bedurfte im Hadramaut nicht nur der Kooperation der Stämme (*qaba'il*), sondern hatte aufgrund ihrer Stärke nur unter einem Sultan aus ihrer Mitte eine realistische Chance.

Folglich schlugen die Notabeln, die ursprünglich Sayyid Tahir unterstützt hatten, nun einen anderen Kurs ein. Sie begannen, potentiell starke lokale Militärführer, die sich auf eine tribale Gefolgschaft berufen konnten, finanziell zu unterstützen. Sie hofften, durch ihre Unterstützung ihren Einfluß zugunsten der erhofften Durchsetzung der Scharia geltend machen zu können. Allerdings gelang es trotz erheblicher Ausgaben, die überwiegend in den Import von Waffen und Militärsklaven investiert wurden, in keinem Fall, für länger als ein paar Jahre und jenseits eines lokal eng begrenzten Rahmens stabile politische Einheiten durchzusetzen. Dies änderte sich erst, als Ghalib b. Muhsin al-Kathiri (1808–1870) auf der Bühne erschien. Er hatte im indischen Hyderabad als Militärführer Karriere gemacht und ein erhebliches Vermögen zusammengetragen. In engem Zusammenspiel mit seinen Verwandten kaufte er c. 1844 einen Ort im östlichen Wadi und begann mit Unterstützung der Notabeln, von dort den östlichen Wadi Hadramaut zu erobern. Dabei kollidierten seine Interessen alsbald mit denen eines Hyderabader ‚Kollegen', nämlich 'Umar b. 'Awad al-Qu'aiti (c. 1780–1865/66), der wenige Jahre zuvor im westlichen Wadi ein ähnliches Projekt begonnen hatte[32].

[30] *Charles Tilly*, War Making and State Making as Organized Crime, in: *Peter B. Evans, Dietrich Rueschemeyer, Thea Skocpol*, Bringing the State Back In (Cambridge u.a. 1985) 169–191.

[31] *Wolfgang Reinhard*, Geschichte der Staatsgewalt (München 1999) 22.

[32] Für einen Überblick über die politischen Ereignisse *Hartwig*, Hadramaut 216–246; *R.J. Gavin*, Aden under British Rule (London 1975) 156–173 und *Muhammad 'Abd al-Karim 'Akasha*, Qiyam al-saltana al-qu'aitiyya wa-l-taghalghul al-isti'mari fi Hadramaut 1839–1918 (Amman 1985).

Die langwierigen Kriegszüge, in denen sich diese beiden Anführer gegen ihre hauptsächlichen Rivalen an der Küste durchsetzten und die wichtigsten Städte unter ihre Kontrolle brachten, müssen hier nicht weiter erörtert werden. Es gibt jedoch vier Aspekte dieser Entwicklung, die für das Thema der Staatsbildung von Bedeutung sind und deshalb hier zusammenfassend erwähnt werden müssen:

1. Beide Führer waren keine traditionellen Scheichs ihrer jeweiligen Stämme. Weder entstammten sie den Scheichfamilien, noch hatten sie vor ihrem Auslandsaufenthalt Führungspositionen wahrgenommen. Vielmehr wurden sie aufgrund ihrer in Hyderabad erworbenen militärischen Position und der dort aufgebauten finanziellen Ressourcen von Anhängern gebeten, nach Hadramaut zurückzukehren. Dort konnten sie sich auf eine – wenn auch nur bedingt loyale – tribale Basis stützen.

2. Beide Führer verließen sich bei den Kämpfen um die Vorherrschaft vorrangig auf importierte Militärsklaven und Söldner. Ausschlaggebend für die Dominanz der Qu'aitis wurde damit nicht die Überlegenheit der hadramischen Yafi'is, sondern die größere Finanzkraft der Qu'aitis sowie ihre besseren Beziehungen zum Herrscher von Hyderabad.

3. Bis in die 1890er Jahre kontrollierten die Führer (bzw. ihre Nachkommen) fast nur jene Territorien, die entweder überwiegend von den jeweiligen Stammesangehörigen besiedelt waren oder die, wie die hadramischen Städte, über kein eigenes militärisches Potential verfügten. Diejenigen Gebiete, die von den mächtigen Stämmen der Hamumi, Tamimi, Sai'ar und Nahd kontrolliert wurden, um nur die wichtigsten zu nennen, blieben jedoch unter der Kontrolle ihrer jeweiligen Scheichs selbständig. Wohl gingen sie gelegentlich Allianzen mit den beiden Führern ein, dies hatte jedoch keine Konsequenzen für ihre Eigenständigkeit.

4. Sowohl 'Umar b. 'Awad als auch Muhsin b. Ghalib strebten eine über die Stammesgrenzen hinausreichende Macht im Namen der an einem islamischen Staatswesen orientierten Ethik an. Muhsin ließ sich als ‚Sultan' anreden, womit sowohl auf seine (behauptete) Abstammung von dem wohl berühmtesten kathirischen Sultan Badr Bu Tuwairiq als auch auf seinen Anspruch verwiesen wurde, einen Staat zu führen. Diese Ideologie wurde von den ihm wohlgesonnenen Notabeln verbreitet, wobei sie Gegenleistungen erwarteten. Diese werden in dem Brief eines desillusionierten Notabeln formuliert, der besonders viel Geld und Prestige zur Unterstützung des Sultans eingesetzt hatte:

„Ihr solltet Euch erinnern, oh Herrscher [der Autor verwendet hier wiederum den Ausdruck *daula*], daß Ihr bei Amtsantritt dem Volk versprochen und vorgespiegelt habt, der Scharia zum Sieg zu verhelfen und die Rechtsgelehrten als ihre Hüter einzusetzen. Ihr würdet – so habt Ihr damals zugesagt – dem Rat der *sayyids* aus dem Clan der 'Alawis folgen und ihren Vorschlägen nicht widersprechen. [...] Die Leute haben Euch unterstützt, die Rechtsgelehrten haben mit Euch gesprochen, das Volk zu Eurer Unterstützung aufgerufen und Euch auch sonst in jeder erdenklichen Weise geholfen. Sie waren wie Kinder und Brüder, sie haben die Unterdrücker und Feinde angegriffen und nie an das Geld gedacht, das sie zu diesem Zweck aufwandten. Bei all dem hatten sie nie ihre eigenen Interessen im Auge, sondern haben ihre ganze Hoffnung auf Euch gesetzt und darauf, daß Ihr die Scharia durchsetzt."[33]

Die in dem Brief enthaltene Aufforderung, nun endlich all diese Versprechen einzulösen, wurde – wen wundert es – freundlich ignoriert. Nur gelegentlich und zu Zeiten extremer Schwäche der Sultane gelang es den Notabeln kurzfristig, dem Sultan Zugeständnisse abzutrotzen und beispielsweise an der Steuerfestsetzung und -eintreibung maßgeblich beteiligt zu werden. Typischer war, daß der Sultan die wohlhabenderen seiner Untertanen in eine Art Beugehaft nahm, um sie am Verlassen der Stadt zu hindern und zur Zahlung weiterer Abgaben zu ‚ermutigen'[34]. Diese erpresserische Vorgehensweise, durch die der Sultan die nötigen Mittel zur Sicherung seiner militärischen Position zu erhalten suchte, wurde von britischen Kolonialoffizieren noch im frühen 20. Jahrhundert beobachtet. 1919 berichtete Lee-Warner, daß jeder Rückkehrer aus Java der ‚Regierung' [gemeint ist erneut das Wort *daula*] eine substantielle Abgabe leisten müsse. Ferner habe er damit zu rechnen, daß seine Wohnung durchsucht und Schmuck und andere Wertsachen konfisziert werden könnten. Unter Umständen würden Besuche von Militärsklaven des Sultans den Forderungen Nachdruck verleihen[35]. Bevor man allerdings hieraus voreilige Schlüsse über nahöstliche Tyrannei zieht, sei daran erinnert, daß der bereits zitierte Charles Tilly ja gerade Gewalt, sowohl bei der Eliminierung interner Rivalen als auch beim Schutz der staatlichen Klienten und bei der Abschöpfung von finanziellen Mitteln als ein Kennzeichen früher europäischer Staatlichkeit bezeichnet hat.

Hinter den negativen Urteilen scheint der Balanceakt durch, den dieser Kathiri-Sultan vollbringen mußte. Einerseits war er seinem Stamm

33 *Ibn Hamid*, Ta'rikh, Bd. 2, 127.

34 *Ibn Hamid*, Ta'rikh, Bd. 2, 99.

35 Public Record Office (im folgenden: PRO), FO 371/4195, Eastern Confidential 50699, Report by Captain Lee-Warner on his recent visit to the Hadhramaut, encl. in Captain Lee-Warner to Political Resident, Aden, 3. 3. 1919, 8f.

verpflichtet, was bedeutet, daß er den oben erwähnten Code der Stammesethik einschließlich der Rechte respektieren mußte, die mit den Interessen der Städter kollidierten. Gerade weil er kein traditioneller Scheich war, konnte dem Sultan andernfalls die Loyalität relativ einfach aufgekündigt werden. Andererseits war er auch von den städtischen Notabeln gerufen worden, benötigte deren Unterstützung sowohl in finanzieller als auch in legitimatorischer Hinsicht und konnte als Sultan ein über das Stammesgebiet hinausreichendes Territorium beanspruchen. Das aus diesem Spagat entstehende, politisch wenig institutionalisierte und relativ instabile Gebilde wird häufig als *chiefdom* bezeichnet[36].

Ein ‚Mehr' an Staat: Das Qu'aiti-Sultanat und die Vorstellungen der hadramischen Handelsdiaspora

Bisher wurden die Vorstellungen und Aktionen der Notabeln aus Wadi Hadramaut im 19. Jahrhundert, die Entstehung der beiden Sultanate sowie der schwierige Balanceakt des Kathiri-Sultans zwischen Stamm und Stadt diskutiert. Man kann nur vermuten, daß der Kathiri-Sultan gelegentlich neidvolle Blicke auf seinen Rivalen warf. Auch wenn der Qu'aiti-Herrscher erst 1902 seinen indischen militärischen Titel *jem'adar* zumindest im Hadramaut gegen ‚Sultan' eintauschte, so gelang es ihm doch schon im ausgehenden 19. und frühen 20. Jahrhundert, ein wesentlich stabileres *chiefdom* zu etablieren. Unter Ausnützung interner Querelen, durch geschickte Allianz- und Vertragspolitik sowie mittels Ankaufs vermochte er, die von ihm kontrollierten Gebiete erheblich auszudehnen[37]. Noch vor dem Ersten Weltkrieg wurden gewisse staatliche Entwicklungsmaßnahmen eingeleitet: Der Sultan ließ die für die Zolleinnahmen wichtigen Hafenanlagen von al-Mukalla ausbauen, wie überhaupt der Förderung des Handels als Haupteinnahmequelle eine bedeutende Rolle zukam. Entlang der Küste wurden Straßen gebaut, um die Hauptorte miteinander zu verbinden, und sogar eine Bahnlinie zwischen den Küstenstädten wurde nach indischem Vorbild und unter Einbeziehung privaten Kapitals geplant[38]. al-Shihr und al-Mukalla erhielten eine

[36] *Khoury*, *Kostiner*, Introduction, p. 15, in: *Khoury*, *Kostiner*, Tribe and State Formation (wie Anm. 13); *Tapper*, Anthropologists 50.

[37] Der Prozeß, mit dem die Qu'aitis die Herrschaft über Wadi Dau'an erlangten, ist hierfür exemplarisch. Vgl. *Salah al-Bakri*, Ta'rikh Hadramaut (Kairo 1936) Bd. 2, 11–19.

[38] *Theodore, Mabel Virginia Anna Bent,* Southern Arabia (London 1900) 107; India Office (im folgenden: IO), R/20/A/1047, Political Resident, Aden to Secretary to Government,

Wasserversorgung. 1911 vergab der Sultan eine erste Ölkonzession, und auch wenn diese zu keinerlei konkreten Resultaten führte, wurden 1919 je ein Landwirt und ein Geologe gebeten, die Entwicklungsmöglichkeiten des Küstenstreifens im Hinblick auf landwirtschaftliche Entwicklung und eventuell vorhandene Bodenschätze zu untersuchen.

Die Einnahmen aus dem Handel reichten nicht aus, diese Projekte zu finanzieren, da die Militärausgaben des Qu'aiti-Herrschers eher noch höher waren als diejenigen des Kathiri-Sultans. Vielmehr lag dem Qu'aiti *chiefdom* das Testament des bereits erwähnten 'Umar b. 'Awad al-Qu'aiti von 1862 zugrunde, in dem er auch die künftige Verwaltung seiner Hinterlassenschaften festlegte[39]. In diesem Testament bestimmte 'Umar b. 'Awad in Form einer islamischen Stiftung der toten Hand, daß künftig ein Drittel des Gewinns aus seinem gesamten, zwischen Hyderabad und Hadramaut verteilten Besitz zugunsten des Hadramaut ausgegeben werden sollte. Der jeweilige Gouverneur sollte das Geld zum Schutz der Städte ausgeben. Sie sollten entwickelt und der Besitz ihrer Bewohner in- und außerhalb der Stadtgrenzen geschützt werden, was auf ein implizites Eingreifen in die Stammesrechte verweist. Die so geschaffene finanzielle Grundlage mag einer der Gründe für die größere Durchsetzungskraft der Qu'aitis gewesen sein.

Das Testament enthält einen weiteren Passus, in dem die Herrschaftsideologie implizit enthalten ist. Der *Jem'adar* richtet sich hier an seine Nachkommen:

> „Ich rate ihnen, daß sie eine auf der Scharia beruhende, gottgefällige Herrschaft untereinander ausüben sowie gegenüber jenen Muslimen, **über die Gott sie gesetzt hat.** Sie sollen Beschwerden anhören, die Untertanen schützen, einwandfreie Absichten hegen und allgemein das Rechte gebieten und das Verwerfliche verhindern."[40]

Diese letzte Phrase ist übrigens ein feststehender Ausdruck, der gute islamische Herrschaftspraxis bezeichnet.

'Umars Sohn 'Awad (reg. 1865–1910) setzte die Tradition des politischen Testaments fort[41]. Er forderte seinen Sohn, den er entgegen dem

Bombay, 16. 7. 1903 and R/20/A/1408, Political Resident, Aden to Secretary to Government, Bombay, 13. 5. 1916; *Otway Henry Little*, The Geography and Geology of Makalla (South Arabia) (Kairo 1925) 1–11.

39 *Sultan Ghalib al-Qu'aiti*, Ta'ammulat 'an tarikh Hadramaut qabla 'l-Islam wa-fi fajrihi ma'a mash 'amm 'an hijra wa-nata'ij 'alaqat al-hadarima 'ibra 'l-azmina bi-shu'ub janub wa-sharq Asya (Jidda o.D.) 123–125; im folgenden zitiert: *al-Qu'aiti*, Ta'ammulat.

40 Ibid. 124. Meine Hervorhebung.

41 Ibid. 126–129. Eine relativ stark abweichende englische Übersetzung ist enthalten in PRO, CO 725/5, Political Resident, Aden to Colonial Office, 16. 5. 1923.

Wunsch seines Vaters zum Thronfolger bestimmte, auf, die „Leute der Tugend und der Bildung sowie die Nachkommen des Propheten zu respektieren“ sowie sich mit seinen Brüdern, Verwandten und anderen geeigneten Personen zu beraten.

In diesen Testamenten zeigt sich eine andere Variante von islamischer, auf der Scharia basierender Herrschaft. Während die gelehrten Notabeln sich im zuvor dargelegten Modell selbst als „Leute des Lösens und Bindens“ verstanden und damit gerne den Sultan kontrolliert hätten, werden sie von 'Umar und 'Awad zu Respektspersonen relegiert, die man konsultieren müsse. Die Souveränität jedoch, das macht die Phrase „über die Gott sie gesetzt hat“ deutlich, lag alleine beim Herrscher beziehungsweise in letzter Instanz, da sind sich beide Sichtweisen wieder einig, bei Gott. Auch wenn hadramische Historiker diesen autoritären Ansatz auf persische und indische Einflüsse schieben – schließlich hatten die Qu'aitis ihre Karriere in Indien begründet – haben wir es wohl doch eher mit zwei Herrschaftskonzeptionen zu tun, die sich beide gleichermaßen als ‚islamisch‘ rechtfertigen ließen[42].

Diese Konzepte waren Idealtypen. Es wurde bereits erwähnt, daß der Kontrolle der gelehrten Notabeln im Wadi Hadramaut über ‚ihre‘ Sultane enge Grenzen gesetzt wurden. Umgekehrt kam auch der Qu'aiti-Sultan nicht ohne Allianzen aus: Mit den mächtigen Anführern der Yafi'is, die er zu Gouverneuren ernannte, mit wichtigen Stammesscheichs, die dazu beitrugen, weite Landstriche unter seine Kontrolle zu bringen, mit den Kaufleuten von al-Mukalla und – *last but not least* – mit den Briten. Mit ihnen hatte er 1882 einen Vertrag abgeschlossen, in dem er sich verpflichtet hatte, sein Territorium keiner ausländischen Macht ohne vorherige britische Zustimmung abzutreten und in auswärtigen Angelegenheiten dem britischen Rat zu folgen[43]. Dieser Vertrag, der sechs Jahre später durch einen formellen Protektoratsvertrag ergänzt wurde, stand in direktem Zusammenhang mit britischer Hilfe bei der Vertreibung des vorherigen Herrschers von al-Mukalla im Jahre 1881 und trug langfristig dazu bei, daß der Qu'aiti-Sultan seinen Kathiri-Rivalen in immer stärkere Abhängigkeit brachte[44].

[42] *Paul,* Herrschaft; *Basim Musallam,* The ordering of Muslim societies, in: *Frances Robinson*, The Cambridge Illustrated History of the Islamic World (Cambridge 1996) 164–207, hier 173–186.

[43] *F. M. Hunter, C. W. H. Sealey*, An Account of the Arab Tribes in the Vicinity of Aden (London 1986) 169f.

[44] Ein wesentlicher Meilenstein bei dieser Entwicklung war der 1918 geschlossene Vertrag von Aden, der das Protektorat auf das Kathiri Territorium ausdehnte und den Qu'aiti zum Sprecher der Region vis à vis den Briten machte, *W. H. Ingrams*, A Report on the

Im Hinblick auf die Städte ist vor allem interessant, daß es Ansätze gab, das Prinzip der Beratung – wiederum unter Berufung auf die Scharia – zu institutionalisieren. Sultan 'Awad b. 'Umar richtete im April 1909 eine beratende Versammlung (*majlis al-shura*) ein, dem Militärführer der Yafi'is sowie städtische Händler aus der Schicht der ‚Schwachen' angehörten[45]. Damit hoffte er, „Gerechtigkeit unter jenen auszuüben, über die uns Gott als Regent eingesetzt hat"[46]. Das Gremium sollte für die Einrichtung von Gerichten und die Ernennung von Richtern Verantwortung übernehmen, es sollte ein Budget erstellen, mit dem Aufbau eines staatliches Erziehungswesens beginnen, mit den Stämmen über Straßentransitrechte verhandeln etc. Ein relativ starker Herrscher ernannte also ein Gremium aus Notabeln, um bestimmte regierungshoheitliche Aufgaben wahrzunehmen, während es den Notabeln im Bereich der Kathiris nicht gelungen war, von einem schwachen Sultan ähnliche Konzessionen zu erhalten. Der Rat scheint übrigens nur begrenzt erfolgreich gewesen zu sein, er wurde vermutlich in den 1920er Jahren aufgelöst[47].

In die späten 1920er Jahre fällt auch eine Initiative, die in enger Abstimmung zwischen Hadramis im Wadi Hadramaut und in der südostasiatischen Diaspora entstanden zu sein scheint und die ein interessantes Schlaglicht auf die gewandelten Vorstellungen eines Teils der Notabeln wirft. Sie ist Ausdruck der Entstehung einer Reformbewegung, die ich als frühe Form einer hadramischen Bürgerkultur oder, modischer vielleicht, einer hadramischen Zivilgesellschaft interpretieren würde[48].

Um dies zu erklären, muß kurz ausgeholt werden. Im Jahre 1905 gründeten hadramische Händler in Batavia, dem heutigen Jakarta, eine erste Wohlfahrtsvereinigung. Sie ähnelt dem, was man in Deutschland als bürgerliche Vereinigungen charakterisiert hat, das heißt als Zusammen-

Social, Economic and Political Condition of the Hadhramaut (London 1937) 169f.; im folgenden zitiert: *Ingrams*, A Report.

45 Interviews mit 'Abdallah al-Nakhibi, Jidda, 25. und 26. 3. 2000.

46 *al-Qu'aiti*, Ta'ammulat 131. Das gesamte Dokument ist auf 131–133 abgedruckt.

47 *Ingrams*, A Report 91.

48 Für die Angemessenheit des Begriffs ‚Zivilgesellschaft' vgl. *Sheila Carapico*, Civil society in Yemen. The political economy of activism in modern Arabia (Cambridge 1998) 1–18 und, speziell auf die Entwicklungen im Hadramaut bezogen, 95–97; im folgenden zitiert: *Carapico*, Civil Society, zu den tatsächlichen Entwicklungen und der Begrifflichkeit genauer mit weiteren Literaturhinweisen *Ulrike Freitag*, Clubs, Schulen und Presse: Formen und Inhalte des hadramischen Reformdiskurses in Südostasien und im Südjemen (c. 1900–1930), in: *Dietmar Rothermund*, Aneignung und Selbstbehauptung (München 1999) 63–83 und *dies.*, Arab Merchants in Singapore, Attempt at a Collective Biography, in: *Huub de Jonge, Niko Kaptein*, Arabs in Southeast Asia (Leiden 2001).

schlüsse, die Mitglieder unterschiedlicher Herkunft auf der Basis gemeinsamer Interessen vereinten. Dies war für die ständisch gegliederte hadramische Gesellschaft revolutionär. Ziele der Vereinigungen waren soziale Fürsorge und – ganz wichtig – die Einrichtung von Schulen. Damit waren sie zweifelsohne ein zentraler Bestandteil einer sich rasch herausbildenden neuen Öffentlichkeit, die sich außer in den Vereinigungen vor allem in Schulen und Zeitschriften artikulierte. Die Hauptanliegen der hadramischen Assoziationen in Südostasien waren Bildungsarbeit und soziale Fürsorge, politische und wirtschaftliche Ziele oder ‚Geselligkeit' folgten erst mit einigem Abstand[49]. Die wichtigsten Beteiligten an diesen neuen Organisationen waren Großhändler und Grundbesitzer sowie ein wachsender Kreis von Intellektuellen, die vorrangig als Lehrer und Journalisten, aber auch als Händler, in der Verwaltung von Unternehmen und später im Hadramaut in der Staatsverwaltung tätig waren. Die Entstehung dieser Öffentlichkeit ist eng mit Transformationen innerhalb der Diaspora verbunden, die mit der Einbindung in die kapitalistische Kolonialwirtschaft zusammenhängen und ihre intellektuellen Anregungen aus islamischen, chinesischen und europäischen Vorbildern bezogen.

Im Hadramaut läßt sich die erste derartige Vereinigung um 1907 in Sai'un nachweisen. Sie steht allerdings stärker als die südostasiatischen Vereinigungen in der Tradition der Notabeln des 19. Jahrhunderts. Eine Reihe vermutlich jüngerer *sayyid*s gründeten eine kurzlebige Vereinigung, die beabsichtigte, ihren Einfluß geltend zu machen, um die weltlichen Angelegenheiten zu reformieren, Sicherheit, Frieden und Gerechtigkeit zu etablieren und generell die Zivilisation zu fördern[50]. Wenige Jahre später beschlossen Notable in Batavia, die Reform im Hadramaut zu fördern und baten den Begründer der obigen hadramischen Vereinigung, der sich zu jener Zeit in Batavia aufhielt, eine neue Assoziation im Hadramaut zu gründen. Dies ist typisch für die engen Kontakte zwischen Diaspora und Hadramaut.

Die Mitglieder der so entstandenen „Gesellschaft der Wahrheit" *(Jam'iyyat al-Haqq)* im Hadramaut, die sich erstmals 1912 nachweisen

49 Vgl. *Dieter Hein*, Soziale Konstituierungsfaktoren des Bürgertums, in: *Lothar Gall*, Stadt und Bürgertum im Übergang von der traditionalen zur modernen Gesellschaft (Historische Zeitschrift, Beiheft 16, 1993) 151–181, wobei allerdings Heins Unterscheidung zwischen der Vereinskultur der Aufklärungsepoche und derjenigen des 19. Jahrhunderts für unsere Zwecke zu eng erscheint.

50 *'Abd al-Rahman b. 'Ubaidillah al-Saqqaf*, Bada'i' al-tabut, Bd. 3 (undatiertes Manuskript) 133.

läßt, versuchten zunächst, ihre Reformziele durch Religionsunterricht zu erreichen und gingen dann einen Weg, der in mancher Hinsicht an die oben diskutierte Initiative zu Beginn des 19. Jahrhunderts erinnert: Sie boten dem Kathiri-Sultan Geld an, um ein Dorf zu pachten und zum Ausgangspunkt ihrer Bemühungen zu machen. Es scheint, daß dies scheiterte[51]. Erfolgreich war hingegen das Bemühen der in Singapore überaus erfolgreichen al-Kaf Familie, vom Sultan die Stadt Tarim zu pachten. Gegen eine jährliche Zahlung von 10000 Maria Theresien Talern trat er die Verantwortung für den Unterhalt einer Sklavenarmee und das Recht auf die interne Organisation der Stadt einschließlich des Rechts auf Steuereintreibung ab[52]. Zumindest nominell war es erneut die „Gesellschaft der Wahrheit", die nun die Stadtverwaltung übernahm, allerdings dominierte die al-Kaf Familie. Es scheint, daß dieses Arrangement zustande kam, nachdem die Bevölkerung gegen die undurchsichtige Abgabenerhebung durch den Sultan rebelliert hatte, also gegen diejenigen Zustände, gegen welche die Notabeln seit Beginn des 19. Jahrhunderts immer wieder Sturm gelaufen waren[53].

In den 1920er Jahren fand die Assoziationsidee im Hadramaut weiten Zuspruch unter der jüngeren Generation der Notabeln, was sich an der großen Anzahl der belegten Vereinigungen zeigt. Diese beschränkten sich nicht auf das Gebiet der Kathiris, sondern finden sich auch im Bereich der staatlich besser organisierten Qu'aitis, die derartige Organisationen teilweise aktiv förderten[54]. Parallel dazu läßt sich in der sehr lebhaften arabischsprachigen Presse in Südostasien verfolgen, wie sehr man dort die immer noch als chaotisch empfundene Situation im Hadramaut bedauerte. Folgt man dieser Diskussion, so schienen die Rücküberweisungen in einem bodenlosen Faß zu verschwinden[55]. Interessant ist im Kontext des Themas ‚Stamm' und ‚Staat' besonders, daß es nun auch unter den Hadramis in Südostasien zu einer Debatte über die Rolle der Stämme kam. So behauptete ein „eifriger Hadrami", daß die Stämme im übertragenen Sinne Blut tränken, was ein anderer Autor empört zurückwies, indem er *qaba'il*, *sayyid*s und den Sultanen gleichermaßen die Ver-

51 IO, R/20/A/1409, Report by Sayyid 'Alawi b. Bubakr El Jifri, c. April 1916.

52 IO, R/20/A/1409, Translation of secret Memorandum by Said Ali bin Ahmed Bin-Shahab, encl. in Acting Consul-General, Batavia to Foreign Office, 4. 12. 1920.

53 IO, R/20/A/1415, Personalities (by Nasir-ud-Din Ahmad, 12. 3. 1920).

54 *'Abd al-Khaliq al-Batati*, Ithbat ma laisa mathbut min ta'rikh Yafi' fi Hadramaut (Jidda 1989) 77, für eine Liste der Vereinigungen s. *'Abd al-Qadir al-Sabban*, 'Adat wa-taqalid bi-l-Ahqaf, Bd. 2 (Manuskript) 262.

55 Hadramaut 167 (18. 10. 1929) 1.

antwortung für die unbefriedigende Situation im Hadramaut zuwies[56]. Auch wenn über die konkrete Ausformung dessen, was im Hadramaut geschehen sollte, sehr divergierende Ansichten deutlich werden, stimmen doch alle Beiträge darin überein, daß eine auf der Scharia basierende Staatlichkeit das Entwicklungsziel sei. So beinhalten die Ziele einer tribalen ‚Kathiri-Vereinigung' in Java „das (religiös) Rechte zu gebieten und das Verbotene zu verhindern" sowie die Förderung der religiösen Wissenschaften. Sie verwenden damit typische Formeln aus dem Bereich der Rechtsgelehrten, während ihre Forderung nach dem Schutz der Ehre des Kathiristammes noch eindeutig auf den tribalen Hintergrund verweist[57].

Damit hatte sich *de facto* das städtische Staatsverständnis zumindest auf der ideologischen Ebene in der Diaspora durchgesetzt, wohl vor dem Hintergrund der Erfahrungen mit organisierter Staatlichkeit in Singapore und dem heutigen Indonesien. Die wohl konkretesten Vorstellungen wurden im Rahmen einer bemerkenswerten Initiative formuliert, die von reformwilligen Notabeln in Hadramaut, an deren Spitze wiederum die „Gesellschaft der Wahrheit" stand, und von den führenden Händlerfamilien der südostasiatischen Diaspora ausging. Sie resultierte in zwei Konferenzen, einer in al-Shihr 1927 und einer zweiten in Singapore 1928[58]. In al-Shihr hatten sich die hadramischen Sultane sowie eine Reihe von Notabeln auf ein Grundprogramm geeinigt, das von einem Gesandten nach Südostasien auf einer dortigen Konferenz weiterentwickelt werden sollte. Auf der daraufhin organisierten Singaporekonferenz verlangten die Kaufleute von den Sultanen die Beendingung des andauernden Kriegszustandes in ihrer Heimat und die Einrichtung einer Regierung mit einem Budget, das von ihrer Zustimmung abhängen sollte. Im Gegenzug wollten sie nicht nur einen erheblichen Teil dieses Budgets finanzieren, sondern auch eine Firma gründen, die durch Investitionen im Infrastruktur-, Industrie- und Agrarbereich die Modernisierung des Landes beschleunigen sollte. Das Justizwesen sollte reformiert werden. Umfangreiche Verbesserungen im Bildungs- und Gesundheitssektor wurden geplant. Auch wenn dieses Programm an der inneren Zerstrittenheit der

56 al-Dahna' 2;17 (August 1929) 7–9 und 2;19 (September 1929) 6–8.

57 al-Mishkah I;16 (31. 10. 1931) 4.

58 Im folgenden nach *Ja'far Muhammad al-Saqqaf,* Min ta'rikh al-harakat al-scha'biyya al-islahiyya fi Hadramaut (al-mu'tamar al-islahi fi Singafura), in: *Salih Ali Ba Surra, Muhammad Sa'id Da'ud,* Watha'iq al-nadwa al-'ilmiyya al-ta'rikhiyya haul al-muqawamat al-scha'biyya fi Hadramaut 1900 – 1963 (Aden 1989) 25–34; *al-Bakri*, Ta'rikh, Bd. 2, 56–75; Sai'un Museumsarchiv (SM), 3. Klasse, Dok. 61.

Hadramis scheiterte, so ist es doch nahezu ein Lehrbuchbeispiel für die von Lepsius beschriebene ‚Vergesellschaftung' (eines Teils) des Bürgertums[59].

Die Konferenz zeigt aber auch, wie sich die Vorstellungen davon erweitert hatten, was in den staatlichen Aufgabenbereich fallen sollte: Zu Ruhe, Recht und Ordnung waren nun Bildung und Gesundheit gekommen. Wenn man diejenigen Maßnahmen hinzunimmt, die durch die neue, privat finanzierte Entwicklungsgesellschaft wahrgenommen werden sollten und die durch ihre Einbindung in das geplante Abkommen halbstaatlichen Charakter erhielten, erweitern sich die Staatsaufgaben sogar um Bereiche, die noch über die klassischen Aufgaben des modernen westlichen Staates hinausreichen: Infrastruktur und Wirtschaftsförderung. Es ist auch wichtig, festzuhalten, daß trotz des Scheiterns dieser Initiative über alle internen Grenzen hinweg zumindest in der Diaspora Einigkeit über die prinzipielle Notwendigkeit dieses Programms bestand[60].

Keine Einigkeit bestand allerdings über das, was kurz nach dem Scheitern der Konferenz geschah, allerdings interessanterweise auch schon in den südostasiatischen Zeitungen diskutiert worden war: Einige besonders enthusiastische Reformer begannen sich ernsthaft mit dem Gedanken anzufreunden, eine ausländische Macht in den Hadramaut zu holen, um dort die Ordnung einzuführen, die sie aus eigener Kraft nicht verwirklichen konnten[61]. Dies ist – so viel sei am Rande vermerkt – ein interessantes Beispiel für Ronald Robinsons Theorie der „kollaborierenden Eliten" als Triebkraft des Imperialismus[62].

59 *M. Rainer Lepsius*, Zur Soziologie des Bürgertums und der Bürgerlichkeit, in: *Jürgen Kocka*, Bürger und Bürgerlichkeit im 19. Jahrhundert (Göttingen 1987) 79–100.

60 Vgl. z.B. al-Dahna' 2;15 (Mitte Juli 1929) 14.

61 Für entsprechende Andeutungen in der hadramischen Presse al-Bashir 18 (1. 1. 1915) 2; al-Dahna' 2;17 (Mitte August 1929) 8; Hinweise auf derartige Wünsche gab es auch in Zansibar (1925) und Hadramaut (1929–30), *Harold Ingrams*, Arabia and the Isles (London 1942) 13; im folgenden zitiert: *Ingrams*, Arabia; *D. Van der Meulen, H. von Wissmann*, Hadramaut. Some of its Mysteries Unveiled (Leiden 1932) 101–104; im folgenden zitiert: *Meulen, von Wissmann*, Hadramaut.

62 *Ronald Robinson*, Non-European Foundations of European Imperialism: sketch for a theory of collaboration, in: *Roger Owen, Bob Sutcliffe*, Studies in the theory of imperialism (London 1972) 117–142.

Starker Staat – schwache Gesellschaft: Britische Kolonialherrschaft und sozialistische Republik, 1930er–1990

Die Wünsche der eben erwähnten kolonialfreundlichen hadramischen Reformer stimmten aufs trefflichste mit denen der Briten überein, die in den frühen 1930er Jahren mit zunehmender Nervosität die Aktivitäten anderer regionaler und europäischer Mächte auf der Arabischen Halbinsel beobachteten[63]. Sie kamen zu dem Schluß, daß die bisherigen, durch weitgehende Nichteinmischung geprägten Protektoratsverträge unzureichend seien und schlossen 1937 bzw. 1939 mit den beiden hadramischen Sultanen Verträge über die Ernennung politischer Berater. Deren Rat sollte von den Sultanen „in allen Angelegenheiten" akzeptiert werden „außer denjenigen, welche die Muhammedanische Religion und Sitten betreffen"[64].

Aus der Sicht der staatsorientierten Reformer war die Tat wichtiger als der Rat. Der große Vorteil der Briten war es, so sahen sie es damals und so sehen sie es heute wieder, daß die Briten erstmals in der jüngeren hadramischen Geschichte in der Lage waren, territoriale Herrschaftsansprüche dauerhaft zu sichern. Schon vor Abschluß der Beraterverträge hatte der britische Kolonialbeamte Harold Ingrams bei einem Besuch am Abschluß von Abkommen mitgewirkt, die einen allgemeinen dreijährigen Landfrieden bewirken sollten. Im Gegensatz zu den Hadramis waren die Briten in der Lage, jene zu bestrafen, die ihn verletzten. Das Zauberwort hieß ‚air power', denn die Möglichkeit, die Siedlungen widerspenstiger Stämme zu bombardieren, erlaubte eine zuvor ungeahnt effektive und schnelle Sanktion bei Vertragsbruch. Die Bestrafung der Angehörigen der Bin Yamani, die als erste den Frieden verletzten, war ausdrücklich als britische Machtdemonstration gedacht, denn, wie Ingrams, der erste britische Berater, schreibt: „Die eigentliche Schwierigkeit war es, den Leuten deutlich zu machen, daß die britische Regierung das, was sie sagte, auch meinte, und daß ihre Entscheidungen keine leeren Drohungen waren, wie sie [gemeint sind die Stämme] es gewohnt waren."[65] Auch wenn durch den Einsatz der Royal Air Force die Probleme keineswegs

[63] Hierzu im Detail *Christian Lekon*, The British and Hadhramaut (Yemen), 1863–1967: A Contribution to Robinson's Multicausal Theory of Imperialism, unpubl. PhD thesis (London School of Economics 2000) 145–165; im folgenden zitiert: *Lekon*, The British.

[64] *Doreen Ingrams*, A Survey of Social and Economic Conditions in the Aden Protectorate (Asmarra 1949) 174.

[65] *Ingrams*, Arabia 284.

dauerhaft gelöst wurden und es bis in die 1960er Jahre hinein Schwierigkeiten gab, das Gewaltmonopol der Regierungen durchzusetzen, kann man von einem qualitativen Wandel sprechen. Bis heute wird der Epochenabschnitt positiv als „sulh Ingrams" – Ingrams Frieden – bezeichnet, während vergleichbare Situationen in anderen arabischen Staaten als Beginn des „imperialistischen Zeitalters" beschrieben wurden. Erneut ist interessant, daß die britischen Aktionen, die im übrigen sowohl im Hadramaut als auch in Großbritannien äußerst umstritten waren, von bestimmten städtischen Notabeln vorgedacht worden waren: Sayyid Abu Bakr b. Shaykh al-Kaf, einer der Vorreiter der britischen Intervention, hatte bereits in den späten 1920er Jahren über die Anschaffung eines Flugzeugs nachgedacht[66]. Wie er Reisenden berichtete, ging es ihm dabei zwar primär darum, die von Beduinen kontrollierten Handelswege zu überfliegen. Jedoch überlegte er auch laut, daß Flugzeuge Beduinen einschüchtern könnten, insbesondere, wenn sie Bomben abwürfen[67].

Aus europäischer Sicht erscheinen die Maßnahmen, die in den Jahren bis 1967 ergriffen wurden und die auf die Reform des hadramischen Militärs, auf den Aufbau der Regierungsapparate, des Justiz- und Erziehungswesens sowie einer medizinischen Grundversorgung gerichtet waren, vermutlich äußerst bescheiden. Auch die Maßnahmen im landwirtschaftlichen Bereich, der durch zwei Dürren in den Jahren 1943–44 und 1948–49 hart gebeutelt wurde, und bei denen es um die Einführung von Pumpenbewässerung, den Bau von Wasserrückhaltebecken und landwirtschaftliche Beratung ging, nehmen sich im Vergleich mit heutigen Regionalentwicklungsprojekten der Entwicklungshilfe eher bescheiden aus. Imperialismushistoriker sprechen aufgrund der weitgehend belassenen indigenen Strukturen in diesem Zusammenhang von „indirekter Herrschaft"[68].

Im Vergleich zum vorherigen Zustand bedeutete die Anwesenheit britischer Berater allerdings doch erhebliche Veränderungen. Dies gilt gerade für die erste Periode unter Ingrams. Er hatte recht konkrete Vorstellungen davon, wie das Ziel des kolonialen Werbemottos, „Völkern beibringen, sich selbst zu regieren", das ihn seinerzeit für den Kolonialdienst begeistert hatte, zu interpretieren sei[69]. Der Wazir des Sultans, der seine Ideen nicht teilte, wurde ebenso wie andere ‚Störenfriede' kurzerhand abgesetzt. Die Fülle der Entwicklungsinitiativen, die Ingrams in

66 IO, R/20/A/3277.

67 *Meulen, von Wissmann*, Hadramaut 133–135.

68 *Lekon*, The British 292.

69 *Ingrams*, Arabia, Author's introduction to third edition 1966, 6.

den Jahren 1937–39 dem Colonial Office vorschlug, ist der wohl beste Beleg für eine sehr paternalistische Interpretation des Kolonialmottos, das in diesem Fall auf die Stärkung des Staates gegenüber allen gesellschaftlichen Gruppen hinauslief. Es paßt auch in dieses Bild, daß die Entwicklungsaufgaben jetzt zunehmend in das neu organisierte staatliche Budget übernommen wurden, was in London aufgrund der rapide steigenden Kosten durchaus mit gemischten Gefühlen gesehen wurde[70]. Ein wichtiger Aspekt der britischen Politik im Hadramaut, der auf erheblichen Widerstand stieß, war die systematische Einschränkung des Waffenhandels und des Waffentragens. So protestierten Angehörige der Kathiris, daß ein Waffenverzicht gegen die tribale Ehre verstoße, und wiederholte Dekrete, die den Schußwaffengebrauch limitierten, zeigen, daß das staatliche Gewaltmonopol bis zur Unabhängigkeit nicht effektiv durchgesetzt werden konnte[71].

Zu einem erheblichen Teil entsprachen die britischen Maßnahmen durchaus den Vorstellungen der städtischen Notabeln. Sie hatten sich schon lange über die zu hohen Kosten beklagt, die sie mangels Vorhandenseins eines starken Staates zu tragen hatten. Allerdings begann die Übernahme all dieser Aufgaben durch den Staat die Bereitschaft der Notabeln zu schwächen, einen eigenen Beitrag zur Landesentwicklung zu leisten. Parallel dazu wuchs die Erwartungshaltung an das, was der Staat zu leisten habe, dramatisch[72]. Dies heißt natürlich nicht, daß die Bürgergesellschaft völlig zum Erliegen kam: Es bestand durchaus eine Reihe von Vereinigungen fort. Darunter befanden sich auch weiterhin solche, die als ehrenamtliche Organisationen Ziele wie Armenfürsorge oder Alphabetisierung verfolgten.

Allerdings standen die Entwicklungen in den 1950er und 60er Jahren im Zeichen eines Generationenwechsels[73]. In diesem Zusammenhang wurde nun wichtig, daß das Mehr an Staatlichkeit unter kolonialen Vorzeichen zustande gekommen war. Die jüngere Generation wuchs ohne die prägende Erfahrung des fortwährenden Kriegszustandes in relativem Frieden auf, ihr fehlte also die unmittelbare Anschauung der Veränderungen, die durch die britische Intervention erreicht worden waren. Zu-

[70] *Lekon*, The British 222–232.

[71] SM, 3. Klasse, Dok. 939, Vorsitzender der Jam'iyya l-Kathiriyya an Ingrams, 9. 9. 1939, SM, Bayanat al-daula al-katiriyya, I'lan des stellvertretenden Staatssekretärs vom 3. 8. 1965; zu den Problemen bei der Kontrolle des Waffenhandels IO, R/20/C/2048, R/20/C/2049, R/20/C/2051, R/20/C/2056.

[72] Dies läßt sich besonders gut in der Wochenzeitung al-Tali'a (1959–67) verfolgen.

[73] Zum Konzept der Generationen *Karl Mannheim*, Essays on the Sociology of Knowledge (London ^{5}1972) 276–320.

sätzlich hatte sie neue Schulen durchlaufen, und eine kleine Elite hatte im arabischsprachigen Ausland, d.h. im Irak, in Syrien und Libanon, studiert. Dort wurden sie von der in den 1950er und 60er Jahren auf dem Höhepunkt befindlichen arabisch-nationalistischen Ideologie geprägt. Ein gutes Beispiel hierfür ist die Laufbahn von 'Ali b. 'Aqil b. Yahya, der im Wadi aufwuchs, zunächst eine religiöse und später die Schule einer hadramischen Vereinigung besuchte, als Lehrer arbeitete und 1947–53 eine Schülerdelegation nach Syrien leitete, wo er die Mittel- und Oberschule besuchte und Mitglied der sozialistisch-nationalistischen Ba'thpartei wurde[74]. Sie begannen, in Hadramaut stärker nationalistisch und politisch geprägte Vereinigungen zu gründen, die sich teilweise bewußt an die „Arbeiter und Bauern" wandten. Auch wenn es sich dabei nur um eine kleine Minderheit handelte, so war sie durch ihre verhältnismäßig hohe Bildung und die häufige Wahrnehmung von Funktionen im Bildungssektor und in der Verwaltung gerade unter der Jugend überproportional einflußreich und vermittelte eine ausgeprägte antikoloniale und antimonarchistische Haltung. Damit trug dieser Personenkreis erheblich dazu bei, Kontakte mit der sehr viel aktiveren nationalistischen Szene in Aden herzustellen und den Boden für die Machtübernahme durch eine sozialistische Partei nach dem britischen Abzug vorzubereiten.

Die neuen Ideologien boten auch eine modern klingende Hülle für Probleme, die sich teils aus den Umstrukturierungen ergaben, teils eine Folge gewandelter makroökonomischer Umstände waren. Bei letzteren ist vor allem an die Schwierigkeiten zu denken, die sich durch die Unabhängigkeits- und nationalistischen Bewegungen in den Zielländern hadramischer Migranten entwickelten. Diese führten zu drastischen Einschränkungen der Rücküberweisungen sowie zu Strömen von Rückwanderern. Zwar wurden diese Probleme teilweise durch die neuen wirtschaftlichen Möglichkeiten in den Golfstaaten ausgeglichen. Dennoch erlitt das von den Rücküberweisungen abhängige Hadramaut in der Periode von 1940–67 dadurch immer wieder starke Einbußen an Einahmen und mußte größere Mengen an Flüchtlingen zumindest vorübergehend beherbergen[75].

[74] Ittihad al-Udaba' wa-l-kuttab al-yamaniyyin, Fir' Hadramaut [Jemenitische Schriftstellerunion, Zweig Hadramaut], 'Ali b. 'Aqil (Beirut 1989) 5–45 und Interview mit Karama Sulayman, Tarim, 11. 12. 1996.

[75] Es gibt noch keine genauere Untersuchung dieses Problems. Einige Hinweise finden sich bei *Ulrike Freitag*, Conclusion, in: *Freitag, Clarence-Smith*, Hadhrami Traders 315–329.

Was nun die Umstrukturierungen anbelangt, so sind hier zunächst die erheblichen Umstellungen für die Beduinen durch die Einführung des Kraftverkehrs zu nennen. Zwar paßten sie sich insofern an, als sie das neue Transportgewerbe weitgehend übernahmen, jedoch kostete die Umstellung vom Karawanen- auf den Kraftverkehr wesentlich mehr Arbeitsplätze, als neue entstanden. Erhebliche Spannungen entstanden ferner zwischen den verschiedenen Abteilungen der wiederum überwiegend mit Stammesangehörigen besetzten Streitkräfte. Ferner gab es eine Vielzahl oft lokaler Konfliktkonstellationen, zum Beispiel Landstreitigkeiten zwischen Stämmen. Die sozialrevolutionäre, antikoloniale Ideologie der „National Liberation Front“ wurde zunehmend das neue Idiom, in dem die neuen und alten Konflikte formuliert und ausgetragen wurden[76].

Nach dem Wahlsieg einer Labourregierung 1964 wuchs in Großbritannien die Bereitschaft, die Militärbasis Aden aufzugeben. Bis 1967 war unklar, ob Hadramaut Teil einer südarabischen Föderation werden sollte oder ob die beiden Sultanate nach der Unabhängigkeit ihren eigenen Weg gehen würden. Mitte 1967 reisten die Sultane nach Genf zu Beratungen mit den Vereinten Nationen, während die Briten ihre Truppen abzogen. Die Streitkräfte wurden in Abwesenheit der Sultane von der National Liberation Front übernommen und als die Sultane zurückkehrten, wurde dem Qu'aiti-Sultan die Landung verwehrt, während der Kathiri-Sultan das Angebot freien Geleits wohlweislich ablehnte. Beide lebten fortan in Jidda[77].

Es kann im Rahmen dieses Aufsatzes nicht auf die Geschichte der Volksrepublik (später: Demokratische Volksrepublik) Südjemen eingegangen werden. Es ist in diesem Zusammenhang nur wichtig, darauf hinzuweisen, daß sich die neue Regierung wesentlich offensiver und letztlich erfolgreicher als die Briten bemühte, Macht zu zentralisieren und ein staatliches Machtmonopol zu etablieren. Unabhängige karitative oder politische Vereinigungen, private Schulen und die religiösen Institutionen wurden verstaatlicht, verboten oder als neue Massenorganisationen staatlicher Kontrolle unterstellt. Stämme und Sultane, ja sogar regionale Bezeichnungen wie ‚Hadramaut‘, das in die „fünfte Provinz“ umgewandelt wurde, verschwanden für einige Zeit aus dem offiziellen Diskurs[78]. Im Gegensatz dazu spielten in der Arabischen Republik Jemen, d.h. im

[76] Dieser Prozeß wird im Detail für den gesamten Südjemen beschrieben in *Joseph Kostiner*, The Struggle for South Yemen (London, New York 1984).

[77] *Lekon*, The British 120f., *Helen Lackner*, P.D.R. Yemen (London 1985) 45–47.

[78] Dies bedeutet nicht, daß Tribalismus keine Rolle in der Politik mehr spielte, vgl. *Fred Halliday*, Revolution and Foreign Policy (Cambridge 1990) 46f.

Norden, Stämme als eigenständiger Machtfaktor auch nach der Revolution von 1962 eine erhebliche Rolle. So wurden die nordjemenitischen Präsidenten al-Hamdi und al-Ghashmi wohl auch deshalb 1977 und 1978 ermordet, weil sie versucht hatten, den Einfluß der Stämme zurückzuschneiden und die Subsidien, die ihnen der Staat zahlte, zu kürzen[79]. Der dortigen Regierung gelang es nie, ein Gewaltmonopol durchzusetzen, und je nach Durchsetzungskraft und Glaubwürdigkeit der Regierung wird deren Autorität bis heute von den Stämmen herausgefordert, am für die Außenwelt wohl spektakulärsten durch die Geiselnahme ausländischer Touristen. Dabei geht es übrigens häufig um durchaus ‚moderne' Forderungen wie die Verbesserung der örtlichen Infrastruktur, etwa durch die Einrichtung von Schulen. Der jetzige Präsident, selbst ein Stammesangehöriger, hat betont, daß alle Jemeniten Stammesmitglieder seien und versucht, damit in einer für die arabische Welt durchaus untypischen Weise, die Stammes- in die Staatsideologie zu integrieren[80].

Die eingangs zitierte Retribalisierung der Stämme des Südens fällt in den Kontext der jemenitischen Vereinigung, die im Westen überwiegend als Demokratisierung (ein Inbegriff für moderne Staatlichkeit!) wahrgenommen wurde. Für viele Nordjemeniten ist sie Abschluß einer Entwicklung zu einem modernen Nationalstaat, der als anzustrebende internationale Norm gilt – ganz im Sinne von Wolfgang Reinhard[81]. Für einen großen Teil der Südjemeniten, darunter die Bewohner des Hadramaut, brachte die Einheit allerdings die Erkenntnis, daß sie ohne Stammeszugehörigkeit in Auseinandersetzungen mit Jemeniten aus dem Norden nicht ernst genommen werden. Aus hadramischer Perspektive war zunächst ein schwacher, später durch die Briten gestärkter Sultan während der sozialistischen Periode von einem durch eine Einheitspartei geführten starken Staat abgelöst worden. Nun war an seine Stelle das nordjemenitische Modell getreten. Es wurde zwar von einem Präsident geführt, der aber, wie schon erwähnt, die im Süden zwischenzeitlich verpönte soziale Einheit ‚Stamm' wieder hoffähig machte. Die früheren Sultane des Südens erhielten in diesem Kontext das Angebot, als Stammesführer zurückzukehren, enttribalisierte Küstenbewohner begannen, wie eingangs geschildert, sich als Stämme zu rekonstituieren und sich wiederzubewaffnen.

79 *Robin Bidwell*, The Two Yemens (Boulder 1983) 275–278.
80 *Dresch*, Imams 276f.
81 Ibid. 280f.

Als Ergebnis der Kräfteverhältnisse zwischen den beiden ungleichen Partnern der Einheit und mehr noch des Bürgerkriegs von 1994 verfolgt der jemenitische Präsident im Süden, wo er das Erbe der autoritären Sozialisten antreten konnte, durchaus eine Politik des starken Staates, der mittels Polizei und Geheimdienst die vorgeblich demokratische Zivilgesellschaft am kurzen Zügel führt. Dabei kann man den Zerfall der zuvor weitgehend funktionierenden staatlichen Dienstleistungseinrichtungen, d.h. von Behörden, Bildungs-, Gesundheits- und Kultureinrichtungen beobachten. Gleichzeitig forderten Stammeskonferenzen im ganzen Jemen in den 1990er Jahren die staatliche Garantie der Sicherheit der Straßen, ein unabhängiges Justizwesen, Verwaltungsreform etc. Damit ähneln ihre Bedürfnisse denjenigen der Städter[82]. Stämme, die eine stärkere Staatsintervention fordern! – dies mag als ultimates Paradox erscheinen, zeigt aber möglicherweise nur einmal mehr, daß nicht nur der Gegensatz von Stamm und Staat eine Konstruktion ist, sondern daß auch beide Begriffe historischem Wandel unterliegen. So wie die früheren nordjemenitischen Stämme durchaus bereit waren, unter bestimmten Umständen die Autorität des Imam zu akzeptieren, ähnlich wie ihre Kollegen im Hadramaut den Sultan, so gilt auch in der Gegenwart, daß Stämme die Vorteile einer zentralen Ordnungsmacht durchaus erkennen. Dabei haben sich die Vorstellungen von Städtern und Stammesangehörigen über die ideale Ausformung dieser Staatsmacht inzwischen angenähert, sicherlich auch als Folge des mittlerweile weitverbreiteten Schulbesuchs und der Massenmedien, d.h., um mit Osterhammel zu sprechen, als Folge staatlicher Integrationsstrategien. Solange allerdings der Staat den Vorstellungen nicht entspricht, ist die verfolgte Strategie der Stämme, ihre Angehörigen vor den Konsequenzen staatlichen Machtmißbrauchs zu schützen[83].

Haben wir es bei den staatstragenden Stämmen mit einer Hybridisierung des europäischen Staatsmodells zu tun, das in den letzten Jahren dem postmodernen Trend zum Verfall folgt und einmal mehr belegt, daß das Phänomen ‚Staat' ein Fall für die Historiker ist[84]? Vorhersagen scheinen aus historischer Perspektive immer ein riskantes Unternehmen. Im Hinblick auf die historischen Abläufe jedoch hoffe ich, gezeigt zu haben, daß Vorstellungen über die Notwendigkeit starker Staatsgewalt

[82] *Carapico*, Civil Society 163–166, 183–185.

[83] *Paul Dresch*, The Tribal Factor in the Yemeni Crisis, in: *Jamal S. al-Suwaidi*, The Yemeni War of 1994 (London 1995), 33–55, hier 53f.

[84] *Reinhard*, „Staat machen" 118 unter Bezug auf die Abschlußbemerkung von Trothas in *Haury*, Protokoll 364.

und ihre Aufgaben in einer Stammesgesellschaft eine Konsequenz sowohl lokaler als auch globaler Entwicklungen waren. Sie speisten sich aus islamischen wie aus westlichen Quellen und lassen sich damit nur schwer monokausal auf das europäische Vorbild zurückführen. Andere lokale Konstellationen und Machtverhältnisse in der jüngsten Gegenwart, zusammen mit dem Ende des Ost-West Konflikts, der das Interesse am und die Unterstützung des Jemen erheblich gesenkt hat, haben eine Retribalisierung und einen deutlichen Verfall der Staatsgewalt – mitnichten aber der Vorstellungen, die wir typischerweise mit staatlicher Herrschaft verbinden – zur Konsequenz gehabt. Vielleicht wäre ein Modell, das anstelle der zielgerichteten Entwicklung zum europäischen Idealtyp ein Auf und Ab von staatlicher und anders organisierter Autorität vorsieht, eine geeignete Form, Staatlichkeit so zu konzeptionalisieren, daß sie nicht nur ein Fall für Historiker ist.

Aufgaben, Stipendiaten, Schriften

Aufgaben des Historischen Kollegs

Das Historische Kolleg, vom Stiftungsfonds Deutsche Bank zur Förderung der Wissenschaft in Forschung und Lehre und vom Stifterverband für die Deutsche Wissenschaft als „Stiftung Historisches Kolleg“ errichtet, nahm im Oktober 1980 mit dem ersten Kollegjahr seine Tätigkeit in München auf. Es wurde zu dem Zweck gegründet, namhafte, durch herausragende Leistungen ausgewiesene Gelehrte aus dem gesamten Bereich der historisch orientierten Wissenschaften zu fördern. Seit dem Kollegjahr 1988/89 hat es seinen Sitz in der Kaulbach-Villa, die gemeinsam vom Freistaat Bayern und den Gründern des Historischen Kollegs für dessen Aufgaben wiederhergestellt wurde. Nach zwanzigjähriger ausschließlich privater Förderung durch den Stiftungsfonds Deutsche Bank und den Stifterverband ist an deren Stelle mit Beginn des Kollegjahres 2000/2001 – als „public private partnership“ – eine gemeinsame Finanzierung aus öffentlichen und privaten Mitteln getreten: Der Freistaat Bayern sorgt für die Grundausstattung des Kollegs, nämlich Personal- und Sachaufwand sowie Institutsgebäude, private Zuwendungsgeber übernehmen die Aufwendungen zur Dotierung der Stipendien für die Wissenschaftler, die am Kolleg ein Forschungsjahr verbringen können. Träger des Historischen Kollegs ist jetzt die „Stiftung zur Förderung der Historischen Kommission bei der Bayerischen Akademie der Wissenschaften und des Historischen Kollegs“.

Den an das Historische Kolleg Berufenen wird die Möglichkeit geboten, frei von Lehr- und sonstigen Verpflichtungen in ungestörter Umgebung eine größere wissenschaftliche Arbeit („opus magnum“) abzuschließen. Es werden jährlich bis zu drei Forschungsstipendien vergeben, deren Verleihung zugleich eine Würdigung der bisherigen Leistungen der Berufenen darstellen soll. Im Vordergrund der Förderidee steht nicht die Unterstützung bestimmter Forschungsthemen, sondern die von Forscherpersönlichkeiten. Die ins Kolleg berufenen Wissenschaftler haben Residenzpflicht in der Kaulbach-Villa. Mit deren Bezug 1988 wurde zusätzlich ein Stipendium für besonders qualifizierte Nachwuchswissenschaftler eingerichtet, die das 35. Lebensjahr noch nicht wesentlich überschritten haben. Dieses Förderstipendium soll vornehmlich dem Abschluß von Habilitationsschriften dienen.

In Ergänzung der ursprünglichen Förderkonzeption hat der Stiftungsfonds Deutsche Bank im Jahre 1982 einen deutschen Historikerpreis ausgesetzt, der als „Preis des Historischen Kollegs“ vergeben wird. Mit diesem Preis wird das wissenschaftliche Gesamtschaffen eines Historikers im Sinne der Zielsetzungen des Historischen Kollegs gewürdigt, wobei die Grundlage für die Auszeichnung ein herausragendes Werk bilden soll, das wissenschaftliches Neuland erschließt, über die Fachgrenzen hinaus wirkt und in seiner sprachlichen Gestaltung vorbildhaft ist. Der mit 50000 DM dotierte Preis wird alle drei Jahre vergeben; verliehen wird er vom Bundespräsidenten als dem Schirmherrn des Stifterverbandes für die Deutsche Wissenschaft.

Das Historische Kolleg läßt es sich auch sonst angelegen sein, über fachliche Grenzen hinaus zu wirken. Jeder Stipendiat ist verpflichtet, Ziele und Ergebnisse seiner Arbeit in einem Vortrag der Öffentlichkeit vorzustellen; jeder Forschungsstipendiat hat im Bereich seines Forschungsvorhabens ein internationales Kolloquium abzuhalten. Die Vorlesungen zur Eröffnung der Kollegjahre und die Veranstaltungen zur Verleihung des Historikerpreises wenden sich in besonderer Weise an die geschichtlich interessierte Öffentlichkeit. Mit den „Schriften des Historischen Kollegs" kommen die wissenschaftlichen Erträge zur Publikation, die aus Kolloquien und Vortragsveranstaltungen des Kollegs hervorgehen. Die geförderten „opera magna" der Stipendiaten dagegen werden unabhängig und getrennt von den „Schriften des Historischen Kollegs" veröffentlicht.

***

Nach zwanzig Jahren großzügiger Finanzierung ist für das Historische Kolleg aller Anlaß zu einem Wort des Dankes gegeben. Mit der Hilfe des Stiftungsfonds Deutsche Bank und des Stifterverbandes für die Deutsche Wissenschaft ist eine Einrichtung zur Förderung einer wissenschaftlichen Elite geschaffen worden: zur Zeit ihrer Gründung nicht nur neuartig, sondern zunächst auch einzigartig in Deutschland. Bei der Eröffnung des Historischen Kollegs am 20. Oktober 1980 haben alle Redner – Theodor Schieder als Vorsitzender des Kuratoriums, Hans Maier als Bayerischer Kultusminister und Alfred Herrhausen für die Stifter – diese besondere Intention hervorgehoben. Theodor Schieder dankte den Mäzenen ausdrücklich für ihren „Mut zum Risiko", ohne den die Arbeit des Kollegs nicht hätte beginnen können. Was heute selbstverständlich erscheint, wäre ohne diesen Mut nicht Wirklichkeit geworden. Der nachdrückliche Dank des Historischen Kollegs gilt deshalb seinen bisherigen Förderern, aber auch seinen neuen Förderern: dem Freistaat

Bayern, dem DaimlerChrysler-Fonds, der Fritz Thyssen Stiftung, dem Stifterverband für die Deutsche Wissenschaft und einem ihm verbundenen Förderunternehmen, die dem Kolleg mit der neuen Finanzierungsbasis eine nahezu institutionelle Sicherheit für sein weiteres Wirken gegeben haben.

Statut des Historischen Kollegs

Präambel

Das Historische Kolleg, 1980 nach Art eines „Institute for Advanced Study“ vom Stiftungsfonds Deutsche Bank zur Förderung der Wissenschaft in Forschung und Lehre und vom Stifterverband für die Deutsche Wissenschaft zur Förderung namhafter, hervorragend qualifizierter Historiker des In- und Auslandes in München errichtet, wurde in den ersten zwanzig Jahren seines Bestehens von der „Stiftung Historisches Kolleg“ getragen und ausschließlich aus privaten Mitteln finanziert. Seit 1988 hat es seinen Sitz in der Kaulbach-Villa, die gemeinsam mit seinen Gründern vom Freistaat Bayern für das Kolleg instandgesetzt wurde. An die Stelle der Finanzierung durch den Stiftungsfonds Deutsche Bank und den Stifterverband tritt mit dem Kollegjahr 2000/2001 eine gemeinsame Finanzierung aus öffentlichen und privaten Mitteln: Der Freistaat Bayern sorgt für die Grundausstattung des Kollegs, private Zuwendungsgeber stellen für die Berufung von Gelehrten Stipendien zur Verfügung. Für die Dauer von jeweils fünf Jahren haben die Dotierung von Forschungsstipendien zunächst der DaimlerChrysler-Fonds, die Fritz Thyssen Stiftung und der Stifterverband für die Deutsche Wissenschaft zugesagt, für vorerst drei Jahre ein dem Stifterverband verbundenes Förderunternehmen die Dotierung des Förderstipendiums. Träger des Historischen Kollegs ist nunmehr die „Stiftung zur Förderung der Historischen Kommission bei der Bayerischen Akademie der Wissenschaften und des Historischen Kollegs“. Für das Historische Kolleg als wissenschaftliche Einrichtung gilt folgendes Statut.

§ 1

(1) Das Historische Kolleg dient der Förderung von deutschen und ausländischen Gelehrten, die sich im Bereich der historisch orientierten Wissenschaften durch herausragende Leistungen in Forschung und Lehre ausgewiesen haben.

(2) Das Historische Kolleg fördert in diesem Sinne auch den wissenschaftlichen Nachwuchs.

(3) Das Historische Kolleg ist eine wissenschaftliche Einrichtung der „Stiftung zur Förderung der Historischen Kommission bei der Bayerischen Akademie der Wissenschaften und des Historischen Kollegs“, die

als rechtsfähige öffentliche Stiftung des bürgerlichen Rechts auch die für das Historische Kolleg notwendigen Rechtsgeschäfte wahrnimmt.

(4) Das Historische Kolleg hat seinen Sitz in der Kaulbach-Villa in München.

§ 2

Das Historische Kolleg erfüllt seine Aufgaben insbesondere durch
1. Vergabe von Forschungsstipendien,
2. Vergabe von Förderstipendien,
3. Vergabe des Preises des Historischen Kollegs,
4. wissenschaftliche Veranstaltungen und Publikationen,
5. Förderung des Geschichtsbewußtseins.

§ 3

(1) Das Historische Kolleg wird geleitet durch
1. den Vorsitzenden des Kuratoriums,
2. das Kuratorium.

(2) Der Vorsitzende des Kuratoriums vollzieht dessen Beschlüsse und vertritt das Historische Kolleg. Ist der Vorsitzende verhindert, nimmt sein Stellvertreter die Aufgaben des Vorsitzenden wahr.

(3) Das Kuratorium besteht aus sechs Persönlichen Mitgliedern und fünf Mitgliedern von Amts wegen.

(4) Die Persönlichen Mitglieder werden für die Dauer von fünf Jahren gewählt. Einmalige Wiederwahl ist möglich.

(5) Mitglieder von Amts wegen sind
1. der für die Geisteswissenschaften zuständige Vizepräsident der Deutschen Forschungsgemeinschaft,
2. der Präsident der Bayerischen Akademie der Wissenschaften,
3. der Präsident der Historischen Kommission bei der Bayerischen Akademie der Wissenschaften,
4. der Sekretär der Historischen Kommission bei der Bayerischen Akademie der Wissenschaften,
5. ein vom Bayerischen Staatsministerium für Wissenschaft, Forschung und Kunst entsandter Vertreter.

(6) Private Zuwendungsgeber, die ein volles Stipendium nach § 2 Nr. 1 und 2 und den Preis nach § 2 Nr. 3 finanzieren, können mit beratender Stimme an den Sitzungen des Kuratoriums teilnehmen.

(7) Die laufenden Geschäfte des Historischen Kollegs werden von

einem Geschäftsführer wahrgenommen, der in der Regel zugleich Geschäftsführer der Historischen Kommission bei der Bayerischen Akademie der Wissenschaften ist. Der Geschäftsführer ist dem Vorsitzenden des Kuratoriums zugeordnet.

§ 4

(1) Das Kuratorium wählt aus dem Kreis seiner Mitglieder nach § 3 Absatz 3 für die Dauer von zwei Jahren seinen Vorsitzenden und dessen Stellvertreter.

(2) Aufgaben des Kuratoriums sind es ferner,

1. die Persönlichen Mitglieder zu wählen,
2. die Ausschreibungsverfahren für Stipendien und Preisvergaben festzulegen,
3. die Forschungs- und Förderstipendiaten auszuwählen,
4. alle Angelegenheiten von grundsätzlicher Bedeutung für das Historische Kolleg zu beraten,
5. den Haushaltsplan (Wirtschaftsplan) des Historischen Kollegs aufzustellen.

(3) Das Kuratorium tagt jährlich mindestens einmal.

(4) Das Kuratorium ist beschlußfähig, wenn mehr als die Hälfte seiner Mitglieder anwesend ist. Es beschließt mit der einfachen Mehrheit der abgegebenen Stimmen; § 10 Absatz 2 bleibt unberührt. Bei Stimmengleichheit gibt die Stimme des Vorsitzenden den Ausschlag. Die Beschlüsse des Kuratoriums können mit Zustimmung des Vorsitzenden auch im schriftlichen Verfahren gefaßt werden.

(5) Förderbeschlüsse können vom Kuratorium nur im Rahmen der verfügbaren Haushaltsmittel gefaßt werden.

§ 5

(1) Die Forschungsstipendien werden öffentlich ausgeschrieben. Sie werden entweder auf eine Bewerbung des interessierten Wissenschaftlers hin oder auf Vorschlag eines Mitglieds des Kuratoriums vergeben.

(2) Die Forschungsstipendien werden in der Regel für die Dauer eines Jahres gewährt.

(3) Mit der Annahme eines Forschungsstipendiums ist die Verpflichtung verbunden, das Forschungsvorhaben während der Förderungsdauer weitgehend zum Abschluß zu bringen und in angemessener Frist zu veröffentlichen sowie einen öffentlichen Vortrag aus seinem Arbeitsbereich

zu halten; außerdem hat der Stipendiat im Verlauf des Kollegjahres im Zusammenhang mit seinem Forschungsvorhaben ein Kolloquium abzuhalten.

(4) Der öffentliche Vortrag und die Ergebnisse des Kolloquiums werden vom Historischen Kolleg veröffentlicht.

(5) Weitere Einzelheiten werden in einem Merkblatt für Bewerbungen festgelegt; sie können im übrigen Gegenstand besonderer Vereinbarungen mit den Stipendiaten sein.

§ 6

(1) Die Förderstipendien werden auf Vorschlag von Mitgliedern des Historischen Kollegs vergeben. Eine Ausschreibung kann erfolgen; Bewerbungen werden entgegengenommen.

(2) Die Nachwuchswissenschaftler sollen das 35. Lebensjahr noch nicht wesentlich überschritten haben.

(3) Förderstipendien werden in der Regel für die Dauer eines Jahres vergeben.

(4) Mit der Annahme eines Förderstipendiums verpflichtet sich der Stipendiat, einen Vortrag aus dem Bereich seines Forschungsvorhabens zu halten. Die Publikation des Vortrages ist vorgesehen.

(5) Einzelheiten werden in den Richtlinien für Förderstipendien festgelegt; sie können im übrigen Gegenstand besonderer Vereinbarungen mit den Stipendiaten sein.

§ 7

(1) Der Preis des Historischen Kollegs wird nach Maßgabe der vom Kuratorium beschlossenen besonderen Statuten vergeben.

(2) Die Auswahl der Preisträger wird einer besonderen Kommission übertragen. Ihr gehören an:

1. dic Kuratoren des Historischen Kollegs,
2. bis zu drei weitere Mitglieder, die vom Kuratorium des Historischen Kollegs für je zwei Preisverleihungen kooptiert werden,
3. ein Vertreter des Stiftungsfonds Deutsche Bank.

§ 8

Die Forschungs- und Förderstipendiaten haben für die Dauer ihres Stipendiums Residenzpflicht in der Kaulbach-Villa als Forschungsstätte.

§ 9

(1) Mitglieder des Historischen Kollegs sind:

1. die amtierenden und ehemaligen Kuratoren des Historischen Kollegs,
2. die ins Historische Kolleg berufenen Forschungs- und Förderstipendiaten,
3. die Träger des Preises des Historischen Kollegs.

(2) Die Mitglieder sollen dazu beitragen, die Zielsetzungen des Historischen Kollegs zu verwirklichen; sie sollen sich aktiv am Kollegleben beteiligen, insbesondere gelegentlich der Verleihungen des Preises des Historischen Kollegs zu einer wissenschaftlichen Veranstaltung zusammentreten.

(3) Die Mitglieder haben das Recht, Vorschläge für die Vergabe von Forschungs- und Förderstipendien zu machen. Sie können als Gutachter für Bewerbungen herangezogen werden.

§ 10

(1) Das Statut tritt mit Wirkung vom 1. Oktober 2000 in Kraft.

(2) Änderungen des Statuts bedürfen einer Mehrheit von drei Viertel der abgegebenen Stimmen der Mitglieder des Kuratoriums.

Anlagen:

1. Merkblatt für Bewerbungen um Stipendien
2. Richtlinien für die Vergabe des Förderstipendiums
3. Statuten für den Preis des Historischen Kollegs

Beschlossen vom Kuratorium des Historischen Kollegs am 13. Dezember 1999

Merkblatt für Bewerbungen um Stipendien

Das Historische Kolleg, 1980 nach Art eines „Institute for Advanced Study" vom Stiftungsfonds Deutsche Bank zur Förderung der Wissenschaft in Forschung und Lehre und vom Stifterverband für die Deutsche Wissenschaft zur Förderung namhafter, hervorragend qualifizierter Historiker des In- und Auslandes in München errichtet, wurde in den ersten zwanzig Jahren seines Bestehens von der „Stiftung Historisches Kolleg" getragen und ausschließlich mit privaten Mitteln finanziert. Seit 1988 hat es seinen Sitz in der Kaulbach-Villa, die gemeinsam mit seinen Gründern vom Freistaat Bayern für das Kolleg instandgesetzt wurde. An die Stelle der Finanzierung durch den Stiftungsfonds Deutsche Bank und den Stifterverband ist mit dem Kollegjahr 2000/2001 eine gemeinsame Finanzierung aus öffentlichen und privaten Mitteln getreten: Der Freistaat Bayern sorgt für die Grundausstattung des Kollegs, private Zuwendungsgeber stellen für die Berufung von Gelehrten Stipendien zur Verfügung. Für die Dauer von jeweils fünf Jahren haben die Dotierung von Forschungsstipendien zunächst der DaimlerChrysler-Fonds, die Fritz Thyssen Stiftung und der Stifterverband für die Deutsche Wissenschaft zugesagt, für vorerst drei Jahre ein dem Stifterverband verbundenes Förderunternehmen die Dotierung des Förderstipendiums. Träger des Historischen Kollegs ist seither die „Stiftung zur Förderung der Historischen Kommission bei der Bayerischen Akademie der Wissenschaften und des Historischen Kollegs".

1. Zielsetzung

Das Historische Kolleg will ausgewiesenen und wegen ihrer herausragenden Leistungen in Forschung und Lehre angesehenen Gelehrten aus dem gesamten Bereich der Geschichtswissenschaften die Möglichkeit geben, in Ruhe eine größere Arbeit („opus magnum") abzuschließen. Sie sollen von Lehr- und sonstigen Verpflichtungen freigestellt werden, um sich ganz auf ihre wissenschaftlichen Vorhaben konzentrieren zu können. Zu diesem Zweck können jährlich drei Forschungsstipendien vergeben werden, deren Verleihung zugleich eine Würdigung der bisherigen Leistungen der ins Kolleg berufenen Wissenschaftler darstellen soll.

Die Stipendiaten sollen mit Unterstützung des Kollegs individuell Forschung betreiben können und den wissenschaftlichen Dialog untereinander pflegen. Im Vordergrund steht nicht die Förderung bestimmter Forschungsthemen, sondern die Förderung von Forscherpersönlichkeiten.

Das Historische Kolleg will mit diesen Stipendien auch die Förderung des Nachwuchses mittelbar dadurch verbessern, daß junge Wissenschaftler die Kollegiaten für die Dauer des Forschungsstipendiums vertreten und sich so zusätzlich qualifizieren können.

An Nachwuchswissenschaftler, die – im Sinne der Zielsetzungen des Historischen Kollegs – bereits besonders ausgewiesen sind und das 35. Lebensjahr noch nicht wesentlich überschritten haben, können Förderstipendien vergeben werden, die vornehmlich dem Abschluß von Habilitationsschriften dienen sollen.

2. Ausgestaltung der Forschungs- und Förderstipendien

Die Stipendien des Historischen Kollegs, die mit einer Residenzpflicht in der Kaulbach-Villa verbunden sind, werden in der Regel für ein Jahr vergeben. Das Kollegjahr beginnt im allgemeinen am 1. Oktober und endet am 30. September des folgenden Jahres.

2.1. Forschungsstipendien

Die Forschungsstipendien werden öffentlich ausgeschrieben. Ihre Dotierung entspricht, unter Anrechnung der Leistungen des Dienstherrn, in der Regel den letzten Jahresbezügen der Stipendiaten. Von deutschen Stipendiaten wird erwartet, daß sie unter Fortzahlung ihrer Bezüge beurlaubt werden; das Kolleg übernimmt für sie die Vertretungskosten.

Die Stipendiaten des Historischen Kollegs können für ihre Forschungsarbeiten Dienstleistungen (Bücherbeschaffung, Recherchieraufgaben und andere wissenschaftliche Hilfsarbeiten) in Anspruch nehmen und Reisemittel für Besuche von in- und ausländischen Archiven und Bibliotheken erhalten.

2.2. Förderstipendien

Die Förderstipendien werden in der Regel auf Vorschlag von Mitgliedern des Historischen Kollegs vergeben; Bewerbungen werden entgegengenommen. Die Förderstipendien werden in Anlehnung an eine Besoldung nach C 3 dotiert. Für Forschungszwecke können ebenfalls zusätzliche Leistungen gewährt werden.

Von den Stipendiaten wird die Bereitschaft erwartet, daß sie Ziele und Ergebnisse ihrer Arbeit in einem Vortrag der Öffentlichkeit vorstellen und sich gemäß den Zielsetzungen der Forschungseinrichtung am

Kollegleben beteiligen. Die Forschungsstipendiaten haben außerdem im Verlauf ihres Kollegjahres ein Kolloquium mit internationaler Beteiligung abzuhalten. Die Publikation der Vorträge und der Ergebnisse der Forschungskolloquien ist in den „Schriften des Historischen Kollegs" vorgesehen.

Arbeitsräume für die Stipendiaten sind in der Kaulbach-Villa vorhanden. Bei der Wohnungsbeschaffung kann die Geschäftsführung des Historischen Kollegs behilflich sein.

3. Bewerbung und Auswahl

Um ein Stipendium im Historischen Kolleg können sich durch herausragende Forschungsleistungen ausgewiesene Wissenschaftler, die sich zudem in besonderem Maße an der akademischen Lehre und Selbstverwaltung beteiligt haben, bei der Geschäftsführung des Historischen Kollegs bewerben. Der Bewerber muß nachweisen, daß er sein Forschungsvorhaben während seines Kollegjahres so weit fördern kann, daß eine Publikation in absehbarer Zeit zu erwarten ist.

Die Auswahl der Stipendiaten erfolgt ausschließlich nach den wissenschaftlichen Leistungen der Bewerber und unabhängig von ihrer Nationalität; bei Bewerbern aus dem Ausland werden hinreichende Deutschkenntnisse vorausgesetzt. Bewerber sollten das 62. Lebensjahr noch nicht vollendet haben.

Die Stipendiaten werden durch das Kuratorium des Historischen Kollegs, das sich bei seiner Entscheidung zusätzlicher Gutachten bedienen kann, ausgewählt. Der Rechtsweg ist ausgeschlossen.

Bewerbungen werden laufend entgegengenommen; die Bewerbungsfrist für ein Kollegjahr endet jeweils am 30. April des Vorjahres.

Die Bewerbungen sind an die Geschäftsführung des Historischen Kollegs zu richten.

Als Bewerbungsunterlagen sind einzureichen:

- Lebenslauf;
- Schriftenverzeichnis;
- Arbeitsplan, der ausführliche Angaben insbesondere zu folgenden Punkten enthalten soll: Art und Ziel des Vorhabens, Stand der bereits geleisteten Vorarbeiten, in Aussicht genommene Archiv- und Bibliotheksreisen, Namen von Institutionen und Wissenschaftlern, mit denen der Antragsteller im Verlauf des Stipendiums in Kontakt treten will, Thema des durchzuführenden Kolloquiums (bei Anträgen auf Forschungsstipendien);

- Angaben über den frühestmöglichen Termin, zu dem eine Beurlaubung gewährt und ein Stipendium angetreten werden kann;
- Erläuterungen zu den Wohnungserwartungen.

Bewerbungen werden streng vertraulich behandelt.

Richtlinien für die Vergabe des Förderstipendiums

1. Das Historische Kolleg vergibt jährlich ein Stipendium, das – seinen allgemeinen Zielsetzungen gemäß – der Förderung hervorragend qualifizierter Nachwuchswissenschaftler im Bereich der historisch orientierten Wissenschaften dienen soll. Für die Vergabe kommen deutsche und ausländische Wissenschaftler in Betracht, die das 35. Lebensjahr noch nicht wesentlich überschritten haben.

2. Die Förderstipendien werden vornehmlich an Nachwuchswissenschaftler zu dem Zweck vergeben, den Abschluß von Habilitationsschriften zu ermöglichen. Ausländische Wissenschaftler werden vor allem dann gefördert, wenn sie sich mit Fragen der deutschen Geschichte beschäftigen; von ihnen werden hinreichende Deutschkenntnisse erwartet.

3. Vorschläge für die Vergabe des Stipendiums können die Mitglieder des Historischen Kollegs (Kuratoren, Stipendiaten, Preisträger) machen. Eine Ausschreibung kann erfolgen; Bewerbungen werden entgegengenommen.

4. Das Stipendium wird in der Regel für die Dauer eines Jahres – im Turnus der Kollegjahre – vergeben. Es ist mit einer Residenzpflicht im Historischen Kolleg verbunden.

5. Das Stipendium wird in Anlehnung an die Besoldungsstufe C 3 dotiert. Für Forschungszwecke können zusätzliche Leistungen gewährt werden.

6. Von den Förderstipendiaten wird erwartet, daß sie Ziele und Ergebnisse ihrer Arbeit in einem Vortrag vorstellen und sich an den wissenschaftlichen Veranstaltungen des Historischen Kollegs wie am Kollegleben beteiligen.

7. Die Auswahl der Stipendiaten trifft das Kuratorium des Historischen Kollegs. Der Rechtsweg ist ausgeschlossen.

13. Dezember 1999

Statuten für den Preis des Historischen Kollegs

1. Der Stiftungsfonds Deutsche Bank zur Förderung der Wissenschaft in Forschung und Lehre im Stifterverband für die Deutsche Wissenschaft hat im Jahre 1982 einen deutschen Historikerpreis ausgesetzt. Dieser Preis wird seither als

   Preis des Historischen Kollegs

   vergeben und durch den Bundespräsidenten als Schirmherr des Stifterverbandes für die Deutsche Wissenschaft verliehen.

2. Der Preis wird alle drei Jahre vergeben. Er ist mit 50000,– DM ausgestattet und kann nicht geteilt werden.

3.1 Mit dem Preis wird das wissenschaftliche Gesamtschaffen eines Historikers im Sinne der Zielsetzungen des Historischen Kollegs ausgezeichnet. Grundlage für die Auszeichnung soll ein herausragendes Werk bilden, das wissenschaftliches Neuland erschließt, über die Fachgrenzen hinaus wirkt und in seiner sprachlichen Gestaltung vorbildhaft ist.

3.2 Mit dem Preis sollen in erster Linie deutsche Historiker ausgezeichnet werden, in Ausnahmefällen auch Historiker aus dem Ausland, wenn sie ein für die deutsche Geschichtswissenschaft besonders bedeutsames Werk veröffentlicht haben, das in deutscher Sprache erschienen ist.

4.1 Der Preis wird in geeigneter Weise bekanntgemacht.

4.2 Vorschlagsberechtigt für den Preis sind Hochschullehrer, die ein historisches Fach vertreten, außerdem Wissenschaftler in vergleichbarer Stellung an historischen Instituten außerhalb der Hochschulen und freie Wissenschaftler und Publizisten, die anerkannte historische Werke veröffentlicht haben.

4.3 Vorschläge müssen schriftlich bis zum 31. Dezember des der Preisverleihung vorangehenden Jahres eingereicht werden und bedürfen der Begründung.

5.1 Die Auswahl der Preisträger obliegt einer besonderen Kommission. Dieser gehören an

   a) die Kuratoren des Historischen Kollegs,

b) bis zu drei weitere wissenschaftliche Mitglieder, die vom Kuratorium des Historischen Kollegs für je zwei Preisverleihungen kooptiert werden. Eines dieser Mitglieder kann ein durch historiographische Leistungen ausgewiesener Publizist sein,

c) ein Vertreter des Stiftungsfonds Deutsche Bank.

5.2 Vorsitzender der Auswahlkommission ist der Vorsitzende des Kuratoriums des Historischen Kollegs.

5.3 Die Auswahlkommission ist beschlußfähig, wenn mindestens zwei Drittel ihrer Mitglieder anwesend sind.

5.4 Die Auswahlkommission ist an Vorschläge nicht gebunden.

5.5 Auf den Preisträger müssen mindestens drei Viertel der Stimmen der anwesenden Mitglieder der Auswahlkommission entfallen. Von nichtanwesenden Mitgliedern können schriftliche Voten abgegeben werden, die jedoch nicht als Stimmabgabe zählen.

6.1 Die Preisverleihung wird in der Regel zur Eröffnung eines Kollegjahres des Historischen Kollegs vorgenommen.

6.2 Der Preisträger ist aufgefordert, bei der Verleihung einen öffentlichen Vortrag zu halten.

7. Für das Verfahren der Preisvergabe ist der Rechtsweg ausgeschlossen.

13. Dezember 1999

Mitglieder des Kuratoriums und der Auswahlkommission, Gäste des Kuratoriums

Dem Kuratorium des Historischen Kollegs gehören derzeit an:

Vorsitzender:
Professor Dr. LOTHAR GALL

Stellvertreter:
Professor Dr. WINFRIED SCHULZE

Persönliche Mitglieder:

Professor Dr. ARNOLD ESCH, Direktor des Deutschen Historischen Instituts in Rom

Professor Dr. ETIENNE FRANÇOIS, Professor für Neuere Geschichte an der Technischen Universität Berlin, Professor für Geschichte an der Universität Paris I

Professor Dr. KLAUS HILDEBRAND, Professor für Mittlere und Neuere Geschichte an der Universität Bonn

Professor Dr. MANFRED HILDERMEIER, Professor für Osteuropäische Geschichte an der Universität Göttingen

Professor Dr. JOCHEN MARTIN, Professor für Alte Geschichte und Historische Anthropologie an der Universität Freiburg i.Br.

Mitglieder kraft Amtes:

Professor Dr. URSULA PETERS, Vizepräsidentin der Deutschen Forschungsgemeinschaft

Professor Dr. HEINRICH NÖTH, Präsident der Bayerischen Akademie der Wissenschaften

Professor Dr. LOTHAR GALL, Präsident der Historischen Kommission bei der Bayerischen Akademie der Wissenschaften, Professor für Neuere Geschichte an der Universität Frankfurt a.M.

Professor Dr. Winfried Schulze, Sekretär der Historischen Kommission bei der Bayerischen Akademie der Wissenschaften, Professor für Neuere Geschichte an der Universität München

Ministerialdirektor Dr. Wolfgang Quint, Amtschef des Bayerischen Staatsministeriums für Wissenschaft, Forschung und Kunst

Der Auswahlkommission für den „Preis des Historischen Kollegs" gehören derzeit ferner an:

Professor Dr. Johannes Fried, Professor für Mittelalterliche Geschichte an der Universität Frankfurt a.M.

Professor Dr. Wolfgang Frühwald, Professor für Neuere Deutsche Literaturgeschichte an der Universität München

Hilmar Kopper, Vorsitzender des Aufsichtsrates der Deutschen Bank AG, Frankfurt a.M.

Dr. Gustav Seibt, Die Zeit, Berlin

Ständige Gäste des Kuratoriums als Vertreter der privaten Zuwendungsgeber:

Dr. Alois Buch, Fidentia – Gesellschaft für Stiftungs- und Spendenberatung, Düsseldorf

Jürgen Chr. Regge, Vorstand der Fritz Thyssen Stiftung, Köln

Dr. Volker Scholz, DaimlerChrysler AG, Stuttgart

Dr. Heinz-Rudi Spiegel, Stifterverband für die Deutsche Wissenschaft, Essen

Freundeskreis des Historischen Kollegs e.V.

Am 13. Dezember 1999 konstituierte sich der Verein „Freundeskreis des Historischen Kollegs". Das Kuratorium des Historischen Kollegs, von dem die Initiative dazu ausging, hat sich zu diesem Schritt aus der Überzeugung entschlossen, daß es in der Zukunft noch mehr als bisher geboten ist, das Historische Kolleg in der interessierten Öffentlichkeit zu verankern und diese zur ideellen und materiellen Unterstützung seines Wirkens zu gewinnen. Die „Gemeinde", die sich aus der Zuhörerschaft bei den öffentlichen Vorträgen des Historischen Kollegs im Laufe der Jahre in München, aber nicht allein aus Münchnern gebildet hat, bietet dazu die natürlichen Voraussetzungen. Dem Freundeskreis sind bisher rund 100 Mitglieder beigetreten.
Der Freundeskreis ist in das Vereinsregister des Amtsgerichts München eingetragen und wurde vom Finanzamt München für Körperschaften als gemeinnützig anerkannt.

Satzung

§ 1 Name und Sitz

(1) Der Verein führt den Namen FREUNDESKREIS DES HISTORISCHEN KOLLEGS e.V.

(2) Der Verein hat seinen Sitz in München.

(3) Er ist in das Vereinsregister beim Amtsgericht München eingetragen.

§ 2 Zweck

(1) Der Freundeskreis des Historischen Kollegs e.V. verfolgt ausschließlich und unmittelbar gemeinnützige Zwecke im Sinne des Abschnittes „Steuerbegünstigte Zwecke" der Abgabenordnung.

(2) Zweck des Freundeskreises ist die Förderung von Wissenschaft und Forschung, nämlich die Förderung des Historischen Kollegs als wissenschaftliche Einrichtung im Sinne eines „Institute for Advanced Study".

(3) Der Satzungszweck wird verwirklicht insbesondere durch

a) die Beschaffung und Weiterleitung von Mitteln an die „Stiftung zur

Förderung der Historischen Kommission bei der Bayerischen Akademie der Wissenschaften und des Historischen Kollegs" zweckgebunden zugunsten des Historischen Kollegs,
b) die Förderung der Geschichtswissenschaft, des historischen Interesses und des Geschichtsbewußtseins über die Unterstützung der Aktivitäten des Historischen Kollegs.

(4) Der Freundeskreis erfüllt diese Aufgaben durch die Bereitstellung von Mitteln in zweckgebundener Form für
a) die Vergabe des „Preises des Historischen Kollegs",
b) sonstige Vorhaben des Historischen Kollegs (z.B. Stipendien, Veranstaltungen, Veröffentlichungen),
c) die Öffentlichkeitsarbeit des Historischen Kollegs,
d) die Ausstattung des Historischen Kollegs und der Kaulbach-Villa als Kolleghaus gemäß den satzungsmäßigen Zwecken.

(5) Die für den Vereinszweck erforderlichen Mittel werden aufgebracht durch Beiträge, Geld- und Sachzuwendungen sowie Erträgnisse des Vereinsvermögens.

§ 3 Gemeinnützigkeit

(1) Der Verein ist selbstlos tätig; er verfolgt nicht in erster Linie eigenwirtschaftliche Zwecke.

(2) Mittel des Vereins dürfen nur für die satzungsmäßigen Zwecke verwendet werden. Die Mitglieder erhalten keine Zuwendungen aus Mitteln des Vereins.

(3) Es darf keine Person durch Ausgaben, die dem Zwecke der Körperschaft fremd sind, oder durch unverhältnismäßig hohe Vergütungen begünstigt werden.

§ 4 Geschäftsjahr

Das Geschäftsjahr ist das Kalenderjahr.

§ 5 Mitgliedschaft

(1) Mitglieder des Freundeskreises können natürliche und juristische Personen sowie Personenvereinigungen jeder Art werden.

(2) Die Mitgliedschaft des Freundeskreises wird durch schriftliche Beitrittserklärung gegenüber dem Vorstand und deren schriftliche Bestätigung durch den Vorstand erworben.

(3) Die Mitgliedschaft verpflichtet zur Entrichtung der satzungsgemäßen Mitgliedsbeiträge.

(4) Um den Freundeskreis und das Historische Kolleg besonders verdiente Persönlichkeiten können durch Beschluß des Vorstands nach Anhörung des Kuratoriums zu Ehrenmitgliedern ernannt werden.

(5) Die Mitgliedschaft erlischt

a) bei natürlichen Personen durch Tod, bei juristischen Personen und Personenvereinigungen durch Liquidation oder Eröffnung des Insolvenzverfahrens,

b) durch schriftliche Austrittserklärung gegenüber dem Vorstand zum Ende eines Kalenderjahres und unter Einhaltung einer Frist von drei Monaten, die vom Vorstand in besonderen Fällen verkürzt werden kann,

c) durch Ausschluß aufgrund eines Beschlusses des Vorstands, wenn das Mitglied gröblich gegen die Satzung oder den Geist des Freundeskreises verstoßen hat.

§ 6 Mitgliedsbeiträge

(1) Die Höhe der jährlichen Mitgliedsbeiträge wird von der Mitgliederversammlung festgesetzt.

(2) Zur Zeit gelten folgende Mitgliedsbeiträge:

a) natürliche Personen	DM 100,–
b) juristische Personen	DM 500,–

(3) Ehrenmitglieder sind von der Beitragszahlung befreit.

(4) Der Beitrag ist alljährlich in den ersten zwei Monaten des Geschäftsjahres zu entrichten, für neu aufgenommene Mitglieder einen Monat nach der Aufnahme in den Freundeskreis und zwar unabhängig vom Zeitpunkt der Aufnahme als voller Jahresbeitrag des jeweiligen Geschäftsjahres.

(5) Über den Regelbeitrag hinaus haben die Mitglieder die Möglichkeit und sind gebeten, dem Freundeskreis Spenden zuzuwenden.

§ 7 Mitgliederrechte

Den Mitgliedern des Freundeskreises werden folgende Vergünstigungen gewährt:

(1) Einladung zu den Veranstaltungen des Historischen Kollegs und des Freundeskreises.

(2) Kostenloser Bezug des „Jahrbuchs des Historischen Kollegs“ und vergünstigter Bezug der übrigen Schriften des Historischen Kollegs.

§ 8 Organe

Organe des Freundeskreises sind
a) die Mitgliederversammlung,
b) der Vorstand,
c) das Kuratorium.

§ 9 Mitgliederversammlung

(1) Die Mitgliederversammlung besteht aus den Mitgliedern des Vereins. Über die Teilnahme weiterer Personen an der Mitgliederversammlung beschließt der Vorstand.

(2) Eine ordentliche Mitgliederversammlung findet jährlich statt.

(3) Eine außerordentliche Mitgliederversammlung ist einzuberufen, wenn das Kuratorium, der Vorstand oder mindestens ein Zehntel der Mitglieder dies schriftlich verlangen.

(4) Die Einladung zu den Mitgliederversammlungen erfolgt schriftlich unter Mitteilung der Tagesordnung mindestens vierzehn Tage vor dem Tag der Versammlung; der Tag der Einberufung und der Tag der Versammlung sind hierbei nicht mitzurechnen.

(5) Den Vorsitz in der Mitgliederversammlung führt der Vorsitzende des Vorstands, im Falle der Verhinderung ein anderes Vorstandsmitglied.

(6) In der Mitgliederversammlung hat jedes Mitglied eine Stimme.

(7) Die Mitgliederversammlung ist ohne Rücksicht auf die Zahl der anwesenden Mitglieder beschlußfähig.

(8) Sie entscheidet mit einfacher Mehrheit der erschienenen stimmberechtigten Mitglieder. Bei Stimmengleichheit entscheidet die Stimme des Vorsitzenden der Mitgliederversammlung.

(9) Beschlüsse über eine Änderung der Satzung, über den Widerruf der Bestellung eines Vorstandsmitglieds sowie über die Auflösung des Vereins bedürfen einer Mehrheit von drei Viertel der erschienenen Mitglieder.

(10) Der ordentlichen Mitgliederversammlung obliegt neben den sonst im Gesetz und in der Satzung genannten Aufgaben
a) die Wahl des Vorstands,
b) die Entgegennahme und Billigung des Jahresberichts des Vorstands und der Jahresrechnung sowie die Entgegennahme und Billigung des Berichts der Rechnungsprüfer zur Jahresrechnung,

c) die Entlastung des Vorstands,
d) die Wahl von zwei Rechnungsprüfern, die nicht dem Vorstand angehören dürfen,
e) die Beschlußfassung über satzungsgemäße Aufgaben und die anstehenden Tagesordnungspunkte.

(11) Anträge zur Tagesordnung sind spätestens eine Woche vor dem Tag der Mitgliederversammlung beim Vorstand schriftlich einzureichen.

(12) Über die Beschlüsse der Mitgliederversammlung ist eine Niederschrift zu fertigen, die vom Vorsitzenden der Mitgliederversammlung und dem Geschäftsführer zu unterzeichnen ist.

§ 10 Vorstand

(1) Der Vorstand ist ehrenamtlich tätig.

(2) Er besteht aus
a) dem Vorsitzenden,
b) dem stellvertretenden Vorsitzenden,
c) dem Schatzmeister,
d) dem Geschäftsführer.

(3) Der stellvertretende Vorsitzende hat in allen Fällen, in denen er in Stellvertretung des Vorsitzenden handelt, die gleichen Rechte wie der Vorsitzende.

(4) Die Wahl des Vorstands erfolgt auf drei Jahre, Wiederwahl ist zulässig. Der Gründungsvorstand amtiert nur für das erste Geschäftsjahr. Die Amtszeit des Vorstands endet mit dem Tag der Mitgliederversammlung, in der der neue Vorstand gewählt wird.

(5) Bei dem Ausscheiden eines Vorstandsmitglieds im Laufe einer Wahlperiode ergänzt sich der Vorstand selbst durch Zuwahl. Das zugewählte Mitglied bedarf der Bestätigung der nächsten ordentlichen Mitgliederversammlung. Die Ersatzwahl erfolgt für den Rest der Amtszeit des ausgeschiedenen Mitglieds.

(6) Zwei Mitglieder des Vorstands, darunter der Vorsitzende oder der stellvertretende Vorsitzende, vertreten den Verein gerichtlich oder außergerichtlich.

(7) Der Vorstand ist beschlußfähig, wenn mehr als die Hälfte der Vorstandsmitglieder anwesend ist.

(8) Bei Beschlußfassungen entscheidet die Mehrheit der abgegebenen Stimmen. Im Falle der Stimmengleichheit gibt die Stimme des Vorsitzenden den Ausschlag.

(9) Zu den Sitzungen des Vorstands werden die Mitglieder vom Vorsitzenden unter Bekanntgabe der Tagesordnung mündlich berufen. Über die Verhandlungen und Beschlüsse des Vorstands ist eine Niederschrift anzufertigen, die der Vorsitzende und der Geschäftsführer zu unterzeichnen haben. In dringenden Fällen ist schriftliche Beschlußfassung möglich.

(10) Der Vorstand entscheidet, soweit die Mitgliederversammlung keine diesbezüglichen Beschlüsse faßt, über die satzungsmäßige Verwendung der Mittel des Vereins.

§ 11 Kuratorium

(1) Das Kuratorium besteht aus dem Vorstand des Freundeskreises und aus mindestens sechs, höchstens zwanzig, weiteren Mitgliedern, die vom Vorstand auf die Dauer von drei Jahren berufen werden und nicht Mitglieder des Freundeskreises zu sein brauchen. Wiederbestellung ist zulässig.

(2) Im Kuratorium sollen insbesondere vertreten sein

a) der Freistaat Bayern,

b) die privaten Zuwendungsgeber des Historischen Kollegs,

c) Repräsentanten aus Wirtschaft, Wissenschaft und öffentlichem Leben.

(3) Der Vorsitzende des Vorstands bzw. sein Vertreter beruft die erste Sitzung des Kuratoriums ein und leitet sie bis zur Wahl des Vorsitzenden des Kuratoriums.

(4) Das Kuratorium steht dem Verein in allen Fragen des Freundeskreises beratend zur Seite. Es ist vor wichtigen, die Entwicklung des Freundeskreises betreffenden Entscheidungen zu hören.

(5) Zu den Sitzungen des Kuratoriums werden die Mitglieder vom Vorsitzenden des Kuratoriums mit einer Frist von vierzehn Tagen einberufen.

(6) Der Vorsitzende des Kuratoriums des Historischen Kollegs kann an den Sitzungen des Kuratoriums des Freundeskreises teilnehmen und zu den jeweiligen Punkten der Tagesordnung Stellung nehmen.

(7) Das Kuratorium ist beschlußfähig, wenn neben einem Vorstandsmitglied mindestens drei weitere Mitglieder anwesend sind. Beschlüsse werden mit einfacher Stimmenmehrheit der anwesenden Mitglieder gefaßt; bei Stimmengleichheit entscheidet die Stimme des Vorsitzenden der Sitzung. Beschlußfassungen durch schriftliche Stimmabgabe sind zulässig, wenn kein Mitglied diesem Verfahren unverzüglich widerspricht.

§ 12 Auflösung des Vereins

Bei Auflösung oder Aufhebung des Freundeskreises oder bei Wegfall seines bisherigen Zwecks fällt sein Vermögen an die „Stiftung zur Förderung der Historischen Kommission bei der Bayerischen Akademie der Wissenschaften und des Historischen Kollegs“ mit der Auflage, es ausschließlich und unmittelbar im Sinne der Intentionen des Freundeskreises zu verwenden.

München, 13. Dezember 1999/20. November 2000

(Von der Mitgliederversammlung am 13. Dezember 1999 beschlossen, am 20. November 2000 geändert; eingetragen in das Vereinsregister des Amtsgerichts München unter Nr. VR 16801.)

Vorstand

Dem Vorstand des Freundeskreises gehören an:

Hilmar Kopper, Vorsitzender
Vorsitzender des Aufsichtsrates der Deutschen Bank AG

Professor Dr. Lothar Gall, Stellvertretender Vorsitzender
Vorsitzender des Kuratoriums des Historischen Kollegs

Dr. Michael Zitzmann, Schatzmeister
Mitglied der Geschäftsleitung der Deutschen Bank AG, München

Georg Kalmer, Geschäftsführer
Geschäftsführer des Historischen Kollegs

Kuratorium

Dem Kuratorium des Freundeskreises gehören, neben den Mitgliedern des Vorstandes, an:

Dr. Karl-Hermann Baumann
Vorsitzender des Aufsichtsrates der Siemens AG

Dr. Klaus Liesen
Vorsitzender des Aufsichtsrates der Ruhrgas AG und Vorsitzender des Kuratoriums der Fritz Thyssen Stiftung

Dr. Arend Oetker
Geschäftsführender Gesellschafter der Dr. Arend Oetker Holding GmbH & Co. und Präsident des Stifterverbandes für die Deutsche Wissenschaft

Jürgen E. Schrempp
Vorsitzender des Vorstandes der DaimlerChrysler AG

Kurt F. Viermetz
Vorsitzender des Aufsichtsrates der Bayerischen Hypo- und Vereinsbank AG

Dr. Georg Freiherr von Waldenfels
Mitglied des Vorstands der VIAG Telecom Beteiligungs GmbH

Hans Zehetmair
Bayerischer Staatsminister für Wissenschaft, Forschung und Kunst

Kollegjahr 1999/2000

Forschungsstipendiaten

Frank-Rutger Hausmann

Geboren 1943 in Hannover, Studium der Rechtswissenschaft, Romanischen Philologie, Geschichte und Mittellateinischen Philologie in Göttingen und Freiburg i.Br., 1968 Promotion in Romanischer Philologie und mittelalterlicher Geschichte, 1968–1972 wechselnde Tätigkeiten u. a. als wiss. Assistent, als Übersetzer und Mitarbeiter im Auslandsreferat der DFG, Habilitation 1974 in Freiburg, dort auch in der Folgezeit wiss. Angestellter und Privatdozent, 1976 Ernennung zum Wissenschaftlichen Rat und Professor, 1981–1991 ordentlicher Professor für Romanische Philologie an der RWTH Aachen, seit 1991 ordentlicher Professor für Romanistik in Freiburg i.Br.
Zahlreiche Ämter in der akademischen Selbstverwaltung, in deutsch-französischen und deutsch-italienischen Verbänden und Gesellschaften, Herausgeber bzw. Mitherausgeber einschlägiger Reihen und Zeitschriften, Fachgutachter der DFG 1992–1999, Mitglied des Hochschulrates der Universität Augsburg (seit 1998).
Chevalier des Palmes Académiques (seit 1989), Mitglied in der Erfurter Akademie für gemeinnützige Wissenschaften (seit 1997), Bundesverdienstkreuz (2000).

Veröffentlichungen

Giovanni Antonio Campano (1429–1477). Erläuterung und Ergänzungen zu seinen Briefen, 1968
Hrsg. zus. m. J. Grimm u. Ch. Miething, Einführung in die französische Literaturwissenschaft (Sammlung Metzler 148) 1976, ^{4}1996
François Rabelais (Sammlung Metzler 176) 1979
Die Gedichte aus Dantes „De vulgari eloquentia". Eine Anthologie provenzalischer, französischer und italienischer Gedichte des Mittelalters, ausgewählt, übersetzt und eingeleitet (Klass. Texte des Romanischen Mittelalters in zweisprachigen Ausgaben Bd. 27) 1986
François Villon, Das Kleine und das Große Testament. Französisch/Deutsch (Reclam UB 8518) 1988

Bibliographie der deutschen Übersetzungen aus dem Italienischen von den Anfängen bis 1730, Band I,1; I,2, 1992
„Aus dem Reich der seelischen Hungersnot". Briefe und Dokumente zur Fachgeschichte der Romanistik im Dritten Reich, 1993
Zwischen Autobiographie und Biographie. Jugend und Ausbildung des Fränkisch-Oberpfälzer Philologen und Kontroverstheologen Kaspar Schoppe (1576–1649), 1995
Deutsche Geisteswissenschaften im Zweiten Weltkrieg, 1998
„Vom Strudel der Ereignisse verschlungen". Deutsche Romanistik im „Dritten Reich" (Analecta Romanica Heft 61) 2000

Gefördertes Forschungsvorhaben

Geschichte der Romanischen Philologie in Deutschland und den deutschsprachigen Ländern

Vortrag (10. Juli 2000)

„Auch im Krieg schweigen die Musen nicht"
Die Deutschen Wissenschaftlichen Institute im Zweiten Weltkrieg (1940–1945)

Kolloquium (14. bis 16. Februar 2000)

Die Rolle der Geisteswissenschaften im Dritten Reich 1933–45

Hans Günter Hockerts

Geboren 1944 in Echternach (Luxemburg), Studium der Geschichte, Germanistik und Philosophie an der Universität Saarbrücken, Promotion 1969, Erste Staatsprüfung für das Lehramt an Gymnasien 1970, von 1969–1981 wissenschaftlicher Assistent am Historischen Seminar der Universität Bonn, 1977 Habilitation, von 1979–1981 Lehrstuhlvertretung an der Ludwig Maximilians-Universität München, ebenda 1981 Berufung auf eine Professur für Neuere Geschichte, 1982 Berufung auf einen Lehrstuhl für Neueste Geschichte an der Universität Frankfurt a.M., seit 1986 Professor für Neueste Geschichte / Zeitgeschichte an der LMU München.

Zahlreiche Ämter in der akademischen Selbstverwaltung und in Gremien der Wissenschaftsförderung, Mitgliedschaft in diversen Kommissionen und Beiräten, u. a. Mitglied der Historischen Kommission bei der Bayerischen Akademie der Wissenschaften, der Kommission für Geschichte des Parlamentarismus und der politischen Parteien in Bonn, des wissenschaftlichen Beirats des Instituts für Zeitgeschichte München, des Hannah-Arendt-Instituts für Totalitarismusforschung in Dresden und des Zentrums für Zeithistorische Studien in Potsdam.

Veröffentlichungen

Sozialpolitische Entscheidungen im Nachkriegsdeutschland. Alliierte und deutsche Sozialversicherungspolitik 1945 bis 1957, 1980
German Post-war Social Policies against the Background of the Beveridge Plan. Some Observations Preparatory to a Comparative Analysis, in: W. J. Mommsen (Hrsg.), The Emergence of the Welfare State in Great Britain and Germany 1850–1950, 1981, S. 315–339
Anwälte der Verfolgten. Die „United Restitution Organization“, in: L. Herbst, C. Goschler, Wiedergutmachung in der Bundesrepublik Deutschland, 1989, S. 249–272
Zeitgeschichte in Deutschland. Begriff, Methoden, Themenfelder, in: Historisches Jahrbuch 113 (1993) S. 98–127
Entwicklung und Gestalt des modernen Sozialstaats in Europa, in: Sozialstaat – Idee und Entwicklung, Reformzwänge und Reformziele (Veröffentlichungen der Walter-Raymond-Stiftung, Bd. 35) 1996, S. 27–48
Hrsg.: Das Adenauer-Bild in der DDR, 1996
Weimarer Republik, Nationalsozialismus, Zweiter Weltkrieg (1919–1945). Erster Teil: Akten und Urkunden (= Quellenkunde zur deutschen Geschichte der Neuzeit von 1500 bis zur Gegenwart, Band 6/I) 1996
Hrsg.: Drei Wege deutscher Sozialstaatlichkeit. NS-Diktatur, Bundesrepublik und DDR im Vergleich, 1998

Gefördertes Forschungsvorhaben

West und Ost. Deutschland 1945–1990

Vortrag (5. Juni 2000)

Nach der Verfolgung
Wiedergutmachung in Deutschland: Eine historische Bilanz 1945–2000

Kolloquium (17. bis 20. Juli 2000)

Koordinaten deutscher Geschichte in der Epoche des Ost-West-Konflikts

Frank Kolb

Geboren 1945 in Merzbach bei Bonn, Studium der Fächer Geschichte und Latein in Bonn, Staatsexamen in den genannten Fächern 1969, Promotion 1970. Nach einjährigem Studienreferendariat von 1970–1972 Research Assistant bei Andreas Alföldi in Princeton, USA. 1973–1977 Assistenzprofessor an der Freien Universität Berlin, 1975 Habilitation, 1977–1986 ordentlicher Professor für Alte Geschichte in Kiel, seit 1986 Inhaber des Lehrstuhls für Alte Geschichte in Tübingen.
Gastprofessuren und Forschungsaufenthalte u.a. in den USA, Italien, Frankreich und vor allem der Türkei.
Seit 1993 Gründungsmitglied des Lykien-Forschungszentrums der Universität Antalya/Türkei, seit 1994 korrespondierendes Mitglied des Deutschen Archäologischen Instituts, seit 1996 Mitherausgeber der Schriftenreihe „Antiquitas", 1997 Max-Planck-Forschungspreis für Internationale Kooperation, seit 1999 Mitglied der Heidelberger Akademie der Wissenschaften.

Veröffentlichungen

Literarische Beziehungen zwischen Cassius Dio, Herodian und der Historia Augusta (Antiquitas Reihe 4, Bd. 9) 1972
Agora und Theater, Volks- und Festversammlung (Archäologische Forschungen Bd. 9) 1981
Die Stadt im Altertum, 1984 und spanische Übersetzung: La Ciudad en la Antigüedad, 1992
Diocletian und die Erste Tetrarchie, 1987
Untersuchungen zur Historia Augusta, 1987
Zus. m. B. Kupke, Lykien, 1991
Rom. Die Geschichte der Stadt in der Antike, 1995
Herrscherideologie in der Spätantike, 2001

Gefördertes Forschungsvorhaben

Burg – Polis – Bischofssitz:
Geschichte einer Siedlungskammer im Südwesten der Türkei

Vortrag (8. Mai 2000)

Von der Burg zur Polis:
Akkulturation in einer kleinasiatischen „Provinz“

Kolloquium (5. bis 8. April 2000)

Chora und Polis

Förderstipendiatin

ULRIKE FREITAG

Geboren 1962 in Stuttgart–Bad Cannstatt, Studium der Geschichte, Islamwissenschaften und neueren deutschen Literaturwissenschaft in Bonn, Damaskus und Freiburg i.Br., Magister Artium 1987; wiederholte Auslandsaufenthalte zu Forschungszwecken in arabischen Ländern, Promotion 1991. Kurzfristig wiss. Angestellte für außereuropäische Geschichte an der Fernuniversität Hagen, seit 1993 Lecturer für die moderne Geschichte des Nahen und Mittleren Ostens am Department of History der School of Oriental and African Studies an der University of London.

Veröffentlichungen

Geschichtsschreibung in Syrien 1920–1990: Zwischen Wissenschaft und Ideologie, 1991

Hrsg. zus. m. W. Clarence-Smith, Hadhrami Traders, Scholars and Statesmen in the Indian Ocean, 1750s-1960s, 1997

Nationale Selbstvergewisserung und der „Andere“: arabische Geschichtsschreibung nach 1945, in: Geschichtsdiskurs V, hrsg. v. Wolfgang Küttler, Jörn Rüsen, Ernst Schulin, 1998, S. 142–161

Dying of Enforced Spinsterhood: Ḥaḍramawt through the Eyes of 'Ali Aḥmad Bā Kathīr (1910–69), in: Die Welt des Islams 37;1 (1997) S. 2-27
Notions of Time in Arab-Islamic Historiography, in: Storia della Storiografia 28 (1995) S. 55–68
Hadhramaut: A Religious Centre for the Indian Ocean in the Late 19th and Early 20th Centuries?, in: Studia Islamica (1999) S. 165–183

Gefördertes Forschungsvorhaben

Migration und Reform im Indischen Ozean am Beispiel des Hadramaut (Südarabien) im 19./20. Jahrhundert

Vortrag (24. Juli 2000)

Scheich oder Sultan – Stamm oder Staat?
Staatsbildung im Hadramaut (Jemen) im 19. und 20. Jahrhundert

Kollegjahr 2000/2001

Die Forschungsstipendien für das 21. Kollegjahr wurden vergeben an:

Professor Dr. Wolfgang Hardtwig, Humboldt-Universität zu Berlin, für das Forschungsvorhaben „Politische Kulturgeschichte Deutschlands 1918–1936";

Professor Dr. Diethelm Klippel, Universität Bayreuth, für das Forschungsvorhaben „Geschichte des Naturrechts vom 17. bis zum 19. Jahrhundert";

Professor Dr. Jürgen Reulecke, Universität-Gesamthochschule Siegen, für das Forschungsvorhaben „Generationenkonstellationen in der ersten Hälfte des 20. Jahrhunderts in Deutschland".

Das Förderstipendium wurde vergeben an:

Dr. Peter Burschel, Universität Freiburg i. Br., für das Forschungsvorhaben „Sterben und Unsterblichkeit. Zur Kultur des Martyriums in der Frühen Neuzeit".

Geförderte Veröffentlichungen der Stipendiaten

(„opera magna“)

Heinrich Lutz

Das Ringen um deutsche Einheit und kirchliche Erneuerung. Von Maximilian I. bis zum Westfälischen Frieden 1490 bis 1648 (Propyläen Geschichte Deutschlands, Bd. 4) Berlin: Propyläen Verlag, 1983, 504 S. ISBN 3-549-05814-4

Heinz Angermeier

Die Reichsreform 1410–1555. Die Staatsproblematik in Deutschland zwischen Mittelalter und Gegenwart. München: Verlag C.H. Beck, 1984, 344 S. ISBN 3-406-30278-5

Hartmut Hoffmann

Buchkunst und Königtum im ottonischen und frühsalischen Reich. Textband: XX, 566 S.; Tafelband: 360 S. mit 310 Abb. (Schriften der Monumenta Germaniae Historica, Bd. 30, 2 Teile) Stuttgart: Anton Hiersemann, 1986, ISBN 3-7722-8638-9 und 3-7772-8639-7

Antoni Mączak

Rzadzacy i rzadzeni. Wladza i spolecznstwo w Europie wczesnonowozytnej. Warszawa: Panstwowy Instytut Wydawniczy, 1986, 327 S. ISBN 83-06-01417-0

Hans Conrad Peyer

Von der Gastfreundschaft zum Gasthaus. Studien zur Gastlichkeit im Mittelalter (Schriften der Monumenta Germaniae Historica, Bd. 31) Hannover: Hahnsche Buchhandlung, 1987, XXXIV, 307 S. ISBN 3-7752-5153-7.
Italienische Übersetzung: Viaggiare nel medioevo dall'ospitalità alla locanda. Rom, Bari: Editori Laterza, 1990, 397 S. ISBN 88-420-3661-7.
Japanische Übersetzung 1997, ISBN 4-938551-34-9

Eberhard Kolb

Der Weg aus dem Krieg. Bismarcks Politik im Krieg und die Friedensanbahnung 1870/71. München: Oldenbourg Verlag, 1989 (2. Auflage 1990), XII, 408 S. ISBN 3-486-54642-2

Otto Pflanze
Bismarck and the Development of Germany
Vol. 1: The Period of Unification, 1815–1871, XXX, 518 S. ISBN 0-691-05587-4,
Vol. 2: The Period of Consolidation, 1871–1880, XVII, 554 S. ISBN 0-691-0588-2,
Vol. 3: The Period of Fortification, 1880–1898, VIII, 474 S. ISBN 0-691-05587-4.
Princeton, N.J.: Princeton University Press, 1990.
Deutsche Übersetzung in 2 Bänden. München: Verlag C.H. Beck
Bd. 1: Bismarck. Der Reichsgründer, 906 S. mit 87 Abb. und 2 Karten, 1997, ISBN 3-406-42725-1.
Bd. 2: Bismarck. Der Reichskanzler, 808 S. mit 79 Abb. und 1 Karte, 1998, ISBN 3-406-42726-X

Jürgen Kocka
Weder Stand noch Klasse. Unterschichten um 1800 (Geschichte der Arbeiter und Arbeiterbewegung in Deutschland seit dem Ende des 18. Jahrhunderts, hrsg. v. Gerhard A. Ritter, Bd. 1) Bonn: Verlag J.H.W. Dietz Nachf., 1990, 320 S. ISBN 3-8012-0152-X
Arbeitsverhältnisse und Arbeiterexistenzen. Grundlagen der Klassenbildung im 19. Jahrhundert (Geschichte der Arbeiter und Arbeiterbewegung in Deutschland seit dem Ende des 18. Jahrhunderts, hrsg. v. Gerhard A. Ritter, Bd. 2) Bonn: Verlag J.H.W. Dietz Nachf., 1990, XIII, 722 S. ISBN 3-8012-0153-8

Gerhard A. Ritter (gemeinsam mit Klaus Tenfelde)
Arbeiter im Deutschen Kaiserreich 1871–1914 (Geschichte der Arbeiter und Arbeiterbewegung in Deutschland seit dem Ende des 18. Jahrhunderts, hrsg. v. Gerhard A. Ritter, Bd. 5) Bonn: Verlag J.H. Dietz Nachf., 1992, XI, 890 S. ISBN 3-8012-0168-6

Paolo Prodi
Il sacramento del potere. Il giuramento politico nella storia costituzionale dell'occidente. Bologna: Società editriceil Mulino, 1992, 602 S. ISBN 88-15-03443-9.
Deutsche Übersetzung: Das Sakrament der Herrschaft. Der politische Eid in der Verfassungsgeschichte des Okzidents (Schriften des Italienisch-Deutschen Instituts in Trient, Bd. 11) Berlin: Duncker & Humblot, 1997, 555 S. ISBN 3-438-09245-7

Hartmut Boockmann
Ostpreußen und Westpreußen (Deutsche Geschichte im Osten Europas) Berlin: Wolf Jobst Siedler Verlag, 1992, 475 S. ISBN 3-88680-212-4

John C. G. Röhl
Wilhelm II. Die Jugend des Kaisers 1859–1888. München: Verlag C.H. Beck, 1993, 980 S. ISBN 3-406-37668-1

Heinrich August Winkler
Weimar 1918–1933. Die Geschichte der ersten deutschen Demokratie. München: Verlag C.H. Beck, 1993, 709 S. ISBN 3-406-37646-0

Gerald D. Feldman
The Great Disorder. Politics, Economics, and Society in the German Inflation, 1914–1924. New York/Oxford: Oxford University Press, 1993, XIX, 1011 S. mit Abb. ISBN 503791-X

Johannes Fried
Der Weg in die Geschichte. Die Ursprünge Deutschlands bis 1024 (Propyläen Geschichte Deutschlands, Bd. 1) Berlin: Propyläen Verlag, 1994, 922 S. ISBN 3-549-05811-X

Ludwig Schmugge
Kirche, Kinder, Karrieren. Päpstliche Dispense von der unehelichen Geburt im Spätmittelalter. Zürich: Artemis & Winkler Verlag, 1995, 511 S. ISBN 3-7608-1110-8

Klaus Hildebrand
Das vergangene Reich. Deutsche Außenpolitik von Bismarck bis Hitler 1871–1945. Stuttgart: Deutsche-Verlags-Anstalt, 1995, 1054 S. ISBN 3-421-06691-4

Wolfgang J. Mommsen
Bürgerstolz und Weltmachtstreben. Deutschland unter Wilhelm II. 1890 bis 1918 (Propyläen Geschichte Deutschlands, Bd. 7, 2. Teil) Berlin: Propyläen Verlag, 1995, 946 S. ISBN 3-549-05820-9

Hans Eberhard Mayer
Die Kanzlei der lateinischen Könige von Jerusalem (Schriften der Monumenta Germaniae Historica, Bd. 40, 2 Teile) Teil 1: 906 S., Teil 2: 1027 S. Hannover: Hahnsche Buchhandlung, 1996, ISBN 3 7752-5440-4

Manfred Hildermeier
Geschichte der Sowjetunion 1917–1991. Entstehung und Niedergang des ersten sozialistischen Staates. München: Verlag C.H. Beck, 1998, 1206 S. ISBN 3-406-43588-2

Wolfgang Reinhard
Geschichte der Staatsgewalt. Eine vergleichende Verfassungsgeschichte Europas von den Anfängen bis zur Gegenwart. München: Verlag C.H. Beck, 1999, 631 S., 13 Abb. ISBN 3-406-34501-8

Peter Blickle
Kommunalismus. Skizzen einer gesellschaftlichen Organisationsform.
Bd. 1: Oberdeutschland. München: R. Oldenbourg Verlag, 2000, XII, 196 S. ISBN 3-486-5461-7
Bd. 2: Europa. München: R. Oldenbourg Verlag, 2000, IX, ca. 422 S. ISBN 3-486-56462-5

Manlio Bellomo
I fatti e il diritto tra le certezze e i dubbi dei giuristi medievali (secoli XIII–XIV) (I libri di Erice, Bd. 27) Roma: Il Cigno Galileo Galilei, 2000, 750 S. ISBN 88-7831-110-3

Frank-Rutger Hausmann
„Vom Strudel der Ereignisse verschlungen“. Deutsche Romanistik im „Dritten Reich“ (Analecta Romanica Heft 61) Frankfurt a. M.: Verlag Vittorio Klostermann, 2000, XXIII, 741 S. ISBN 3-465-03116-4

Jürgen Miethke
De potestate papae. Die päpstliche Amtskompetenz im Widerstreit der politischen Theorie von Thomas von Aquin bis Wilhelm von Ockham (Spätmittelalter und Reformation, Neue Reihe Bd. 16) Tübingen: Verlag J. C. B. Mohr, 2000, XII, 347 S. ISBN 3-16-147480-5

Robert E. Lerner
The Feast of Saint Abraham. Medieval Millenarians and the Jews. Philadelphia: University of Pennsylvania Press, 2001, 186 S. ISBN 0-8122-3567-3

Harold James
The End of Globalization. Lessons from the Great Depression. Cambridge Mass.: Harvard University Press, 2001, 260 S. ISBN 0-674-00474-4

Geförderte Veröffentlichungen der Förderstipendiaten

Johannes Schilling
Klöster und Mönche in der hessischen Reformation (Quellen und Forschungen zur Reformationsgeschichte, Bd. 67) Gütersloh: Gütersloher Verlagshaus, 1997, 262 S. ISBN 3-579-01735-7

Hans-Werner Hahn
Die industrielle Revolution in Deutschland (Enzyklopädie deutscher Geschichte, Bd. 49) München: R. Oldenbourg Verlag, 1998, 164 S. ISBN 3–486–55763–7 (geb.) ISBN 3-486-55762-9 (brosch.)

Thomas Vogtherr
Die Reichsabteien der Benediktiner und das Königtum im hohen Mittelalter (900–1125) (Mittelalter-Forschungen, Bd. 5) Stuttgart: Jan Thorbecke Verlag, 2000, 361 S. ISBN 3-7995-4255-8

Schriften des Historischen Kollegs

Kolloquien

1 *Heinrich Lutz* (Hrsg.)
Das römisch-deutsche Reich im politischen System Karls V., 1982, XII, 288 S. ISBN 3–486–51371–0

2 *Otto Pflanze* (Hrsg.)
Innenpolitische Probleme des Bismarck Reiches, 1983, XII, 304 S. ISBN 3–486–51481–4 *vergriffen*

3 *Hans Conrad Peyer* (Hrsg.)
Gastfreundschaft, Taverne und Gasthaus im Mittelalter, 1983, XIV, 275 S. ISBN 3–486–51661–2 *vergriffen*

4 *Eberhard Weis* (Hrsg.)
Reformen im rheinbündischen Deutschland, 1984, XVI, 310 S. ISBN 3–486–51671–X

5 *Heinz Angermeier* (Hrsg.)
Säkulare Aspekte der Reformationszeit, 1983, XII, 278 S. ISBN 3–486–51841–0

6 *Gerald D. Feldman* (Hrsg.)
Die Nachwirkungen der Inflation auf die deutsche Geschichte 1924–1933, 1985, XII, 407 S. ISBN 3–486–52221–3 *vergriffen*

7 *Jürgen Kocka* (Hrsg.)
Arbeiter und Bürger im 19. Jahrhundert. Varianten ihres Verhältnisses im europäischen Vergleich, 1986, XVI, 342 S. ISBN 3–486–52871–8 *vergriffen*

8 *Konrad Repgen* (Hrsg.)
Krieg und Politik 1618–1648. Europäische Probleme und Perspektiven, 1988, XII, 454 S. ISBN 3–486–53761–X *vergriffen*

9 *Antoni Mączak* (Hrsg.)
Klientelsysteme im Europa der Frühen Neuzeit, 1988, X, 386 S. ISBN 3–486–54021–1

10 *Eberhard Kolb* (Hrsg.)
Europa vor dem Krieg von 1870. Mächtekonstellation – Konfliktfelder – Kriegsausbruch, 1987, XII, 216 S. ISBN 3–486–54121–8

11 *Helmut Georg Koenigsberger* (Hrsg.)
Republiken und Republikanismus im Europa der Frühen Neuzeit, 1988, XII, 323 S. ISBN 3–486–54341–5

12 *Winfried Schulze* (Hrsg.)
Ständische Gesellschaft und soziale Mobilität, 1988, X, 416 S. ISBN 3–486–54351–2

13 *Johanne Autenrieth* (Hrsg.)
Renaissance- und Humanistenhandschriften, 1988, XII, 214 S. mit Abbildungen ISBN 3–486–54511–6

14 *Ernst Schulin* (Hrsg.)
Deutsche Geschichtswissenschaft nach dem Zweiten Weltkrieg (1945–1965), 1989, XI, 303 S. ISBN 3–486–54831–X

15 *Wilfried Barner* (Hrsg.)
Tradition, Norm, Innovation. Soziales und literarisches Traditionsverhalten in der Frühzeit der deutschen Aufklärung, 1989, XXV, 370 S. ISBN 3–486–54771–2

16 *Hartmut Boockmann* (Hrsg.)
Die Anfänge der ständischen Vertretungen in Preußen und seinen Nachbarländern, 1992, X, 264 S. ISBN 3–486–55840–4

17 *John C. G. Röhl* (Hrsg.)
Der Ort Kaiser Wilhelms II. in der deutschen Geschichte, 1991, XIII, 366 S. ISBN 3–486–55841–2 *vergriffen*

18 *Gerhard A. Ritter* (Hrsg.)
Der Aufstieg der deutschen Arbeiterbewegung. Sozialdemokratie und Freie Gewerkschaften im Parteiensystem und Sozialmilieu des Kaiserreichs, 1990, XXI, 461 S. ISBN 3–486–55641–X

19 *Roger Dufraisse* (Hrsg.)
Revolution und Gegenrevolution 1789–1830. Zur geistigen Auseinandersetzung in Frankreich und Deutschland, 1991, XX, 274 S. ISBN 3–486–55844–7

20 *Klaus Schreiner* (Hrsg.)
Laienfrömmigkeit im späten Mittelalter. Formen, Funktionen, politisch-soziale Zusammenhänge, 1992, XII, 411 S. ISBN 3–486–55902–8

21 *Jürgen Miethke* (Hrsg.)
Das Publikum politischer Theorie im 14. Jahrhundert, 1992, IX, 301 S. ISBN 3–486–55898–6

22 *Dieter Simon* (Hrsg.)
Eherecht und Familiengut in Antike und Mittelalter, 1992, IX, 168 S. ISBN 3–486–55885–4

23 *Volker Press* (Hrsg.)
Alternativen zur Reichsverfassung in der Frühen Neuzeit? 1995, X, 254 S. ISBN 3–486–56035–2

24 *Kurt Raaflaub* (Hrsg.)
Anfänge politischen Denkens in der Antike. Griechenland und die nahöstlichen Kulturen, 1993, XXIV, 461 S. ISBN 3–486–55993–1

25 *Shulamit Volkov* (Hrsg.)
Deutsche Juden und die Moderne, 1994, XXIV, 170 S. ISBN 3–486–56029–8

26 *Heinrich A. Winkler* (Hrsg.)
Die deutsche Staatskrise 1930–1933. Handlungsspielräume und Alternativen, 1992, XIII, 296 S. ISBN 3–486–55943–5

27 *Johannes Fried* (Hrsg.)
Dialektik und Rhetorik im früheren und hohen Mittelalter. Rezeption, Überlieferung und gesellschaftliche Wirkung antiker Gelehrsamkeit vornehmlich im 9. und 12. Jahrhundert, 1997, XXI, 304 S. ISBN 3–486–56028–X

28 *Paolo Prodi* (Hrsg.)
Glaube und Eid. Treueformeln, Glaubensbekenntnisse und Sozialdisziplinierung zwischen Mittelalter und Neuzeit, 1993, XXX, 246 S. ISBN 3–486–55994–X

29 *Ludwig Schmugge* (Hrsg.)
Illegitimität im Spätmittelalter, 1994, X, 314 S. ISBN 3–486–56069–7

30 *Bernhard Kölver* (Hrsg.)
Recht, Staat und Verwaltung im klassischen Indien, 1997, XVIII, 257 S. ISBN 3–486–56193–6

31 *Elisabeth Fehrenbach* (Hrsg.)
Adel und Bürgertum in Deutschland 1770–1848, 1994, XVI, 251 S. ISBN 3–486–56027–1

32 *Robert E. Lerner* (Hrsg.)
Neue Richtungen in der hoch- und spätmittelalterlichen Bibelexegese, 1996, XI, 191 S. ISBN 3–486–56083–2

33 *Klaus Hildebrand* (Hrsg.)
Das Deutsche Reich im Urteil der Großen Mächte und europäischen Nachbarn (1871–1945), 1995, X, 232 S. ISBN 3–486–56084–0

34 *Wolfgang J. Mommsen* (Hrsg.)
Kultur und Krieg. Die Rolle der Intellektuellen, Künstler und Schriftsteller im Ersten Weltkrieg, 1995, X, 282 S. ISBN 3–486–56085–9

35 *Peter Krüger* (Hrsg.)
Das europäische Staatensystem im Wandel. Strukturelle Bedingungen und bewegende Kräfte seit der Frühen Neuzeit, 1996, XVI, 272 S. ISBN 3–486–56171–5

36 *Peter Blickle* (Hrsg.)
Theorien kommunaler Ordnung in Europa, 1996, IX, 268 S. ISBN 3–486–56192–8

37 *Hans Eberhard Mayer* (Hrsg.)
Die Kreuzfahrerstaaten als multikulturelle Gesellschaft. Einwanderer und Minderheiten im 12. und 13. Jahrhundert, 1997, XI, 187 S. ISBN 3–486–56257–6

38 *Manlio Bellomo* (Hrsg.)
Die Kunst der Disputation. Probleme der Rechtsauslegung und Rechtsanwendung im 13. und 14. Jahrhundert, 1997, X, 248 S. ISBN 3–486–56258–4

39 *František Šmahel* (Hrsg.)
Häresie und vorzeitige Reformation im Spätmittelalter, 1998, XV, 304 S. ISBN 3–486–56259–2

40 *Alfred Haverkamp* (Hrsg.)
Information, Kommunikation und Selbstdarstellung in mittelalterlichen Gemeinden, 1998, XXII, 288 S. ISBN 3–486–56260–6

41 *Knut Schulz* (Hrsg.)
Handwerk in Europa. Vom Spätmittelalter bis zur Frühen Neuzeit, 1999, XX, 313 S. ISBN 3–486–56395–5

42 *Werner Eck* (Hrsg.)
Lokale Autonomie und römische Ordnungsmacht in den kaiserzeitlichen Provinzen vom 1. bis 3. Jahrhundert, 1999, X, 327 S. ISBN 3–486–56385–8

43 *Manfred Hildermeier* (Hrsg.)
Stalinismus vor dem Zweiten Weltkrieg. Neue Wege der Forschung/ Stalinism before the Second World War. New Avenues of Research, 1998, XVI, 345 S. ISBN 3–486–56350–5

44 *Aharon Oppenheimer* (Hrsg.)
Jüdische Geschichte in hellenistisch-jüdischer Zeit. Wege der Forschung: Vom alten zum neuen Schürer, 1999, XII, 275 S. ISBN 3–486–56414–5

45 *Dietmar Willoweit* (Hrsg.)
Die Begründung des Rechts als historisches Problem, 2000, VIII, 345 S. ISBN 3–486–56482–X

46 *Stephen A. Schuker* (Hrsg.)
Deutschland und Frankreich. Vom Konflikt zur Aussöhnung. Die Gestaltung der westeuropäischen Sicherheit 1914–1963, 2000, XX, 280 S. ISBN 3–486–56496–X

47 *Wolfgang Reinhard* (Hrsg.)
Verstaatlichung der Welt? Europäische Staatsmodelle und außereuropäische Machtprozesse, 1999, XVI, 375 S. ISBN 3–486–56416–1

48 *Gerhard Besier* (Hrsg.)
Zwischen „nationaler Revolution“ und militärischer Aggression. Transformationen in Kirche und Gesellschaft während der konsolidierten NS-Gewaltherrschaft (1934–1939) (mit Beiträgen von D. L. Bergen, G. Besier, A. Chandler, J. S. Conway, T. Fandel, F. Hartweg, H. Kiesel, H.-M. Lauterer, K.-M. Mallmann, H. Mommsen, I. Montgomery, G. Ringshausen, J. H. Schoeps, K. Schwarz, J. Smolik, M. Wolffsohn) 2001, XXVIII, 276 S. ISBN 3–486–56543–5

49 *David Cohen* (Hrsg.)
Demokratie, Recht und soziale Kontrolle im klassischen Athen (in Vorbereitung)

50 *Thomas A. Brady* (Hrsg.)
Die deutsche Reformation zwischen Spätmittelalter und Früher Neuzeit (mit Beiträgen von Th. A. Brady, C. Fasolt, B. Hamm, S. C. Karant-Nunn, H. A. Oberman, H. R. Schmidt, E. Schubert, M. Schulze, T. Scott, H. Wenzel) 2001, ca. 258 S. ISBN 3–486–56565–6

51 *Harold James* (Hrsg.)
The Interwar Depression in an International Context (in Vorbereitung)

52 *Christof Dipper* (Hrsg.)
Deutschland und Italien, 1860 – 1960 (mit Beiträgen von F. Bauer, G. Corni, Chr. Dipper, L. Klinkhammer, B. Mantelli, M. Meriggi, J. Petersen, L. Raphael, F. Rugge, W. Schieder, P. Schiera, H.-U. Thamer, U. Wengenroth, R. Wörsdörfer) (in Vorbereitung)

53 *Frank-Rutger Hausmann* (Hrsg.)
Die Rolle der Geisteswissenschaften im Dritten Reich 1933–45 (in Vorbereitung)

54 *Frank Kolb* (Hrsg.)
Chora und Polis (in Vorbereitung)

55 *Hans Günter Hockerts* (Hrsg.)
Koordinaten deutscher Geschichte in der Epoche des Ost-West-Konflikts (in Vorbereitung)

Vorträge

1 *Heinrich Lutz*
Die deutsche Nation zu Beginn der Neuzeit. Fragen nach dem Gelingen und Scheitern deutscher Einheit im 16. Jahrhundert, 1982, IV, 31 S. *vergriffen*

2 *Otto Pflanze*
Bismarcks Herrschaftstechnik als Problem der gegenwärtigen Historiographie, 1982, IV, 39 S. *vergriffen*

3 *Hans Conrad Peyer*
Gastfreundschaft und kommerzielle Gastlichkeit im Mittelalter, 1983, IV, 24 S. *vergriffen*

4 *Eberhard Weis*
Bayern und Frankreich in der Zeit des Konsulats und des ersten Empire (1799–1815), 1984, 41 S. *vergriffen*

5 *Heinz Angermeier*
Reichsreform und Reformation, 1983, IV, 76 S. *vergriffen*

6 *Gerald D. Feldman*
Bayern und Sachsen in der Hyperinflation 1922/23, 1984, IV, 41 S. *vergriffen*

7 *Erich Angermann*
Abraham Lincoln und die Erneuerung der nationalen Identität der Vereinigten Staaten von Amerika, 1984, IV, 33 S. *vergriffen*

8 *Jürgen Kocka*
Traditionsbindung und Klassenbildung. Zum sozialhistorischen Ort der frühen deutschen Arbeiterbewegung, 1987, 48 S.

9 *Konrad Repgen*
Kriegslegitimationen in Alteuropa. Entwurf einer historischen Typologie, 1985, 27 S. *vergriffen*

10 *Antoni Mączak*
Der Staat als Unternehmen. Adel und Amtsträger in Polen und Europa in der Frühen Neuzeit, 1989, 32 S.

11 *Eberhard Kolb*
Der schwierige Weg zum Frieden. Das Problem der Kriegsbeendigung 1870/71, 1985, 33 S. *vergriffen*

12 *Helmut Georg Koenigsberger*
Fürst und Generalstände. Maximilian I. in den Niederlanden (1477–1493), 1987, 27 S. *vergriffen*

13 *Winfried Schulze*
Vom Gemeinnutz zum Eigennutz. Über den Normenwandel in der ständischen Gesellschaft der Frühen Neuzeit, 1987, 40 S. *vergriffen*

14 *Johanne Autenrieth*
„Litterae Virgilianae". Vom Fortleben einer römischen Schrift, 1988, 51 S.

15 *Tilemann Grimm*
Blickpunkte auf Südostasien. Historische und kulturanthropologische Fragen zur Politik, 1988, 37 S.

16 *Ernst Schulin*
Geschichtswissenschaft in unserem Jahrhundert. Probleme und Umrisse einer Geschichte der Historie, 1988, 34 S.

17 *Hartmut Boockmann*
Geschäfte und Geschäftigkeit auf dem Reichstag im späten Mittelalter, 1988, 33 S. *vergriffen*

18 *Wilfried Barner*
Literaturwissenschaft – eine Geschichtswissenschaft? 1990, 42 S.

19 *John C. G. Röhl*
Kaiser Wilhelm II. Eine Studie über Cäsarenwahnsinn, 1989, 36 S. *vergriffen*

20 *Klaus Schreiner*
Mönchsein in der Adelsgesellschaft des hohen und späten Mittelalters. Klösterliche Gemeinschaftsbildung zwischen spiritueller Selbstbehauptung und sozialer Anpassung, 1989, 68 S. *vergriffen*

21 *Roger Dufraisse*
Die Deutschen und Napoleon im 20. Jahrhundert, 1991, 43 S.

22 *Gerhard A. Ritter*
Die Sozialdemokratie im Deutschen Kaiserreich in sozialgeschichtlicher Perspektive, 1989, 72 S.

23 *Jürgen Miethke*
Die mittelalterlichen Universitäten und das gesprochene Wort, 1990, 48 S.

24 *Dieter Simon*
Lob des Eunuchen, 1994, 27 S.

25 *Thomas Vogtherr*
Der König und der Heilige. Heinrich IV., der heilige Remaklus und die Mönche des Doppelklosters Stablo-Malmedy, 1990, 29 S.

26 *Johannes Schilling*
Gewesene Mönche. Lebensgeschichten in der Reformation, 1990, 36 S. *vergriffen*

27 *Kurt Raaflaub*
Politisches Denken und Krise der Polis. Athen im Verfassungskonflikt des späten 5. Jahrhunderts v.Chr., 1992, 63 S.

28 *Volker Press*
Altes Reich und Deutscher Bund. Kontinuität in der Diskontinuität, 1995, 31 S.

29 *Shulamit Volkov*
Die Erfindung einer Tradition. Zur Entstehung des modernen Judentums in Deutschland, 1992, 30 S.

30 *Franz Bauer*
Gehalt und Gestalt in der Monumentalsymbolik. Zur Ikonologie des Nationalstaats in Deutschland und Italien 1860–1914, 1992, 39 S.

31 *Heinrich A. Winkler*
Mußte Weimar scheitern? Das Ende der ersten Republik und die Kontinuität der deutschen Geschichte, 1991, 32 S.

32 *Johannes Fried*
Kunst und Kommerz. Über das Zusammenwirken von Wissenschaft und Wirtschaft im Mittelalter vornehmlich am Beispiel der Kaufleute und Handelsmessen, 1992, 40 S.

33 *Paolo Prodi*
Der Eid in der europäischen Verfassungsgeschichte, 1992, 35 S.

34 *Jean-Marie Moeglin*
Dynastisches Bewußtsein und Geschichtsschreibung. Zum Selbstverständnis der Wittelsbacher, Habsburger und Hohenzollern im Spätmittelalter, 1993, 47 S.

35 *Bernhard Kölver*
Ritual und historischer Raum. Zum indischen Geschichtsverständnis, 1993, 65 S.

36 *Elisabeth Fehrenbach*
Adel und Bürgertum im deutschen Vormärz, 1994, 31 S.

37 *Ludwig Schmugge*
Schleichwege zu Pfründe und Altar. Päpstliche Dispense vom Geburtsmakel 1449–1533, 1994, 35 S.

38 *Hans-Werner Hahn*
Zwischen Fortschritt und Krisen. Die vierziger Jahre des 19. Jahrhunderts als Durchbruchsphase der deutschen Industrialisierung, 1995, 47 S.

39 *Robert E. Lerner*
Himmelsvision oder Sinnendelirium? Franziskaner und Professoren als Traumdeuter im Paris des 13. Jahrhunderts, 1995, 35 S.

40 *Andreas Schulz*
Weltbürger und Geldaristokraten. Hanseatisches Bürgertum im 19. Jahrhundert, 1995, 38 S.

41 *Wolfgang J. Mommsen*
Die Herausforderung der bürgerlichen Kultur durch die künstlerische Avantgarde. Zum Verhältnis von Kultur und Politik im Wilhelminischen Deutschland, 1994, 30 S.

42 *Klaus Hildebrand*
Reich – Großmacht – Nation. Betrachtungen zur Geschichte der deutschen Außenpolitik 1871–1945, 1995, 25 S.

43 *Hans Eberhard Mayer*
Herrschaft und Verwaltung im Kreuzfahrerkönigreich Jerusalem, 1996, 38 S.

44 *Peter Blickle*
Reformation und kommunaler Geist. Die Antwort der Theologen auf den Wandel der Verfassung im Spätmittelalter, 1996, 42 S.

45 *Peter Krüger*
Wege und Widersprüche der europäischen Integration im 20. Jahrhundert, 1995, 39 S.

46 *Werner Greiling*
„Intelligenzblätter" und gesellschaftlicher Wandel in Thüringen. Anzeigenwesen, Nachrichtenvermittlung, Räsonnement und Sozialdisziplinierung, 1995, 38 S.

Dokumentationen

1 Stiftung Historisches Kolleg im Stifterverband für die Deutsche Wissenschaft: Erste Verleihung des Preises des Historischen Kollegs. Aufgaben, Stipendiaten, Schriften des Historischen Kollegs, 1984, VI, 70 S., mit Abbildungen *vergriffen*

2 Theodor-Schieder-Gedächtnisvorlesung: Horst Fuhrmann, Das Interesse am Mittelalter in heutiger Zeit. Beobachtungen und Vermutungen – Lothar Gall, Theodor Schieder 1908 bis 1984, 1987, 65 S. *vergriffen*

3 Leopold von Ranke: Vorträge anläßlich seines 100. Todestages. Gedenkfeier der Historischen Kommission bei der Bayerischen Akademie der Wissenschaften und der Stiftung Historisches Kolleg im Stifterverband für die Deutsche Wissenschaft am 12. Mai 1986, 1987, 44 S. *vergriffen*

4 Stiftung Historisches Kolleg im Stifterverband für die Deutsche Wissenschaft: Zweite Verleihung des Preises des Historischen Kollegs. Aufgaben, Stipendiaten, Schriften des Historischen Kollegs, 1987, 98 S., mit Abbildungen

5 Theodor-Schieder-Gedächtnisvorlesung: Thomas Nipperdey, Religion und Gesellschaft: Deutschland um 1900, 1988, 29 S. *vergriffen*

6 Theodor-Schieder-Gedächtnisvorlesung: Christian Meier, Die Rolle des Krieges im klassischen Athen, 1991, 55 S.

7 Stiftung Historisches Kolleg im Stifterverband für die Deutsche Wissenschaft: Dritte Verleihung des Preises des Historischen Kollegs. Aufgaben, Stipendiaten, Schriften des Historischen Kollegs, 1991, 122 S., mit Abbildungen *vergriffen*

8 Stiftung Historisches Kolleg im Stifterverband für die Deutsche Wissenschaft: Historisches Kolleg 1980–1990. Vorträge anläßlich des zehnjährigen Bestehens und zum Gedenken an Alfred Herrhausen, 1991, 63 S.

9 Theodor-Schieder-Gedächtnisvorlesung: Karl Leyser, Am Vorabend der ersten europäischen Revolution. Das 11. Jahrhundert als Umbruchszeit, 1994, 32 S.

10 Stiftung Historisches Kolleg im Stifterverband für die Deutsche Wissenschaft: Vierte Verleihung des Preises des Historischen Kollegs. Aufgaben, Stipendiaten, Schriften des Historischen Kollegs, 1993, 98 S., mit Abbildungen

11 Theodor-Schieder-Gedächtnisvorlesung: Rudolf Smend, Mose als geschichtliche Gestalt, 1995, 23 S.

12 Stiftung Historisches Kolleg im Stifterverband für die Deutsche Wissenschaft: Über die Offenheit der Geschichte. Kolloquium der Mitglieder des Historischen Kollegs, 20. und 21. November 1992, 1996, 84 S.

Vorträge und Dokumentationen (ohne ISBN) erscheinen nicht im Buchhandel; sie können über die Geschäftsstelle des Historischen Kollegs (Kaulbachstr. 15, 80539 München) bezogen werden.

Jahrbuch des Historischen Kollegs

Jahrbuch des Historischen Kollegs 1995

Arnold Esch
Rom in der Renaissance. Seine Quellenlage als methodisches Problem

Manlio Bellomo
Geschichte eines Mannes: Bartolus von Sassoferrato und die moderne europäische Jurisprudenz

František Šmahel
Das verlorene Ideal der Stadt in der böhmischen Reformation

Alfred Haverkamp
„... an die große Glocke hängen". Über Öffentlichkeit im Mittelalter

Hans-Christof Kraus
Montesquieu, Blackstone, De Lolme und die englische Verfassung des 18. Jahrhunderts
1996, VIII, 180 S. ISBN 3–486–56176–6

Jahrbuch des Historischen Kollegs 1996

Johannes Fried
Wissenschaft und Phantasie. Das Beispiel der Geschichte

Manfred Hildermeier
Revolution und Kultur: Der „Neue Mensch" in der frühen Sowjetunion

Knut Schulz
Handwerk im spätmittelalterlichen Europa. Zur Wanderung und Ausbildung von Lehrlingen in der Fremde

Werner Eck
Mord im Kaiserhaus? Ein politischer Prozeß im Rom des Jahres 20 n.Chr.

Wolfram Pyta
Konzert der Mächte und kollektives Sicherheitssystem: Neue Wege zwischenstaatlicher Friedenswahrung in Europa nach dem Wiener Kongreß 1815
1997, VI., 202 S. ISBN 3–486–56300–9

Jahrbuch des Historischen Kollegs 1997

Eberhard Weis
Hardenberg und Montgelas. Versuch eines Vergleichs ihrer Persönlichkeiten und ihrer Politik

Dietmar Willoweit
Vom alten guten Recht. Normensuche zwischen Erfahrungswissen und Ursprungslegenden

Aharon Oppenheimer
Messianismus in römischer Zeit. Zur Pluralität eines Begriffes bei Juden und Christen

Stephen A. Schuker
Bayern und der rheinische Separatismus 1923–1924

Gerhard Schuck
Zwischen Ständeordnung und Arbeitsgesellschaft. Der Arbeitsbegriff in der frühneuzeitlichen Policey am Beispiel Bayerns
1998, XXI, 169 S. ISBN 3–486–56375–0

Jahrbuch des Historischen Kollegs 1998

Peter Pulzer
Der deutsche Michel in John Bulls Spiegel: Das britische Deutschlandbild im 19. Jahrhundert

Gerhard Besier
„The friends... in America need to know the truth..."
Die deutschen Kirchen im Urteil der Vereinigten Staaten (1933–1941)

David Cohen
Dic Schwestern der Medea. Frauen, Öffentlichkeit und soziale Kontrolle im klassischen Athen

Wolfgang Reinhard
Staat machen: Verfassungsgeschichte als Kulturgeschichte

Lutz Klinkhammer
Die Zivilisierung der Affekte. Kriminalitätsbekämpfung im Rheinland und in Piemont unter französischer Herrschaft 1798–1814
1999, 193 S. ISBN 3–486–56420–X

Jahrbuch des Historischen Kollegs 1999

Jan Assmann
Ägypten in der Gedächtnisgeschichte des Abendlandes

Thomas A. Brady
Ranke, Rom und die Reformation: Leopold von Rankes Entdeckung des Katholizismus

Harold James
Das Ende der Globalisierung? Lehren aus der Weltwirtschaftskrise

Christof Dipper
Helden überkreuz oder das Kreuz mit den Helden. Wie Deutsche und Italiener die Heroen der nationalen Einigung (der anderen) wahrnahmen

Felicitas Schmieder
„... von etlichen geistlichen leyen wegen". Definitionen der Bürgerschaft im spätmittelalterlichen Frankfurt am Main
2000, 199 S. ISBN3–486–56492–7

Jahrbuch des Historischen Kollegs 2000

Winfried Schulze
Die Wahrnehmung von Zeit und Jahrhundertwenden

Frank Kolb
Von der Burg zur Polis. Akkulturation in einer kleinasiatischen „Provinz"

Hans Günter Hockerts
Nach der Verfolgung. Wiedergutmachung in Deutschland: Eine historische Bilanz 1945–2000

Frank-Rutger Hausmann
„Auch im Krieg schweigen die Musen nicht". Die ‚Deutschen Wissenschaftlichen Institute' (DWI) im Zweiten Weltkrieg (1940–1945)

Ulrike Freitag
Scheich oder Sultan – Stamm oder Staat? Staatsbildung im Hadramaut (Jemen) im 19. und 20. Jahrhundert
2001, 250 S. ISBN 3–486–56557–5

Sonderveröffentlichung

Horst Fuhrmann (Hrsg.)
Die Kaulbach-Villa als Haus des Historischen Kollegs. Reden und wissenschaftliche Beiträge zur Eröffnung, 1989, XII, 232 S. ISBN 3–486–55611–8